Ihre Arbeitshilfen zum Download:

Die folgenden Arbeitshilfen stehen für Sie zum Download bereit:

Musterbriefe:

– Mieterwechselvereinbarung bei Ausscheiden eines Mieters
– Parteiwechselvereinbarung
– Abmahnung wegen verspäteter Mietzahlung
– Fristlose Kündigung wegen laufend unkünktlicher Mietzahlung
– Mieterhöhung bei vereinbarter Indexmiete
– Mieterhöhungsverlangen nach § 558 BGB
– Ankündigung einer Erhaltungsmaßnahme
– Ankündigung einer Modernisierungsmaßnahme

Übersicht:

– Liste der Gemeinden und Städte mit gesenkter Kappungsgrenze
– Liste der Gemeinden und Städte mit Mietpreisbremse

Den Link sowie Ihren Zugangscode finden Sie am Buchende.

Miete und Mieterhöhung

Birgit Noack/Martina Westner

Miete und Mieterhöhung

Miethöhe, Mietpreisbremse, Modernisierung

2. aktualisierte Auflage

Haufe Group
Freiburg · München · Stuttgart

Bibliografische Information der Deutschen Nationalbibliothek

Die Deutsche Nationalbibliothek verzeichnet diese Publikation in der Deutschen Nationalbibliografie; detaillierte bibliografische Daten sind im Internet über http://dnb.dnb.de abrufbar.

Print:	ISBN 978-3-648-12709-4	Bestell-Nr. 16006-0002
ePub:	ISBN 978-3-648-12711-7	Bestell-Nr. 16006-0101
ePDF:	ISBN 978-3-648-12713-1	Bestell-Nr. 16006-0151

Birgit Noack/Martina Westner
Miete und Mieterhöhung
2. aktualisierte Auflage, 2019

© 2019 Haufe-Lexware GmbH & Co. KG, Freiburg
www.haufe.de
info@haufe.de

Produktmanagement: Jasmin Jallad
Lektorat: Text und Design Jutta Cram

Inhaltsverzeichnis

Einleitung

Zum 1. Januar 2019 ist das Mietrechtsanpassungsgesetz in Kraft getreten. Das Gesetz sieht insbesondere Änderungen bei der sogenannten Mietpreisbremse und den Vorschriften über die Modernisierung vor. Mit dem Mietrechtsanpassungsgesetz wird die bereits seit 2015 bestehende Mietpreisbremse verschärft und die Modernisierungsmieterhöhung deutlich eingeschränkt:

- Die Mietpreisbremse bedeutet, dass die neue Miete bei Wiedervermietung von Wohnraum die ortsübliche Vergleichsmiete um nicht mehr als 10 % übersteigen darf. Der Vermieter ist außerdem in vielen Fällen zu einer umfangreichen vorvertraglichen Auskunft gegenüber dem Mieter verpflichtet.
- Bei einer Modernisierung darf der Vermieter nun nur noch 8 % anstelle von bisher 11 % der Modernisierungskosten auf die Jahresmiete umlegen.

Den Mieterverbänden sind diese Änderungen noch immer nicht weitreichend genug, während die Vermieterverbände durch die Beschneidung der Vermieterrechte einen Verstoß gegen das Eigentumsrecht sehen.

Mit der Einführung der Mietpreisbremse durch das Mietrechtsnovellierungsgesetz zum 1. Juni 2015 dürfen die Bundesländer für Gebiete mit angespanntem Wohnungsmarkt Rechtsverordnungen erlassen. Derzeit haben dreizehn Bundesländer von dieser Möglichkeit Gebrauch gemacht. Allerdings geschah die Rechtsumsetzung in einigen Bundesländern teils unprofessionell. In inzwischen sechs Bundesländern wurden die entsprechenden Landesverordnungen von Zivilgerichten für unwirksam erklärt, weil die Länder die Verordnung entweder nicht ausreichend begründet oder die Begründung nicht veröffentlicht hatten.

Die Rechtsverordnungen zur Mietpreisbremse haben eine Geltungsdauer von längstens fünf Jahren. Das Bundesjustizministerium plant im Frühjahr 2019 eine Verlängerung dieser Regelung um weitere fünf Jahre, da die Mietpreisbremse nach einer Studie des DIW[1] »ein bisschen« greift.

Die Mietpreisbremse findet grundsätzlich nur in Gebieten mit einem angespannten Wohnungsmarkt Anwendung. Alle übrigen Mietverhältnisse – egal ob Bestandsmietverhältnisse oder Neuvermietungen – sind von diesen Neuregelungen nicht betroffen.

Dieses Fachbuch erläutert im ersten Teil ausführlich das Thema »Mietpreisbremse« und deren Verschärfung und gibt zahlreiche Hinweise und Tipps anhand vieler Beispiele.

---

1   Deutsches Institut für Wirtschaftsförderung: »Ohne Mietpreisbremse wären die Mietpreise um 2–4 % höher.«

Der zweite Teil dieses Praxisratgebers befasst sich mit allen Mieterhöhungsmöglich-keiten. Vertragliche Mieterhöhungen wie Staffel- und Indexmiete werden anhand von Beispielen erklärt und Vor- und Nachteile jeder Regelung aufgezeigt.

Mithilfe dieses Fachbuchs lernen Sie alle Voraussetzungen für eine erfolgreiche Miet-erhöhung kennen. Nicht selten entscheiden Formalitäten, ob Sie bei Gericht Ihre Miet-erhöhung erfolgreich durchsetzen können. Wenn Sie eine Mieterhöhung bis zur orts-üblichen Vergleichsmiete planen, müssen Sie u. a. die Jahresfrist, die Kappungsgrenze u. v. m. beachten – viele Begriffe, die hier ausführlich erläutert werden. Außerdem muss die Mieterhöhung begründet werden. Sie lernen die Unterschiede zwischen den einzelnen Begründungsmitteln wie einfacher und qualifizierter Mietspiegel, Ver-gleichswohnungen und Sachverständigengutachten kennen.

Einen weiteren Schwerpunkt dieses Fachbuchs bildet die Modernisierungsmieterhö-hung, die seit dem 1. Januar 2019 deutlich eingeschränkt wurde. Wir informieren Sie über die richtige Vorgehensweise – angefangen bei der korrekten Modernisierungsan-kündigung bis hin zur Mieterhöhung nach durchgeführter Modernisierung. Die neu eingeführte doppelte Kappungsgrenze wird ausführlich erläutert genauso wie das vereinfachte Verfahren (sog. kleine Modernisierungsmieterhöhung).

Die Autorinnen referieren seit vielen Jahren zur Thematik »Mieterhöhung«. Ganz bewusst haben sie den Titel ihres Seminars »Mieterhöhung mit Recht und Augenmaß« genannt. Denn beide Aspekte sind für ein gutes Miteinander zwischen Vermieter und Mieter wichtig.

München, April 2019   Birgit Noack und Martina Westner

Teil 1: Miete

1 Allgemeines

Die Bezahlung der Miete ist die wesentliche Gegenleistung des Mieters für die Gebrauchsüberlassung und seine Hauptleistungspflicht aus dem Mietvertrag gemäß § 535 Abs. 2 BGB. Der Begriff »Miete« ist gesetzlich nicht definiert. Selbst ohne jegliche Vereinbarung über den Mietzins kann ein Mietvertrag zustande kommen, sofern sich die Vertragsparteien über eine entgeltliche Gebrauchsüberlassung einig sind. Bei unentgeltlicher Gebrauchsüberlassung spricht man von »Leihe«. Eine entgeltliche Gebrauchsüberlassung im Sinne von § 535 Abs. 2 BGB liegt auch dann vor, wenn das vereinbarte Entgelt sehr gering ist – man spricht dann von der sogenannten Gefälligkeitsmiete.[2]

Die Miete muss nach herrschender Meinung[3] nicht zwingend aus einer Geldleistung bestehen. Es können vielmehr Leistungen jeglicher Art, auch eine Einmalleistung, als Gegenleistung für den Mietgebrauch vereinbart werden (oder die Gebrauchsüberlassung eines Grundstücks). So ist es zulässig, dass der Mieter beispielsweise für die Gebrauchsüberlassung anstelle der Miete ganz oder teilweise eine Dienstleistung schuldet.

Schickschuld

Die Miete ist eine sogenannte Schickschuld. Gemäß § 270 BGB hat der Mieter die Miete auf seine Gefahr und auf seine Kosten dem Vermieter an dessen Wohnsitz zu übermitteln. Zumeist wird im Mietvertrag festgelegt, auf welche Weise und wohin die Miete zu überweisen ist. Der Vermieter kann mit dem Mieter vereinbaren, dass der Mieter dem Vermieter eine Einzugsermächtigung erteilt. Das Einzugsermächtigungsverfahren kann sogar formularmäßig vereinbart werden.[4] Der Mieter kann in diesem Fall jederzeit der Kontobelastung widersprechen. Dagegen ist ein formularmäßig vereinbartes Abbuchungsverfahren unwirksam,[5] denn bei diesem Verfahren hat der Mieter seiner Bank im Voraus einen Abbuchungsauftrag erteilt, der in der Regel nicht widerrufbar ist.

---

2   BGH v. 4.5.1970, VIII ZR 179/68, WuM 1970, 853
3   BGH v. 1.2.1989, VIII ZR 126/88, ZMR 1989, 212; BGH v. 20.05.1994, V ZR 292/92, MDR 1994, 796
4   BGH v. 10.1.1996, XII ZR 271/94, WuM 1996, 205
5   LG Köln v. 7.3.1990, 10 S 532/89, WuM 1990, 380

2 Mietstruktur

Wie bereits erwähnt stellt die Mietzahlung durch den Mieter die Gegenleistung zur Überlassung der Mieträume durch den Vermieter dar (§ 535 Abs. 2 BGB). Die Miete umfasst auch die Betriebskosten. Zu den Betriebskosten gehören diejenigen, die dem Eigentümer (oder dem Erbbauberechtigten) durch das Eigentum (oder das Erbbaurecht) am Grundstück oder durch den bestimmungsgemäßen Gebrauch des Gebäudes, der Nebengebäude, der Anlagen, der Einrichtungen sowie des Grundstücks laufend entstehen (§ 1 Abs. 1 BetrKV). Fehlt im Mietvertrag eine Vereinbarung zur Umlage bzw. Weitergabe von Betriebskosten, so sind gemäß § 535 Abs. 1 Satz 3 BGB die Lasten, d. h. auch die Betriebskosten, vom Vermieter zu tragen. Ob und in welchem Umfang Betriebskosten an den Mieter weitergegeben werden können, ist ausschließlich eine Frage der Vertragsgestaltung. Wie diese aussieht, ist aus diesem Grund für beide Vertragsparteien von großer Bedeutung.

Gemäß § 556 Abs. 2 BGB können die Vertragspartner vereinbaren, dass sich die Miete aus der Grundmiete und einer Vorauszahlung oder Pauschale für die Betriebskosten zusammensetzt.

2.1 Gestaltung der Mietstruktur

Es gibt in der Praxis eine Vielzahl von Möglichkeiten, die Mietstruktur zu gestalten. Entsprechend haben sich auch unterschiedliche **Mietbegriffe** entwickelt:

- **Bruttowarm- oder Inklusivmiete:** Hier wird als Miete ein einziger Betrag ausgewiesen. Für Betriebskosten einschließlich derer für Heizung und Warmwasser wird keine gesonderte Zahlung als Pauschale oder als Vorschuss vereinbart. Zu beachten ist, dass die Vereinbarung einer Bruttowarmmiete gegen die HeizKV verstößt, sofern diese Anwendung findet. Es könnte z. B. eine Miete von 550 Euro vereinbart werden, die alle weiteren Kosten beinhaltet. Beispiel: Miete 550 Euro.
- **Bruttokaltmiete**: Mit Ausnahme der Betriebskosten für Heizung und Warmwasser sind in der vereinbarten Miete alle übrigen Betriebskosten enthalten. Sie werden nicht durch eine Pauschale oder Vorauszahlung neben der Miete separat erhoben.

BEISPIEL FÜR BRUTTOKALTMIETE

Miete	EUR 500
Vorauszahlung für die Heiz- und Warmwasserkosten	EUR 50
Gesamtmiete	**EUR 550**

- **Nettokaltmiete:** Neben der Miete werden für sämtliche anfallenden und umlegbaren Betriebskosten Vorauszahlungen oder Pauschalen erhoben (§ 556 Abs. 2 BGB).
  - Entweder wird hier eine Vorauszahlung für alle Betriebskosten bezahlt, auch für Heizung und Warmwasser, oder
  - für die Heiz- und Warmwasserkosten wird eine Vorauszahlung angesetzt und zusätzlich für die übrigen Betriebskosten eine Pauschale oder zusätzliche Vorauszahlung vereinbart.

Hierzu zählen auch diejenigen Fälle, in denen der Mieter nicht mit dem Vermieter, sondern direkt mit einem Versorgungsunternehmen abrechnet, z. B. wenn er Müllplaketten bei der Gemeinde kauft oder Gas oder Wasser aufgrund eines eigenen Vertrags direkt mit einem Versorgungsunternehmen abrechnet. Die Kosten der Versorgung des Mietobjekts mit Strom werden in den meisten Fällen bereits von den Versorgungsunternehmen direkt mit den Verbrauchern abgerechnet.

BEISPIELE FÜR NETTOKALTMIETE

Miete	EUR 500
Vorauszahlung auf die Heiz- und Warmwasserkosten	EUR 50
Vorauszahlung auf die übrigen Betriebskosten gemäß § 2 BetrKV	EUR 50
Gesamtmiete	**EUR 600**

oder

Miete	EUR 500
Vorauszahlung auf sämtliche Betriebskosten gemäß § 2 BetrKV	EUR 100
Gesamtmiete	**EUR 600**

oder

Miete	EUR 500
Vorauszahlung auf die Heiz- und Warmwasserkosten	EUR 50
Pauschale für die übrigen Betriebskosten gemäß § 2 BetrKV	EUR 50
Gesamtmiete	**EUR 600**

- **Teilinklusiv- oder Teilbruttokaltmiete:** Hier werden zwar neben der Miete Betriebskosten gesondert geltend gemacht, jedoch werden dem Mieter nicht wie bei der Nettokaltmiete sämtliche anfallenden Positionen weiterberechnet. In der

Regel werden diejenigen Kosten, die verbrauchsabhängig sind, wie z. B. Wasser, Schmutzwasser, Allgemein- und Hausstrom oder auch Müllbeseitigung, dem Mieter gegenüber gesondert in Rechnung gestellt. Die übrigen Betriebskosten sind dann in der Miete enthalten, das heißt mit Zahlung der Miete abgegolten.

In der Praxis führt die Vereinbarung einer Teilinklusivmiete zu den häufigsten Streitigkeiten zwischen den Mietvertragsparteien. Zumeist enthalten ältere Mietverträge Teilinklusivmieten und die Parteien streiten darum, ob und welche Betriebskosten vom Mieter zu tragen sind oder ob es sich um eine Pauschale oder eine Vorauszahlungsvereinbarung handelt.

BEISPIELE FÜR TEILINKLUSIVMIETE

Miete	EUR 500
Vorauszahlung auf die Heiz- und Warmwasserkosten	EUR 50
Vorauszahlung auf die Kosten für Wasser, Abwasser und Müllbeseitigung	EUR 20
Gesamtmiete	**EUR 570**

oder

Miete	EUR 500
Vorauszahlung auf die Heiz- und Warmwasserkosten	EUR 50
Pauschale für Wasser, Abwasser und Müllbeseitigung	EUR 20
Gesamtmiete	**EUR 570**

Vermieter und Mieter können also vereinbaren, dass die Betriebskosten entweder als monatliche **Pauschale oder als Vorauszahlung** (§ 556 Abs. 2 Satz 1 BGB) geschuldet werden. Ist keine Vereinbarung über die Weitergabe der Betriebskosten getroffen worden, schuldet der Mieter deren Zahlung auch nicht.

- Enthält der Mietvertrag eine Klausel, wonach der Mieter für die Betriebskosten eine monatliche pauschale Zahlung zu leisten hat, kann der Vermieter über die im vergangenen Jahr tatsächlich entstandenen und angefallenen Betriebskosten dem Mieter gegenüber nicht abrechnen.
- Schuldet der Mieter hingegen eine Betriebskostenvoraus- bzw. -abschlagszahlung, hat der Vermieter nicht nur das Recht, sondern auch die Verpflichtung, über die Betriebskosten des abgelaufenen Abrechnungszeitraums Rechnung zu legen. Der Mieter hat dann gegenüber dem Vermieter einen Anspruch auf Erstellung der Abrechnung.
- Für die wirksame Übertragung der Betriebskosten auf den Mieter genügt es nach herrschender Meinung, wenn ein Verweis auf die Betriebskostenverordnung

erfolgt, ohne dass der Verordnungstext selbst beigefügt werden muss. Der BGH geht noch einen Schritt weiter und hat eine Vereinbarung in einem Wohnraummietvertrag als ausreichend betrachtet, wonach der Mieter »die Betriebskosten« zu tragen hat. Nach Auffassung des BGH bedarf es also nicht noch der Bezugnahme auf die Verordnung selbst.[6].

> **! Tipp**
>
> Bei Betriebskostenvereinbarungen ist in jedem Fall auf eine inhaltlich eindeutige Formulierung zu achten. Es empfiehlt sich, den gesamten Wortlaut des § 2 BetrKV dem Mietvertrag als Anlage beizufügen. Es ist nämlich fraglich, ob auch die Instanzgerichte der großzügigen Auslegung des Begriffs »Betriebskosten« durch den BGH[7] folgen werden.
>
> Da der Gesetzgeber den Inhalt von § 2 BetrKV von Zeit zu Zeit ändert, sollte bei der Vertragsgestaltung auch darauf geachtet werden, die Bezugnahme auf den Gesetzestext **dynamisch** zu gestalten, zum Beispiel so: »Für Art und Umfang der Betriebskosten ist die Betriebskostenverordnung in ihrer **jeweils geltenden Fassung** maßgeblich.«
>
> Wird keine derartige Dynamisierung vereinbart, so gilt diejenige Fassung der Betriebskostenverordnung, die zum Zeitpunkt des Vertragsschlusses aktuell war.[8]

2.2   Änderung der Mietstruktur

Eine nachträgliche Änderung der vereinbarten Mietstruktur ist nur in Ausnahmefällen möglich. Besteht zwischen den Parteien Einigkeit, kann während des Mietverhältnisses die bei Vertragsbeginn festgelegte Mietstruktur **einvernehmlich** geändert werden. Darüber hinaus sieht die Heizkostenverordnung vor, dass für die Kosten von **Heizung und Warmwasser** zwingend eine verbrauchsabhängige Abrechnung zu erfolgen hat. Ist daher eine sog. Bruttowarmmiete vereinbart, kann gemäß § 2 HeizKV der Heiz- und Warmwasserkostenanteil einseitig aus der Gesamtmiete herausgenommen und künftig als Vorauszahlung festgelegt werden. Sowohl Vermieter als auch Mieter haben einen entsprechenden Anspruch auf Änderung bzw. Umstrukturierung der Miete dahin gehend, dass künftig die Kosten für Heizung und Warmwasser separat ausgewiesen und abgerechnet werden (§ 4 Abs. 4 HeizKV). Allerdings soll diese Umstrukturierung nur Wirkung für die Zukunft haben. Für vergangene Zeiträume hat der Vermieter nicht das Recht, eine Abrechnung über Heiz- und Warmwasserkosten nachzureichen.[9]

Wird neben der Miete für sämtliche Betriebskosten im Sinne des § 2 BetrKV eine Pauschale geleistet, ist auch in diesem Fall eine Anpassung bzw. Änderung der Struktur

---

6   BGH v. 10.2.2016, VIII ZR 137/15, WuM 16, 211
7   BGH v. 10.2.2016, VIII ZR 137/15, WuM 16, 211
8   BGH, Urteil v. 22.2.2006, VIII ZR 362/04, WuM 2006, 322
9   LG Potsdam v. 17.7.2015, 13 S 72/14, WuM 2015, 550

durch den Vermieter möglich. Da Heizung und Warmwasser verbrauchsabhängig abzurechnen sind, kann für diese Positionen keine Pauschale vereinbart werden. Der Vermieter hat dann rechnerisch nachvollziehbar die Pauschale in einen Anteil für kalte und einen Anteil für warme Betriebskosten aufzuspalten. Dies kann z. B. nach dem Verhältnis der beiden Betriebskostenarten bei Beginn des Mietverhältnisses erfolgen.[10] Für die sog. kalten Betriebskosten bleibt es bei der Pauschale, für die warmen Betriebskosten wird künftig eine Vorauszahlung angesetzt, über die abzurechnen ist. § 556a Abs. 2 BGB sieht vor, dass der Vermieter unter bestimmten Voraussetzungen berechtigt ist, eine Strukturänderung herbeizuführen – diese Bestimmung gilt jedoch nicht für Geschäftsraummietverhältnisse. Bei **gewerblichen Mietverhältnissen** kann der Vermieter eine Veränderung der Mietstruktur ggf. durch eine **sog. Änderungskündigung** erreichen. Dabei kündigt der Vermieter den Mietvertrag unter Einhaltung der gesetzlichen oder vertraglichen Kündigungsfrist und bietet dem Mieter den Abschluss eines neuen Vertrags zu geänderten Konditionen an.

§ 556a Abs. 2 BGB regelt, dass der Vermieter von Wohnraum Betriebskosten abweichend von getroffenen Vereinbarungen künftig nach einem Maßstab umlegen darf, der dem erfassten unterschiedlichen Verbrauch oder der unterschiedlichen Verursachung Rechnung trägt. Die Bestimmung des § 556a BGB gilt nicht nur für Verträge, die nach dem 1.9.2001 (Inkrafttreten der Mietrechtsreform) vereinbart wurden, sondern gleichermaßen für Verträge, die zu diesem Zeitpunkt schon bestanden haben.[11]

Bei einer Erfassung des individuellen Verbrauchs einer Mietpartei, z. B. durch Wasserzähler, kann der Vermieter dem Mieter also diese Kosten in Rechnung stellen – selbst dann, wenn diese bisher überhaupt nicht, z. B. bei einer Brutto- oder Teilbruttomiete, oder nur mit einer Pauschale angesetzt waren.

Handelte es sich bisher um eine sog. Bruttokaltmiete, das heißt, musste der Mieter z. B. die Kalt- und Abwasserkosten bisher nicht separat neben der Miete zahlen, so kann eine Umstrukturierung der Miete nur unter gleichzeitiger Herabsetzung der Bruttokaltmiete vorgenommen werden. Würde ein Vermieter zusätzlich zur bisher gezahlten Miete eine Vorauszahlung für Wasserkosten verlangen, läge eine Mieterhöhung vor, die der Mieter jedoch nicht schuldet.

---

10 LG Heidelberg v. 25.2.2011, 5 S 77/10, WuM 2011, 217; AG Wedding v. 24.4.2009, 20 C 2/09, MM 09, 263
11 BGH v. 21.9.2011, VIII ZR 97/11, WuM 2011, 682

BEISPIEL

Bruttokaltmiete: 500,00 Euro; nach Einbau von Wasserzählern kann der Vermieter diese künftig verbrauchsabhängig abrechnen, die Mietstruktur muss wie folgt geändert werden:

Teilbruttokaltmiete	EUR 460
zzgl. Vorauszahlung für Kalt- und Abwasserkosten:	EUR 40
Gesamtmiete:	**EUR 500**

Waren beispielsweise die Wasserkosten bisher mit einer Pauschale angesetzt, so kann künftig auf verbrauchsabhängige Abrechnung umgestellt werden. Einer Reduzierung der Grundmiete bedarf es in diesem Fall nicht, denn die bisherige Pauschale kann künftig als Vorauszahlung angesetzt werden.

BEISPIEL

Teilbruttokaltmiete	EUR 460
zzgl. **Pauschale** für Kalt- und Abwasserkosten	EUR 40
Gesamtmiete	**EUR 500**

Nach Einbau von Wasserzählern:

Teilbruttokaltmiete	EUR 460
zzgl. **Vorauszahlung** für Kalt- und Abwasserkosten	EUR 40
Gesamtmiete	**EUR 500**

!   Wichtig

In allen Fällen der Umstrukturierung bleibt die Gesamtmiete unverändert.

2.2.1   Wie funktioniert die gesetzliche Umstrukturierung gemäß § 556a Abs. 2 BGB?

§ 556a Abs. 2 BGB ist auf alle diejenigen Positionen anwendbar, bei denen eine Verbrauchs- bzw. Verursachungsermittlung erfolgen kann. Dies setzt voraus, dass der Vermieter z. B. durch technische Einrichtungen den Verbrauch oder die Verursachung ermitteln kann.

Wichtig   !

§ 556a Abs. 2 BGB gibt dem Vermieter die Möglichkeit, zum einen eine vereinbarte Mietstruktur zu ändern und zum anderen einen vereinbarten Verteilerschlüssel zu ändern.

BEISPIEL

Eine Bruttokaltmiete kann in eine Teilnetto- bzw. Teilinklusivkaltmiete geändert werden, wenn durch Einbau von Kaltwasserzählern künftig eine verbrauchsabhängige Wasserabrechnung erfolgen kann **(Umstrukturierung)**. Rechnet der Vermieter bereits über sämtliche Betriebskosten nach dem Verhältnis der **Wohnflächen** ab, so kann künftig für die Wasserkosten eine verbrauchsabhängige Abrechnung erfolgen, nachdem Wasseruhren eingebaut wurden **(Änderung des Verteilerschlüssels)**. Für die übrigen Betriebskosten bleibt es dagegen bei der Umlage nach Wohnflächen.

Achtung   !

Lediglich das Wechseln eines Verteilerschlüssels, ohne dass zugleich der Verbrauch oder die Verursachung berücksichtigt wird, deckt § 556a BGB nicht ab.

Verbrauchsermittlung

Um die Voraussetzung der Verbrauchsermittlung zu erfüllen, ist in erster Linie an die Installation von Zählern zu denken.

Bei der Verbrauchsermittlung der Wasserkosten sind z. B. Zähler in der jeweiligen Mieteinheit an jeder »Zapfstelle« erforderlich.

Anders als bei der verbrauchsabhängigen Abrechnung der Kosten für Heizung und Warmwasser – hier existiert die bundesweit gültige Heizkostenverordnung – besteht für die Erfassung und Abrechnung von Kaltwasser keine einheitliche Regelung. Entsprechende Vorschriften können jedoch in den Bauordnungen der jeweiligen Bundesländer enthalten sein. So kann zum einen die Ausstattung von Neubauten mit entsprechenden Erfassungsgeräten, zum anderen die Nachrüstungspflicht für Bestandsimmobilien vorgeschrieben sein.

Wenn keine Nachrüstungspflicht existiert, ist der Vermieter nicht verpflichtet, in ein bestehendes Haus nachträglich Wasserzähler einbauen zu lassen. Auch kann die Mehrheit der Mieter z. B. durch Abstimmung den Vermieter nicht zum Einbau von Erfassungsgeräten zwingen. Ein Mieter hat auch keinen Anspruch auf verbrauchsabhängige Abrechnung der Wasserkosten, wenn er eigenmächtig eine Wasseruhr installiert.[12] Wird der Kaltwasserverbrauch bereits durch geeignete Geräte erfasst, kann sich eine Duldungspflicht des Mieters im Hinblick auf künftige Verbrauchserfassungen durch Funkablesung – weil moderner – aus § 554 Abs. 2 BGB ergeben.[13]

Werden den jeweiligen Mietparteien bedarfsgerecht einzelne Restmüllbehälter anstelle eines einzigen Müllcontainers zur Verfügung gestellt, handelt es sich um eine zulässige Verbrauchserfassung des Mülls. Der Vermieter kann dann die jeweiligen Kosten der Behälter den Mietern direkt in Rechnung stellen.[14]

Vorerfassung

Von der Verbrauchserfassung zu unterscheiden ist die sog. Vorerfassung. Befindet sich im Anwesen ein Gewerbebetrieb, der durch seine Betriebsart höhere Betriebskosten verursacht, z. B. ein Bäcker, ein Friseur oder eine Wäscherei, muss zur Vermeidung unbilliger Mehrbelastungen der Wohnungsmieter eine Vorerfassung der durch den Gewerbebetrieb verursachten Mehrkosten durch Zwischenzähler erfolgen. § 556a Abs. 1 BGB regelt, dass die Betriebskosten »nach dem Anteil der Wohnfläche« umzulegen sind. Dies führt dazu, dass zunächst diejenigen Kosten abzugrenzen sind, die nicht durch die Wohnnutzung verursacht sind. Die so ermittelten Mehrkosten sind dann von den Gesamtkosten des Hauses abzuziehen. Der Restbetrag ist auf die übrigen Mieter des Anwesens entsprechend den vertraglichen Bestimmungen zu verteilen.

Verursachungsermittlung

Neben den Positionen für Wasser, Abwasser und Strom, deren Verbrauch durch Zähler ermittelt werden kann, kommt insbesondere die Erfassung der Verursachung von Müll bzw. Abfall oder auch die Benutzung von Liftanlagen in Betracht. Zu denken wäre hier an eine künftige Verteilung nach

- Kopfzahl (bei Müll) oder
- Stockwerkslage der Wohnung (bei einer Liftanlage),

wenn diese Betriebskostenpositionen bisher gar nicht oder nach dem Verhältnis der Wohn- und Nutzflächen des Anwesens abgerechnet wurden.

Der Gesetzgeber hat jedoch bewusst den Begriff der »erfassten Verursachung« gewählt. Auch wenn im Einzelfall die Abkehr von der Verteilung der Kosten nach der Wohnfläche hin zu einer Umlage nach Personenanzahl oder einem anderen Verteilerschlüssel zu mehr Gerechtigkeit führen kann, ist gerade diese Vorgehensweise vom Gesetzestext nicht gedeckt (§ 556a Abs. 2 BGB). Der Wechsel eines Umlageschlüssels, ohne dass

---

12   AG Wedding v. 26.6.2002, 16 C 473/01, GE 2002, 536
13   BGH v. 28.9.2011, VIII ZR 326/10, WuM 2011, 6259
14   AG Brandenburg an der Havel v. 25.10.2004, 32 (33) C 543/03, WuM 2010, 423

künftig der Verbrauch oder die Verursachung der betreffenden Betriebskostenart ermittelt werden können oder ein sonstiger wichtiger Grund vorliegt, ist nicht zulässig.[15]

2.2.2   Wie wird die Umstrukturierung erklärt?

Zur Umstrukturierung eines Mietvertrags hat der Vermieter eine einseitige, empfangsbedürftige Erklärung in Textform abzugeben (§ 126b BGB). »Textform« bedeutet: Die Erklärung nach § 556a Abs. 2 BGB muss nicht eigenhändig unterzeichnet sein. Vielmehr genügt es, wenn

- die Erklärung in Schriftzeichen lesbar ist,
- die Person des Erklärenden genannt und
- der Abschluss der Erklärung entsprechend erkennbar gemacht wird (§ 126b BGB).

Hauptanwendungsfall der Textform ist die Übermittlung von Erklärungen durch Telefax oder auch die Übermittlung von Kopien.

Achtung

Der Vermieter muss den Nachweis dafür erbringen, dass der Erklärungsempfänger, also der Mieter, die Erklärung erhalten bzw. von ihr Kenntnis genommen hat. Die Erklärung in Textform entbindet ihn nicht von der Verpflichtung, im Zweifel den Zugang dieser Erklärung beim Mieter zu beweisen.

Die Wirksamkeit der Erklärung ist jedoch nicht von der Zustimmung der Mietpartei abhängig.

In der Erklärung hat der Vermieter den Grund für die Umstrukturierung zu nennen und zu erläutern. Vor allem ist die Betriebskostenart, über die künftig nach Verbrauch oder erfasster Verursachung abgerechnet werden soll, zu bezeichnen, ebenso die Art der künftigen Verbrauchserfassung. Das gilt auch, wenn mehrere Betriebskostenpositionen künftig nach Verbrauch oder Verursachung umgelegt werden sollen. Dann ist die Erklärung für jede Betriebskostenart getrennt vorzunehmen.

Die gesetzliche Umstrukturierung betrifft nicht nur solche Betriebskosten, die Mieter bisher als Pauschale schuldeten, sondern auch diejenigen, die bisher in der Miete mit enthalten waren (sog. Brutto- bzw. Teilbruttomiete).

Soll von einer bisherigen Bruttomiete auf teilweise Abrechnung umgestellt werden, sind die nun künftig per Abrechnung geltend zu machenden Kosten bisher in der

---

15   LG Augsburg v. 17.12.2003, 7 S 3983/03, ZMR 2004, 269

Gesamtmiete enthalten. Diese Kosten sind daher rechnerisch zu erfassen und die bisher gezahlte Miete entsprechend zu reduzieren. Denn bleibt die Miethöhe unverändert und verlangt der Vermieter zusätzlich eine Vorauszahlung auf die künftig abzurechnende Betriebskostenposition, führt dies unweigerlich zu einer Mieterhöhung und somit zur Schlechterstellung des Mieters (§ 556a Abs. 2 Satz 3 BGB).

Der Umfang der Reduzierung kann z. B. anhand einer Abrechnung unter Zugrundelegung der aktuellen Verbrauchszahlen oder Kosten des Anwesens ermittelt werden.

Um künftig eine verbrauchs- bzw. verursachungsabhängige Abrechnung wirtschaftlich sinnvoll erstellen zu können, ist es für den Vermieter von Bedeutung, dass neben der Miete eine Voraus- bzw. Abschlagszahlung vom Mieter verlangt wird. Zwar ergibt sich dieses Recht nicht ausdrücklich aus dem Gesetz – ein entsprechender Anspruch auf Zahlung von Vorschüssen ist dem Vermieter jedoch nach Sinn und Zweck dieser Vorschrift zuzugestehen. Der Vermieter kann daher eine Vorauszahlung in der Höhe fordern, in der er die Bruttomiete reduziert hat.

Nach § 556a Abs. 2 Satz 2 BGB kann die Erklärung zur Umstrukturierung der Betriebskosten nur vor Beginn eines Abrechnungszeitraums abgegeben werden. Eine rückwirkende Änderung der Mietstruktur oder eine solche, die für die laufende Abrechnungsperiode Geltung haben soll, ist unwirksam.[16] Ebenso sind vertragliche Vereinbarungen, die es dem Vermieter gestatten, auch rückwirkende Änderungen der Mietstruktur durchzuführen, nicht wirksam, da gemäß § 556a Abs. 3 BGB zum Nachteil des Mieters abweichende Vereinbarungen unwirksam sind.

Eine gesetzliche Frist für die Abgabe und für das Wirksamwerden der Änderungserklärung gibt es nicht. Vielmehr hat diese Erklärung die Wirkung, dass im darauf folgenden Abrechnungszeitraum eine entsprechende Abrechnung erfolgen kann und muss.

BEISPIEL

Wenn das Abrechnungsjahr mit dem Kalenderjahr identisch ist, kann der Vermieter grundsätzlich bis spätestens zum 31. Dezember eines Jahres für das nächste Kalenderjahr die Umstrukturierung erklären. Dabei muss er auf eine ordnungsgemäße Zustellung achten und die Möglichkeit des Mieters zur Kenntnisnahme berücksichtigen.

---

16   So auch OLG Frankfurt/Main v. 12.3.2003, 7 U 50/02, ZMR 2004, 182, wonach die Änderung des Verteiler-schlüssels dem Mieter ebenfalls vor Beginn der Abrechnungsperiode mitgeteilt werden muss

Achtung

Zu unterscheiden von der Umstrukturierung ist die Umstellung auf Direktabrechnung. Hatte der Vermieter bisher mit den Versorgungsunternehmen (zum Beispiel Wasserwerke, Strom- oder Gasanbieter) eigene Verträge und möchte er, dass künftig der Mieter direkt mit den jeweiligen Versorgern Verträge schließt und abrechnet, so muss dies gesondert zwischen Vermieter und Mieter vereinbart werden. Ein einseitiges Recht des Vermieters, auf Direktabrechnung umzustellen, ist durch § 556a Abs. 2 BGB nicht gedeckt.

2.3 Einführung neuer Betriebskosten

Mit Vertragsabschluss haben die Vertragsparteien die Mietstruktur festgelegt. Im Laufe eines Mietverhältnisses können sich jedoch Änderungen ergeben, die die **Neueinführung von Betriebskosten** erforderlich machen.

> **BEISPIELE**
>
> - Der Vermieter schließt erst nach Abschluss des Mietvertrags eine Versicherung ab.
> - Der Vermieter kann die Hausmeisterarbeiten nicht mehr selbst erledigen und will einen Hausmeister einstellen.
> - Es werden Modernisierungsmaßnahmen durchgeführt, zum Beispiel der Einbau eines Aufzugs oder die Installation von Kabelfernsehen.
>
> In allen diesen Fällen entstehen neue Betriebskosten und es stellt sich die Frage, wie diese auf die Mieter umgelegt werden können.

Betriebskosten können nicht nur auf Veranlassung des Vermieters neu entstehen, sondern auch durch gesetzliche Neuerungen. So ist seit 10.5.2012 eine Novelle der Betriebskostenverordnung in Kraft, die in § 2 Nr. 15 die Umlage von Kosten des Betriebs von »Breitbandnetz« – bisher »Breitbandkabelnetz« – und »Breitbandanschlüssen« – bisher »Breitbandkabelanschlüssen« – vorsieht. Darüber hinaus verursacht die Einführung der Trinkwasserverordnung seit 1.11.2011 neue Betriebskosten. Die Pflichten, die sich aus der Trinkwasserverordnung für Betreiber und Eigentümer ergeben, dienen letztendlich der Prüfung der Betriebssicherheit und Betriebsbereitschaft der Wasserversorgung. Deshalb sind sie auch zu den Wasserkosten im Sinne des § 2 Nr. 2, 4, 5, 6 BetrKV zu zählen.[17]

Für die Weitergabe neuer gesetzlicher Betriebskosten an den Mieter kommt es auf die Fassung der Betriebskostenverordnung zum Zeitpunkt des Vertragsabschlusses an. Enthält diese die neuen Betriebskosten noch nicht, sind sie grundsätzlich auch nicht

---

17 Serwe, ZMR 2012, 167; a. A. Schmid, ZMR 2012, 10

umlagefähig. Etwas anderes kann sich nur ergeben, wenn die vertragliche Vereinbarung eine sog. **dynamische Klausel** enthält.

Gesetzliche Grundlagen, wie »neue Betriebskosten« auf die Mietpartei umgelegt werden können, existieren nicht. Neben der Möglichkeit einer einvernehmlichen Anpassung kann eine im Mietvertrag vereinbarte **sog. Mehrbelastungsabrede** die Weitergabe neuer Betriebskosten ermöglichen.

> **BEISPIEL FÜR EINE MEHRBELASTUNGSABREDE**
>
> Werden öffentliche Abgaben neu eingeführt oder entstehen Betriebskosten neu, so können diese vom Vermieter im Rahmen der gesetzlichen Vorschriften umgelegt und es kann eine angemessene Vorauszahlung festgesetzt werden.

Auch können Betriebskosten die durch eine Modernisierungsmaßnahme (neu) entstehen künftig weitergegeben werden (§ 555c Abs. 1 Nr. 3 BGB) (s. a. Teil 2 Kap. 8).

!   Wichtig

Entstehen im laufenden Mietverhältnis Betriebskosten neu, so können diese dann weitergegeben werden,

- wenn es sich um solche handelt, die im Betriebskostenkatalog des § 2 Nr. 1 bis 16 BetrKV aufgezählt **und** im Mietvertrag als umlagefähig vereinbart sind. Einer sog. Mehrbelastungsabrede bedarf es dann nicht, da eine Bezugnahme zum Betriebskostenkatalog vertraglich vereinbart und ausreichend ist.
- wenn der Betriebskostenkatalog des § 2 BetrKV nicht oder nicht vollständig Vertragsinhalt ist, kann eine Mehrbelastungsabrede die Umlage neuer Kosten ermöglichen; allerdings nur soweit diese von § 2 Nr. 1 bis 16 BetrKV umfasst sind. Strittig ist insoweit, ob auch Betriebskosten im Sinne des § 2 Nr. 17 BetrKV umgelegt werden können; dies wird zum Teil bejaht.[18]
- wenn diese im Zuge duldungspflichtiger Modernisierungsmaßnahmen anfallen;[19] allerdings ist dies strittig, wenn es sich um Betriebskosten handelt, die nicht in § 2 Nr. 1 bis 16 BetrKV genannt sind, wenn es sich also um »sonstige Betriebskosten« handelt.

---

18   siehe Langenberg, Rn. C 56; Zehelein, WuM 2016, 400
19   BGH v. 27.6.2007, VIII ZR 202/06, WuM 2007, 571

3 Miethöhe

3.1 Allgemeines

Die Höhe der Miete von frei finanzierten Wohnungen unterliegt grundsätzlich der freien Vereinbarung der Parteien.

Bei Sozialwohnungen darf nur die Miete verlangt werden, die zur Deckung der laufenden Aufwendungen erforderlich ist (Kostenmiete). Die Erträge aus dem Anwesen dürfen also die laufenden Aufwendungen nicht übersteigen. Die Kostenmiete ist aufgrund einer Wirtschaftlichkeitsberechnung unter Berücksichtigung der Vorschriften des Wohnungsbindungsgesetzes (WoBindG), der Neubaumietenverordnung (NMV) und der Zweiten Berechnungsverordnung (II. BV) zu ermitteln.

Die Obergrenze für die Miete von preisfreiem Wohnraum bildet der Tatbestand der Mietpreisüberhöhung gemäß § 5 WiStG (Wirtschaftsstrafgesetz) bzw. der Tatbestand des Wuchers gemäß § 291 StGB (Strafgesetzbuch).

3.2 Mietpreisbremse bei Wiedervermietung

3.2.1 Allgemeines

Mit dem Mietrechtsnovellierungsgesetz[20] hat der Gesetzgeber erstmals in der Nachkriegsgeschichte eine Begrenzung der Wiedervermietungsmiete mit Wirkung seit dem 1. Juni 2015 eingeführt. Die Regelungen zur Mietpreisbremse gelten aber nicht für Mieterhöhungen im Bestand.

Kernpunkt des Gesetzes ist die Begrenzung der Miete bei einer Neuvermietung. Die Bestimmungen gelten auch für Mischmietverhältnisse, bei denen die Wohnraumnutzung überwiegt, nicht aber bei gewerblichen Mietverhältnissen. Auch möblierte Wohnungen sind von der Mietpreisbremse betroffen.

Das Mietrechtsnovellierungsgesetz beinhaltet eine Öffnungsklausel, die den Bundesländern gestattet, Gebiete mit angespanntem Wohnungsmarkt zu bestimmen und dort durch Rechtsverordnung für die Dauer von längstens fünf Jahren die Mietpreisbremse bei der Wiedervermietung von Wohnraum einzuführen. Damit bestimmen die Bundesländer Gemeinden und Gemeindeteile, in denen die Mietpreisbremse greifen soll.

---

20 Mietrechtsnovellierungsgesetz v. 21.4.2015, BGBl I, 610

Ausgenommen bleiben die Vermietung in Neubauten sowie die erste Wiedervermietung in umfassend modernisierten Bestandswohnungen.

Mit Einführung der Mietpreisbremse bei der Wiedervermietung greift der Gesetzgeber massiv und in unverhältnismäßiger Weise in das Grundrecht auf Eigentum (Art. 14 GG) und in die Vertragsfreiheit (Art. 2 Abs. 1 GG) ein. Die Mietpreisbremse ist nach Auffassung der Autorinnen nicht geeignet, das mit ihr verfolgte Ziel zu erreichen, nämlich die Sicherung bezahlbarer Mieten für alle Einkommensschichten in Ballungsräumen. Die Mietpreisbremse ist insbesondere deshalb wirkungslos, weil sie keinen – in angespannten Wohnungsmärkten dringend erforderlichen – zusätzlichen Wohnraum schafft.

3.2.2 Angespannter Wohnungsmarkt (§ 556d BGB) – Liste aller Gemeinden mit Mietpreisbremse

Die Regelungen über die Mietpreisbremse gelten, wenn die Landesregierungen eine Verordnung erlassen, in der die Gebiete mit einem angespannten Wohnungsmarkt bestimmt sind (§ 556d Abs. 1 BGB).

Mit Inkrafttreten des Mietrechtsnovellierungsgesetzes wurden die Landesregierungen ermächtigt, Gebiete mit angespannten Wohnungsmärkten durch Rechtsverordnung für die Dauer von fünf Jahren zu bestimmen. Diese Öffnungsklausel gilt bereits seit dem 28.04.2015. Nun plant das Bundesjustizministerium bereits eine Verlängerung dieser Regelung um weitere fünf Jahre.

Nach § 556d Abs. 2 Satz 2 BGB liegen Gebiete mit angespannten Wohnungsmärkten vor, wenn die ausreichende Versorgung der Bevölkerung mit Mietwohnungen in einer Gemeinde oder einem Teil der Gemeinde zu angemessenen Bedingungen besonders gefährdet ist. Dies kann insbesondere dann der Fall sein, wenn eine der vier folgenden Alternativen des vorliegt, also wenn

- »die Mieten deutlich stärker steigen als im bundesweiten Durchschnitt« (§ 556d Abs. 2 Ziffer 1 BGB).
  Für die Anwendung dieses Merkmals sind Erkenntnisse über die Mietentwicklung im Bundesgebiet erforderlich.
- »die durchschnittliche Mietbelastung der Haushalte den bundesweiten Durchschnitt deutlich übersteigt« (§ 556d Abs. 2 Ziffer 2 BGB).
  Unter der »durchschnittlichen Mietbelastung« ist der prozentuale Anteil der Wohnungsmiete am verfügbaren Einkommen zu verstehen. Hier sind statistische Erhebungen notwendig, um gesicherte Erkenntnisse über das durchschnittliche Einkommen der Einwohner einer konkreten Gemeinde und die Höhe der Mieten in

diesem Bereich erforderlich. Zudem müssen diese Werte die Werte des Bundesdurchschnitts deutlich übersteigen.

- »die Wohnbevölkerung wächst, ohne dass durch Neubautätigkeit insoweit erforderlicher Wohnraum geschaffen wird« (§ 556d Abs. 2 Ziffer 3 BGB).
  Hier sind Indikatoren aufgeführt, die in Bezug auf eine Unterversorgung aussagekräftig sein können. Bei starkem Bevölkerungszuwachs kann es zu Versorgungsengpässen kommen. Dies ist ebenfalls durch statistische Erhebungen zu belegen.
- »geringer Leerstand bei großer Nachfrage besteht« (§ 556d Abs. 2 Ziffer 4 BGB).
  In diesem Fall ist das Verhältnis von Angebot an Wohnraum zur Nachfrage zu untersuchen.

Zeitliche Befristung § 556d Abs. 2 Satz 4 BGB
Es bleibt den einzelnen Bundesländern überlassen, die jeweiligen Gebiete nach sorgsamer Prüfung auf Eignung, Erforderlichkeit und Angemessenheit zu bestimmen.

Die Bundesländer haben nur die Möglichkeit, bis zum 31.12.2020 zu entscheiden, ob eine Gemeinde in die Verordnung aufgenommen werden soll. Die jeweilige Rechtsverordnung ist auf maximal fünf Jahre befristet und kann nicht verlängert werden. Daraus folgt, dass spätestens am 31.12.2025 alle Mietpreisbegrenzungen enden. Der Gesetzgeber kann allerdings die Ermächtigung zum Erlass entsprechender Verordnungen verlängern. Nach derzeitigem Kenntnisstand beabsichtigt das Bundesjustizministerium eine Verlängerung der Ermächtigungsgrundlage um weitere fünf Jahre.

Begründungspflicht § 556d Abs. 2 Sätze 5 bis 7 BGB
Die Rechtsverordnungen müssen begründet werden. Auf diese Weise sollen die Entscheidungen der Landesregierungen nachvollziehbar gemacht werden. Insbesondere muss die Begründung auf statistisch gesicherten Tatsachen beruhen. Zudem muss die jeweilige Landesregierung erläutern, welche Maßnahmen sie ergreifen wird, um den Wohnungsmangel zu beseitigen (z.B. Fördermaßnahmen, öffentliche Fördermittel, Übernahme von Bürgschaften, Bereitstellung von Bauland).

Ob die Bundesländer dieselben Gemeinden für die Mietpreisbremse bestimmen, die bereits für die gesenkte Kappungsgrenze (von 20 % auf 15 %) gemäß § 558 Abs. 3 BGB festgelegt wurden, wird unterschiedlich gehandhabt. In der Gesetzesbegründung heißt es ausdrücklich, dass dies gewünscht wird. Es werden strengere Voraussetzungen für eine Rechtsverordnung gelten, die die Mietpreisbremse für bestimmte Gebiete festlegt, denn die Mietpreisbremse wird deutlich stärker in die Grundrechte der Vermieter eingreifen als die Absenkung der Kappungsgrenze.

Inzwischen haben 13 Bundesländer von der Möglichkeit Gebrauch gemacht, eine Rechtsverordnung zu erlassen:

Bundesland	Mietpreisbremse gilt von ... bis
Baden-Württemberg	1. November 2015 bis 31. Oktober 2020
Bayern	1. August 2015 bis 31. Juli 2020
Berlin	1. Juni 2015 bis 31. Mai 2020
Brandenburg	1. Januar 2016 bis 31. Dezember 2020
Bremen	1. Dezember 2015 bis 20. November 2020
Hamburg	1. Juli 2015 bis 30. Juni 2020
Hessen	27. November 2015 bis 30. Juni 2019
Mecklenburg-Vorpommern	1. Oktober 2018 bis 30. September 2023
Niedersachsen	1. Dezember 2016 bis 30. November 2021
Nordrhein-Westfalen	1. Juli 2015 bis 30. Juni 2020
Rheinland-Pfalz	8. Oktober 2015 bis 7. Oktober 2020
Schleswig-Holstein	1. Dezember 2015 bis 30. November 2020
Thüringen	31. März 2016 bis 31. Januar 2021

! **Achtung**

Die Mietpreisbremse gilt nicht landesweit im jeweiligen Bundesland, sondern nur in den Städten und Gemeinden, die ausdrücklich in der entsprechenden Landesverordnung genannt sind. Welche Gemeinden davon im Einzelnen betroffen sind, finden Sie in der nachfolgenden Tabelle und in den Arbeitshilfen.

Übersicht: Gemeinden mit Mietpreisbremse

Die Informationen der Übersicht sind alphabetisch sortiert. Stand der Übersicht ist der 4.2.2019.

Baden-Württemberg – 1.11.2015 bis 31.10.2020

- Altbach
- Asperg
- Bad Krozingen
- Bad Säckingen
- Baienfurt
- Bietigheim-Bissingen
- Brühl
- Denkendorf
- Denzlingen
- Dossenheim
- Durmersheim
- Edlingen-Neckarhausen
- Eggenstein-Leopolshafen
- Emmendingen
- Eppelheim
- Fellbach

- Filderstadt
- Freiberg am Neckar
- Freiburg im Breisgau
- Friedrichshafen
- Grenzach-Wyhlen
- Gundelfingen
- Heidelberg
- Heilbronn
- Heitersheim
- Hemsbach
- Iffezheim
- Karlsruhe
- Kirchentellinsfurt
- Konstanz
- Leimen
- Linkenheim-Hochstetten
- Lörrach
- March
- Merzhausen
- Möglingen
- Müllheim
- Neckarsulm
- Neuenburg am Rhein
- Neuhausen a. d. Fildern
- Offenburg
- Pfinztal
- Plochingen
- Radolfszell am Bodensee
- Rastatt
- Ravensburg
- Remchingen
- Renningen
- Reutlingen
- Rheinfelden (Baden)
- Rheinstetten
- Rielasingen-Worblingen
- Sandhausen
- Sindelfingen
- Singen (Hohentwiel)
- Steinen
- Stutensee
- Stuttgart
- Teningen
- Tettnang
- Tübingen
- Ulm
- Umkirch
- Waldkirch
- Weil am Rhein
- Weingarten
- Wendlingen am Neckar
- Winnenden

Bayern – 1.8.2015 bis 31.7.2020

Regierungsbezirk Oberbayern
Kreisfreie Städte
- Ingolstadt
- München
- Rosenheim

Landkreis Bad Tölz-Wolfratshausen
- Bad Heilbrunn
- Bad Tölz
- Wolfratshausen

Landkreis Berchtesgadener Land

- Ainring
- Bad Reichenhall
- Bayrisch Gmain
- Freilassing
- Piding

Landkreis Dachau

- Bergkirchen
- Dachau
- Erdweg
- Haimhausen
- Hilgertshausen-Tandern
- Karlsfeld
- Markt Indersdorf
- Petershausen
- Schwabhausen
- Sulzemoos
- Weichs

Landkreis Ebersberg

- Anzing
- Ebersberg
- Egmating
- Emmering
- Forstinning
- Frauenneuharting
- Glonn
- Grafing b. München
- Hohenlinden
- Kirchseeon
- Markt Schwaben
- Moosach
- Pliening
- Poing
- Vaterstetten
- Zorneding

Landkreis Eichstätt

- Lenting

Landkreis Erding

- Dorfen
- Erding
- Neuching
- Oberding

Landkreis Freising

- Allershausen
- Attenkirchen
- Eching
- Fahrenzhausen
- Freising
- Hallbergmoos
- Kranzberg
- Langenbach
- Marzling
- Neufahrn b. Freising

Landkreis Fürstenfeldbruck

- Eichenau
- Fürstenfeldbruck
- Germering
- Gröbenzell
- Maisach
- Olching
- Puchheim
- Schöngeising
- Türkenfeld

Landkreis Fürth

- Zirndorf

Landkreis Garmisch-Partenkirchen

- Murnau a. Staffelsee

Landkreis Landsberg am Lech

- Dießen am Ammersee
- Eresing
- Landsberg am Lech

Landkreis Miesbach

- Holzkirchen
- Irschenberg
- Kreuth
- Miesbach
- Otterfing
- Waakirchen
- Waldkraiburg

Landkreis Mühldorf a. Inn

Landkreis München

- Aschheim
- Aying
- Baierbrunn
- Brunnthal
- Feldkirchen
- Garching b. München
- Gräfelfing
- Grasbrunn
- Grünwald
- Haar
- Höhenkirchen-Siegertsbrunn
- Hohenbrunn
- Ismaning
- Kirchheim b. München
- Neubiberg
- Neuried
- Oberhaching
- Oberschleißheim
- Ottobrunn
- Planegg
- Pullach i. Isartal
- Putzbrunn
- Sauerlach
- Schäftlarn
- Straßlach-Dingharting
- Taufkirchen
- Unterföhring
- Unterhaching
- Unterschleißheim

Landkreis Neuburg-Schrobenhausen
- Neuburg a. d. Donau

Landkreis Pfaffenhofen a. d. Ilm
- Pfaffenhofen a. d. Ilm
- Manching
- Reichertshofen

Landkreis Rosenheim
- Bad Aibling
- Kolbermoor
- Prien a. Chiemsee

Landkreis Starnberg
- Andechs
- Berg
- Feldafing
- Gauting
- Gilching
- Herrsching/Ammersee
- Krailling
- Pöcking
- Seefeld
- Starnberg
- Tutzing
- Weßling

Landkreis Weilheim-Schongau
- Weilheim i. OB

Regierungsbezirk Niederbayern
Kreisfreie Stadt
- Landshut

Landkreis Landshut
- Altdorf

Regierungsbezirk Oberpfalz
Kreisfreie Stadt
- Regensburg

Landkreis Regensburg
- Neutraubling

Regierungsbezirk Mittelfranken
Kreisfreie Städte
- Erlangen
- Fürth
- Nürnberg

Regierungsbezirk Unterfranken
Kreisfreie Städte
- Aschaffenburg
- Würzburg

Landkreis Aschaffenburg
- Goldbach

Landkreis Würzburg
- Gerbrunn

Regierungsbezirk Schwaben
Kreisfreie Städte
- Augsburg
- Kempten (Allgäu)

Landkreis Neu-Ulm
- Neu-Ulm

Berlin – 1.6.2015 bis 31.5.2020
alle Bezirke

Brandenburg – 1.1.2016 bis 31.12.2020
Kreisfreie Stadt Potsdam

Landkreis Barnim
- Ahrendsfelde
- Bernau bei Berlin
- Panketal
- Werneuchen

Landkreis Dahme-Spreewald
- Eichwalde
- Königs Wusterhausen
- Schönefeld
- Schulzendorf
- Wildau
- Zeuthen

Landkreis Havelland
- Dallgow-Döberitz
- Falkensee

Landkreis Märkisch-Oderland
- Hoppegarten
- Neuenhagen bei Berlin
- Petershagen/Eggersdorf

Landkreis Oberhavel
- Birkenwerder
- Glienicke/Nordbahn
- Hennigsdorf
- Hohen Neuendorf
- Mühlenbecker Land
- Oranienburg
- Velten

Landkreis Oder-Spree
- Erkner
- Schöneiche bei Berlin

Landkreis Potsdam-Mittelmark
- Kleinmachnow
- Nuthetal
- Teltow

Landkreis Teltow-Flämig
- Blankenfelde-Mahlow
- Großbeeren
- Rangsdorf

Bremen – 1.12.2015 bis 20.11.2020
im gesamten Bundesland Bremen mit Ausnahme von Bremerhaven

Hamburg – 1.6.2015 bis 30.6.2020
alle Bezirke

Hessen[21] – 27.11.2015 bis 30.6.2019

- Bad Homburg vor der Höhe (außer Ober-Erlenbach)
- Darmstadt (außer Arheiligen, Eberstadt und Kranichstein)
- Dreieich
- Flörsheim am Main
- Frankfurt am Main (außer Berkersheim, Eckenheim, Harheim und Unterliedersbach)
- Griesheim
- Hattersheim am Main
- Kassel (außer Wolfsanger/Hasenhecke)
- Kronberg im Taunus
- Marburg
- Mörfelden-Walldorf
- Oberursel (Taunus)
- Offenbach am Main
- Schalbach am Taunus
- Weiterstadt
- Wiesbaden (außer Igstadt, Medenbach und Naurod)

Mecklenburg-Vorpommern – 1.10.2018 bis 30.9.2023

- Greifswald
- Rostock

Niedersachsen – 1.12.2016 bis 30.11.2021

- Baltrum
- Borkum
- Braunschweig
- Buchholz in der Nordheide
- Buxtehude
- Göttingen
- Hannover
- Juist
- Langenhagen
- Langeoog
- Leer
- Lüneburg
- Norderney
- Oldenburg
- Osnabrück
- Spiekeroog
- Vechts
- Wangerooge
- Wolfsburg

Nordrhein-Westfalen – 1.7.2015 bis 30.6.2020

Regierungsbezirk Düsseldorf

- Erkrath
- Düsseldorf
- Kleve
- Langenfeld (Rheinland)
- Meerbusch
- Monheim am Rhein
- Neuss
- Ratingen

---

21 Hessen plant Verlängerung siehe Seite 42

Regierungsbezirk Köln

- Aachen
- Bonn
- Brühl
- Frechen
- Hürth
- Köln
- Leverkusen
- Siegburg
- St. Augustin
- Troisdorf

Regierungsbezirk Münster

- Münster
- Bocholt

Regierungsbezirk Detmold

- Bielefeld
- Paderborn

Rheinland-Pfalz – 8.10.2015 bis 7.10.2020

- Mainz
- Trier
- Landau

Schleswig-Holstein[22] – 1.12.2015 bis 30.11.2020

- Barsbüttel
- Glinde
- Halstenbek
- Hörnum
- Kampen
- Kiel
- List
- Norderstedt
- Sylt
- Wenningstedt-Braderup
- Wentdorf bei Hamburg
- Wyk auf Föhr

Thüringen – 31.3.20 16 bis 31.1.2021

- Erfurt
- Jena

Verlängerung der Mietpreisbremsenverordnungen

Die Mietpreisbremse in Hessen läuft zum 30.6.2019 aus. Das Wohnungsbauministe-rium hat einen Entwurf zur Verlängerung der Mietpreisbremse vorgelegt. Anstatt in 16 Städten und Gemeinden soll die Mietpreisbremse künftig in 28 Städten und Gemein-den gelten.

---

22 Schleswig-Holstein will nach einem Kabinettsbeschluss vom 6.3.2019 die Mietpreisbremse zum 30.11.2019 vorzeitig wieder aufheben.

In den Geltungsbereich der Mietpreisbremse in Hessen neu hinzukommen sollen:

- Bad Soden
- Bad Vilbel
- Bischofsheim
- Egelsbach
- Eschborn
- Ginsheim-Gustavsburg
- Heusenstamm
- Hofheim

- Kelkheim
- Kelsterbach
- Kiedrich
- Langen
- Nauheim
- Nidderau
- Obertshausen
- Raunheim

Aus dem Geltungsbereich herausfallen sollen:

- Dreieich
- Hattersheim
- Kronberg
- Oberursel

Im Geltungsbereich verbleiben sollen:

- Bad Homburg
- Darmstadt
- Flörsheim
- Frankfurt am Main
- Griesheim
- Kassel

- Marburg
- Mörfelden-Walldorf
- Offenbach
- Schwalbach
- Weiterstadt
- Wiesbaden

In einigen Kommunen sollen sich aber Änderungen des betroffenen Gebiets ergeben.

Unwirksame Rechtsverordnungen

Da die Rechtsumsetzung durch die Bundesländer teils unprofessionell geschah[23], wurden in inzwischen sechs Bundesländern die entsprechenden Landesverordnungen von Zivilgerichten für unwirksam gehalten, weil die Länder die Verordnung entweder nicht ausreichend begründet oder die Begründung nicht veröffentlicht haben[24]:

---

23   Artz/Börstinghaus in NZM 2019, 12, »Das am 1.1.2019 in Kraft getretene Mietrechtsanpassungsgesetz«
24   Übersicht über die umfangreiche Rechtsprechung zur unzureichenden Begründung der Rechtsverordnungen in Schmidt-Futterer/Börstinghaus BGH § 556d Rn 39

Bundesland	Gericht	Datum/Aktenzeichen/Fundstelle
Baden-Württemberg	AG Stuttgart	Urteil v. 30.10.2018, 35 C 2110/18
Bayern	LG München I	Urteil v. 6.12.2017, 14 S 10058/17, NJW 2018, 407
Brandenburg	AG Potsdam	Urteil v. 27.9.2018, 23 C 93/17, GE 2018, 1464
Hamburg	LG Hamburg	Urteil v. 14.6.2018, 333 S 28/17, NZM 2018, 745
Hessen	LG Frankfurt a. M.	Urteil v. 27.3.2018, 2-11 S 183/17, WuM 2018, 276
Nordrhein-Westfalen	AG Köln	Urteil v. 6.11.2018, 208 C 188/18

3.2.3   Zulässige Miete bei Mietbeginn

Nach § 556d Abs. 1 BGB darf die Miete für Wohnraum zu Beginn des Mietverhältnisses die ortsübliche Vergleichsmiete höchstens um 10 % übersteigen, wenn die Wohnung in einem durch Rechtsverordnung bestimmten Gebiet mit einem angespannten Wohnungsmarkt liegt. Voraussetzung ist also, dass sich die Wohnung in einem durch Rechtsverordnung bestimmten Gebiet mit einem angespannten Wohnungsmarkt befindet.

Damit soll dem Vermieter die Möglichkeit genommen werden, allein aufgrund der zeitweise angespannten Marktlage ein Entgelt zu verlangen, das weit über den in den letzten vier Jahren vereinbarten Entgelten bei Neuvermietungen und Mieterhöhungen in vermieteten Wohnungsbestand liegt.[25]

Die Mietpreisbremse gilt nur für Wohnraummietverhältnisse (§ 556d Abs. 1 BGB). Ein Mietverhältnis über Wohnraum liegt vor, wenn der Mieter die Räume als Wohnung für sich oder seine Familie nutzen will. Für andere Mietverhältnisse über Grundstücke und Räume – insbesondere bei gewerblichen Mietverhältnissen – gilt die Neuregelung nicht.

Unscharf bleibt, ob die Mietpreisbremse bei Mischmietverhältnissen zur Anwendung kommt. Bei Mischmietverhältnissen ist zu prüfen, ob der Wohnzweck überwiegt, wobei für die Einstufung der gemeinsame Parteiwille maßgeblich ist und welche Nutzungsart im Vordergrund steht.[26] Ein bloß vorgetäuschter Nutzungszweck ist unbeachtlich. Nach der Schwergewichtstheorie[27] ist bei Mischmietverhältnissen zu prüfen, welche Nutzungsart im Vordergrund steht.

---

25   BT-Drucks. 18/3121, 17
26   BGH v. 16.4.1986, VIII ZR 60/85, WuM 1986, 274; BGH v. 9.7.2014, VIII ZR 376/13, NZM 2014, 626
27   BGH v. 9.7.2014, VIII ZR 376/13, DWW 2014, 254

BEISPIEL FÜR EIN MISCHMIETVERHÄLTNIS

Wird mit der Wohnung eine Garage mitvermietet, so handelt es sich um ein einheitliches Wohnraummietverhältnis, wenn nicht zwei separate Mietverträge (ein Wohnungsmietvertrag und ein Garagenmietvertrag) abgeschlossen werden. Die Ausweisung eines gesonderten Garagenpreises im Wohnraummietvertrag führt nicht dazu, dass es sich um zwei unabhängige Mietverhältnisse handelt – es handelt sich um ein einheitliches Wohnraummietverhältnis. Ist der Garagenpreis besonders hoch angesetzt, etwa das Doppelte der ortsüblichen Garagenmiete, darf die Garagenmiete nach Blank[28] nicht als selbstständige Preisvereinbarung bewertet werden. Der Garagenwert wäre also auch hier mit dem ortsüblichen Preis anzusetzen.

Deshalb ist es anzuraten, für die Garage einen separaten Mietvertrag abzuschließen, der dann keiner Preisbindung unterliegt, sodass die Vertragsparteien für die Garagenmiete einen beliebigen Preis (bis zur Wuchergrenze) vereinbaren dürfen.

Achtung

Für andere Mietverhältnisse über Grundstücke und Räume, also insbesondere gewerbliche Mietverhältnisse (§ 578 Abs. 2 BGB) gilt die Mietpreisbremse nicht.

Trotz Nutzung der Wohnung zu Wohnzwecken kann ein Geschäftsraummietverhältnis vorliegen, wenn der Vertragszweck nicht im Wohnen durch den Mieter selbst, sondern in der Weitervermietung liegt. Das ist der Fall,

- wenn ein Unternehmen eine Wohnung anmietet, um sie an Betriebsangehörige weiterzuvermieten[29];
- wenn eine juristische Person, z. B. eine GmbH, ein Haus für seinen Geschäftsführer anmietet. Eine juristische Person kann Räume schon begrifflich nicht zu eigenen Wohnzwecken anmieten. Daher kommt es gar nicht darauf an, ob das Haus als Geschäftshaus oder als Wohnung genutzt werden soll[30];
- wenn ein karikativ tätiger gemeinnütziger Verein eine Wohnung zur Unterbringung von Personen anmietet, die vom Verein betreut und unterstützt werden[31];
- wenn eine gemeinnützige GmbH Wohnungen vom Eigentümer anmietet, die dann an den Bewohner des von ihr betriebenen »Betreuten Wohnens« weitervermietet werden[32];

---

28   Blank in WuM 2014, 641
29   BayObLG v. 30.8.1995, RE-Miet 6/94, WuM 1995, 645
30   BGH v. 16.7.2008, VIII ZR 282/07, NZM 2008, 804
31   BayObLG v. 28.7.1995, RE-Miet 4/94, MDR 1996, 42
32   KG Berlin v. 23.8.2012, 8 U 22/12, ZMR 2013, 108

- wenn ein Studentenwerk Wohnungen zum Betrieb eines Studentenwohnheims anmietet[33];
- wenn gewerbliche Zwischenvermietung vorliegt. Hier wird die Wohnung nicht vom Zwischenvermieter oder seiner Familie genutzt, sondern die Gewinnerzielungsabsicht steht im Vordergrund.[34]

Jedoch können die Vertragsparteien vereinbaren, dass die Regelungen über Wohnraum trotzdem gelten sollen. Hierfür genügt es aber wohl kaum, wenn ein Formular für Wohnraummietverhältnisse verwendet wird. Eine Vertragsklausel, wonach die Vorschriften für Mieterhöhungen bei Wohnraummietverhältnissen gelten sollen, reicht dafür jedoch nicht aus.[35]

Die Mietpreisbremse findet auch für Wohnungen Anwendung, die der Mieter nur als Zweitwohnung nutzen will.

3.2.3.1   Mietverhältnisse mit häufigem Mieterwechsel

Aus dem Anwendungsbereich der Mietpreisbremse ausgenommen sind Mietverhältnisse mit systembedingt häufigem Mieterwechsel. Dabei handelt es sich um Mietverhältnisse im Sinne von § 549 Abs. 2 BGB, also um

- Vermietung von Wohnraum nur zum vorübergehenden Gebrauch gemäß § 549 Abs. 2 Nr. 1 BGB (z. B. Ferienwohnung oder Hotelzimmer);
- Mietverhältnisse an einzelnen möblierten Zimmern in der Wohnung des Vermieters gemäß § 549 Abs. 2 Nr. 2 BGB;
- Möblierte Wohnungen unterliegen dagegen der Mietpreisbremse und es gilt derselbe Kündigungsschutz wie bei einer unmöblierten Wohnung (vgl. Möblierungszuschlag 3.2.3.5);
- Vermietung von Wohnraum, den eine juristische Person des öffentlichen Rechts oder ein anerkannter Träger der Wohlfahrtspflege angemietet hat, um ihn Personen mit dringendem Wohnungsbedarf zu überlassen gemäß § 549 Abs. 2 Nr. 3 BGB;
- Mietverhältnisse in Studenten- und Jugendwohnheimen gemäß § 549 Abs. 3 BGB .

3.2.3.2   Vertragsschluss

Die Preisbindung des § 556d Abs. 1 BGB, also die Mietpreisbremse, findet Anwendung, wenn ein Mietverhältnis über Wohnraum abgeschlossen wird. Das bedeutet, dass

---

33   BGH v. 20.12.1982, VIII ZR 235/81, WuM 1984, 57
34   Fleindl in WuM 2015, 214
35   LG Berlin v. 9.9.2011, 63 S 605/10, GE 2011, 1484; a. A. OLG Hamburg v. 29.10.1997, 4 U 61/97, DWW 1998, 50

diese Neuregelung bei der Wiedervermietung anzuwenden ist. Wenn allerdings ein beendetes Mietverhältnis mit dem bisherigen Mieter fortgesetzt oder erneuert werden soll, ist fraglich, ob die Preisbindung greift. Schließen die Vertragsparteien einen neuen Mietvertrag, darf der neue Mietpreis die zulässige Grenze des § 556d Abs. 1 BGB nicht überschreiten. Nach dem BGH kann ein bereits beendetes Mietverhältnis nicht fortgesetzt, sondern nur neu begründet werden.[36] Vereinbaren die Parteien vor Ablauf der Kündigungsfrist, dass das Mietverhältnis fortgesetzt wird, findet § 556d Abs. 1 BGB keine Anwendung, d. h. dass keine Preisbindung besteht.

Bei Parteiwechsel auf Mieterseite kann im Rahmen einer Parteiwechselvereinbarung (siehe nachfolgendes Muster 1) die bisherige Mietpartei aus dem Vertrag entlassen und gleichzeitig mit einer anderen Mietpartei der bestehende Mietvertrag fortgesetzt werden. In diesem Fall findet die Mietpreisbremse keine Anwendung. Nach dem Urteil des LG Berlin[37] unterfallen Mietvertragsveränderungen, -erneuerungen bzw. schlichte Parteiwechsel nicht dem Anwendungsbereich der Mietpreisbremse. Wenn aber mit dem Nachfolger ein neuer Mietvertrag abgeschlossen wird, ist die Mietpreisbremse zu berücksichtigen. Im Einzelfall ist aber zu prüfen, ob nicht ein Umgehungsgeschäft vorliegt. Indiz für ein Umgehungsgeschäft könnte sein, wenn in der Parteiwechselvereinbarung z. B. eine Mieterhöhung von 60 % ohne Erweiterung der Gegenleistung festgelegt wird.

BEISPIEL 1

Wurde beispielsweise 2014 zwischen Vermieter und Mieter im Mietvertrag ein wirksamer gegenseitiger Kündigungsverzicht für drei Jahre vereinbart und möchte der Mieter das Mietverhältnis aus beruflichen Gründen bereits nach zwei Jahren beenden, gilt die Mietpreisbremse nur, wenn mit dem Ersatzmieter ein neuer Mietvertrag abgeschlossen wird. Tritt der Nachfolger dagegen im Rahmen einer Parteiwechselvereinbarung (siehe nachfolgendes Muster 2) in das bestehende Mietverhältnis ein, gilt keine Preisbindung, auch wenn der Mietpreis die ortsübliche Miete um mehr als 10 % überschreitet.

3.2.3.3   Parteiwechselvereinbarung

Grundsätzlich ist zunächst zu beachten, dass Parteiwechselvereinbarungen schriftlich getroffen werden sollten (§ 550 Abs. 1 BGB).

---

36   BGH v. 24.6.1998, XII ZR 195/96 , ZMR 1998, 612; Blank in Schmidt-Futterer § 542 Rn 89
37   LG Berlin v. 25.4.2018, 65 S 238/17

BEISPIEL 2

Die Wohnung wird von Mieter A und Mieter B angemietet. Mieter A zieht aus und Mieter B möchte in der Wohnung bleiben.

Ist der Vermieter bereit, den verbleibenden Mieter als alleinigen Mieter zu akzeptieren und den ausgezogenen Mieter aus der Haftung zu entlassen, weil der verbleibende Mieter solvent genug ist, sollte zwischen den Vertragsparteien eine entsprechende schriftliche dreiseitige Vereinbarung getroffen werden.

ARBEITSHILFE
ONLINE

Musterbrief 1: Mieterwechselvereinbarung bei Ausscheiden eines Mieters

Zusatzvereinbarung zum Mietvertrag vom ....

zwischen

Vermieter

und

Mieter A und Mieter B

Die Vertragsparteien vereinbaren, dass der Mietvertrag vom ..... über die Wohnung .... vom Mieter B als alleinigen Mieter mit Wirkung ab dem.......................... fortgesetzt wird. Er tritt damit in sämtliche Rechte und Pflichten aus dem Mietvertrag vom .... ein.

Mieter A wird mit Wirkung ab diesem Tag aus dem Mietverhältnis entlassen.

Für die bis zu diesem Tage entstandenen Forderungen des Vermieters haften die Mieter A und Mieter B gesamtschuldnerisch weiter.

Alternativ:
Mieter B übernimmt auch die bis zu diesem Tage entstandenen Forderungen.
Der Anspruch auf Rückzahlung der Kaution steht allein Mieter B zu. Mieter A verzichtet gegenüber dem Vermieter auf jegliche Ansprüche auf Kautionsrückzahlung. Die Mieter haben sich intern über die Kaution bereits auseinandergesetzt.
Alle übrigen Vereinbarungen des Mietvertrages vom .... gelten zwischen dem Vermieter und dem Mieter B weiter.

..............................., den ....

....
Unterschrift

Hinweis auf das Widerspruchsrecht[38]:
Die Erklärungen der vorstehenden Mieterwechselvereinbarung können von den Mietern innerhalb von zwei Wochen schriftlich widerrufen werden. Es genügt die rechtzeitige Absendung des Widerrufs an den Vermieter.

---

38 Ausführliche Erläuterungen zum Widerrufsrecht des Mieters und Muster des Widerrufsformulars in Teil 2

3.2.3.4 Mieterwechsel

Besteht ein befristeter Mietvertrag und hat der Mieter triftige Gründe für eine vorzeitige Aufhebung des Mietverhältnisses, ist er verpflichtet, einen geeigneten Nachmieter zu suchen. Der Vermieter hat dann das Wahlrecht, ob er mit dem Nachmieter einen neuen Mietvertrag abschließen will oder ob der Nachmieter in den bestehenden Mietvertrag im Rahmen einer entsprechenden Zusatzvereinbarung eintreten soll. Bei einer solchen Vereinbarung handelt es sich um einen dreiseitigen Vertrag, wobei unter Beibehaltung des bisherigen Mietvertrags lediglich die Mietparteien ausgewechselt werden und keine Mietpreisbremse zur Anwendung kommt. Allerdings ist immer zu prüfen, ob nicht ein Umgehungsgeschäft vorliegt. Wenn der Hauptzweck der Änderungsvereinbarung beispielsweise die Auflösung einer Ehe/Partnerschaft ist und bei dieser Gelegenheit auch die Miete angepasst wird, dürfte regelmäßig kein Umgehungsgeschäft vorliegen.[39]

Musterbrief 2: Parteiwechselvereinbarung

Zusatzvereinbarung zum Mietvertrag vom ....

zwischen

Vermieter

und

A (als bisherigen Mieter)

und

B (als neuen Mieter)

Der Mietvertrag vom .... über die Wohnung .... wird von Mieter B mit Wirkung ab dem .... fortgesetzt.

Mieter A wird mit Wirkung ab dem .... aus dem Mietverhältnis entlassen.

Für die bis zu diesem Tag entstandenen Forderungen des Vermieters einschließlich der sich aus einer noch zu fertigenden Betriebskostenabrechnung ergebenden Forderung haftet der bisherige Mieter A weiter.

Der Anspruch auf Rückzahlung der seitens Mieter A geleisteten Kaution steht allein Mieter B zu. Mieter A verzichtet gegenüber dem Vermieter auf jegliche Ansprüche aus der Kautionsrückzahlung.

Zum Zustand der Wohnung wird einvernehmlich Folgendes festgestellt:
Schäden: ....
....

---

39 LG Berlin v. 25.4.2018, 65 S 238/17

Der bisherige Mieter A verpflichtet sich, die Kosten der Schadensbehebung zu tragen. Diese werden hiermit einvernehmlich auf .... Euro festgelegt. Dieser Betrag ist bis zum .... an den Vermieter zu zahlen.

Hinweis: Eine Überprüfung der Mietsache auf eventuelle Schäden ist erforderlich, weil gegen den bisherigen Mieter Schadensersatzansprüche nur innerhalb von sechs Monaten geltend gemacht werden können. Der neue Mieter ist nicht für Schäden verantwortlich, die vor seiner Mietzeit entstanden sind.

Der neue Mieter B löst die Einbauküche des bisherigen Mieters A ab. Der neue Mieter B übernimmt als eigene Verpflichtung die Pflicht, bei Mietende die Einbauküche zu entfernen und den ursprünglichen Zustand auf seine Kosten wiederherzustellen.

Alle übrigen Vereinbarungen des Mietvertrags vom .... gelten zwischen dem Vermieter und dem Mieter B weiter.

......................................, den ....
....
Unterschrift

Hinweis auf das Widerspruchsrecht[40]:
Die Erklärungen der vorstehenden Mieterwechselvereinbarung können von den Mietern innerhalb von zwei Wochen schriftlich widerrufen werden. Es genügt die rechtzeitige Absendung des Widerrufs an den Vermieter.

3.2.3.5   Zulässige Miethöhe

Nach § 556d Abs. 1 BGB darf die vereinbarte Miete die ortsübliche Vergleichsmiete höchstens um 10 % übersteigen (= zulässige Miete). Mit der Miete ist die Grundmiete gemeint, also die Miete ohne Betriebskosten und ohne Zuschläge.

Bruttomiete (= Inklusivmiete)
Bei der Bruttomiete wird ein einziger Betrag als Miete ausgewiesen. Für die Betriebskosten wird weder eine Vorauszahlung noch eine Pauschale vereinbart. Diese Inklusivmiete darf nach § 556d Abs. 1 BGB die ortsübliche Inklusivmiete höchstens um 10 % überschreiten. In den meisten Mietspiegeln werden lediglich Grundmieten (Nettokaltmieten) ausgewiesen. Wie bei Mieterhöhungen wird eine Aufspaltung der Inklusivmiete in eine fiktive Grundmiete und tatsächliche Betriebskosten erforderlich sein. Fraglich ist, ob die tatsächlich entstehenden Betriebskosten maßgeblich sind oder,

---

40   Muster des Widerrufsformulars sowie Erläuterungen in Teil 2

falls ein Mietspiegel eine Tabelle mit durchschnittlichen Betriebskosten enthält (Münchner Mietspiegel), diese angesetzt werden dürfen.

Der BGH[41] hat für Mieterhöhungen entschieden, dass der Vermieter seine tatsächlichen Betriebskosten ansetzen muss und nicht etwa durchschnittliche Kosten aus einer statistischen Erhebung wählen darf. Aus Gerechtigkeitsgründen wird die Inklusivmiete in eine rechnerische Nettokaltmiete, die als Vergleichsmiete genommen wird, und einen tatsächlichen Betriebskostenanteil geteilt.

Betriebskostenpauschale
Vereinbaren die Vertragsparteien neben der Grundmiete anstelle einer Betriebskostenvorauszahlung eine Betriebskostenpauschale, werden die jährlichen Betriebskosten nicht abgerechnet.

Bei der Höhe der Betriebskostenvorauszahlung gilt §556 Abs. 2 Satz 2 BGB, wonach die Vorauszahlungen für die Betriebskosten nur in angemessener Höhe vereinbart werden dürfen. Vorauszahlungen, die überhöht angesetzt werden, sind insoweit unwirksam, als sie die Angemessenheitsgrenze überschreiten (§556 Abs. 2 Satz 2 BGB).

Die Angemessenheitsgrenze gilt nicht für die Betriebskostenpauschale. Streng genommen hat der Vermieter die Möglichkeit, neben der nach der Mietpreisbremse korrekt vereinbarten Grundmiete eine überhöhte Betriebskostenpauschale zu vereinbaren. Der nicht für die Betriebskosten benötigte Teil der Pauschale ist wohl als Teil der Grundmiete anzusehen. Ausgangspunkt für die Berechnung der höchstzulässigen Miete nach §556d Abs. 1 BGBG ist die ortsübliche Grundmiete zuzüglich einer ortsüblichen Betriebskostenpauschale. Eine ortsübliche Pauschale ist eine kostendeckende Pauschale.

Zuschläge
Werden beim Abschluss eines Wohnraummietvertrags neben der Grundmiete Zuschläge für die Möblierung, für die Erteilung der Untervermietungserlaubnis oder eine Gewerbezuschlag vereinbart, ist zu prüfen, ob der Zuschlag neben der Grundmiete geschuldet wird. In diesem Fall wäre die Miete aus der ortsüblichen Grundmiete zu bestimmen und bezüglich des Zuschlags hätten die Parteien keine Preisbindung zu beachten.

Ist dagegen der Zuschlag Teil der Grundmiete, bleibt fraglich, wie die ortsübliche Miete bei Wohnungen mit vergleichbaren Vermieterleistungen zu ermitteln ist.
- **Untermietzuschlag:** Nach §553 Abs. 2 BGB kann der Vermieter die Erlaubnis zur Untervermietung von einer angemessenen Erhöhung der Miete abhängig machen. Der Untermietzuschlag ist damit Bestandteil der Miete. Die ortsübliche Miete kann

---

41   BGH v. 26.10.2005, VIII ZR 138/06, WuM 2007, 450

demnach aus der ortsüblichen Grundmiete zuzüglich eines ortsüblichen Betrags für die Untermiete bestimmt werden.

- **Gewerbezuschlag:** Vereinbaren die Vertragsparteien, dass bei Nutzung zu anderen als Wohnzwecken ein Gewerbezuschlag zu zahlen ist, ist der Zuschlag kein Teil der Grundmiete.[42] Für die Höhe des Zuschlags gibt es keine gesetzlichen Obergrenzen. Maßgeblich ist allerdings, ob der Zuschlag im Hinblick auf die Gegebenheiten des Marktes ein realitätsgerechtes Entgelt für die vom Mieter in Anspruch genommene Gewerbenutzung darstellt.[43]
- **Zuschläge für Möblierung:** Es gibt keine Feststellungen über die ortsübliche Vergleichsmiete für möblierten Wohnraum im Mietspiegel, trotzdem gilt die Mietpreisbremse. Möblierungszuschläge sind grundsätzlich möglich. Der Möblierungszuschlag muss nicht gesondert ausgewiesen sein.

> **!** **Achtung**
>
> Die zulässige Miete bei möblierten Wohnungen:
> ortsübliche Vergleichsmiete + Möblierungszuschlag + 10 %

Allerdings gibt es bezüglich der Höhe des Möblierungszuschlags keine gesetzliche Regelung, sondern nur Rechtsprechung und Literatur. Als Bemessungsgrundlage gilt: Zeitwert der Möbel + Abschreibung + Kapitalverzinsung. Während nach dem Hamburger Modell eine degressive Abschreibung von 15 % vorzunehmen ist, wird nach dem Berliner Modell eine lineare Abschreibung mit 10–15 % angesetzt.

Möblierungszuschlag		
Zeitwert **Neupreis – AfA**	**Prozent**	**EUR 10.000**
Verzinsung	11 %	EUR 1.100
Abschreibung	13 %	EUR 1.300
Summe	24 %	EUR 2.400
Monatlich	1/12 = 2,0	1/12 = EUR 200
Anerkannt: monatlich 2 % des (anfänglichen) Zeitwerts der Möbel[44]		

---

42   BayObLG v. 25.3.1986, RE-Miet 4/85, WuM 1986, 205
43   Blank in Schmidt-Futterer, nach § 535 Rn 28
44   LG Berlin v. 21.3.2003, 65 S 365/01

Mietpreisbremse möblierte Wohnung			
richtig		**falsch**	
ortsübliche Vergleichsmiete (unmöbliert)	EUR 1.200	ortsübliche Vergleichsmiete (unmöbliert)	EUR 1.200
+ Möblierungszuschlag	EUR 200	+ 10 %	EUR 120
= ortsübliche Vergleichsmiete	EUR 1.400	Summe	EUR 1.320
+ 10 %	EUR 140	+ Möblierungszuschlag	EUR 200
= zulässige Miete	EUR 1.540	= zulässige Miete	EUR 1.520

Ortsübliche Vergleichsmiete

Nach § 556d Abs. 1 BGB darf die vereinbarte Miete die ortsübliche Vergleichsmiete um 10 % übersteigen. Die Wiedervermietungsgrenze beträgt also 110 % der ortsüblichen Vergleichsmiete.

Dabei ist Bezugspunkt für die zulässige Miete die ortsübliche Vergleichsmiete für das konkrete Mietobjekt gemäß § 558a Abs. 2 BGB. Ziel des Mietrechtsanpassungsgesetzes ist, dass sich der Vermieter bereits vor Vertragsschluss aktiv Gedanken über die für die Wohnung zulässige Miete machen muss, wenn er nicht einen Rechtsverlust riskieren will.[45]

Wie aber wird die ortsübliche Vergleichsmiete ermittelt? § 556d Abs. 1 BGB verweist dabei ausdrücklich auf § 558a Abs. 2 BGB, wonach (für eine Mieterhöhung) die ortsübliche Vergleichsmiete auf vier verschiedenen Begründungsmitteln basieren kann:
- einfacher oder qualifizierter Mietspiegel
- Mietdatenbank
- Sachverständigengutachten
- Vergleichswohnungen

In der Gesetzesbegründung heißt es dazu lapidar, dass zur Ermittlung der ortsüblichen Vergleichsmiete ein Mietspiegel herangezogen werden kann. In Gemeinden mit einfachem oder qualifiziertem Mietspiegel hat es der Vermieter noch relativ leicht, die ortsübliche Vergleichsmiete zu ermitteln. Aber die meisten kleineren Gemeinden verfügen nicht über einen Mietspiegel. Bislang besteht für Gemeinden keine gesetzliche Verpflichtung zur Erstellung eines Mietspiegels.

---

45 BT-Drs 19/4672 S. 27

Bei ca. 20.000 Gemeinden in Deutschland gibt es etwa 500 Mietspiegel, davon sind ca. 80 qualifiziert i. S. d. § 558d BGB.[46]

Ein **qualifizierter Mietspiegel** wird nach anerkannt wissenschaftlichen Grundsätzen erstellt und ist von der Gemeinde oder von Interessenvertretern der Vermieter und der Mieter anerkannt worden. Für qualifizierte Mietspiegel besteht zumindest nach § 558d Abs. 3 BGB die (widerlegbare) Vermutung, dass diese die ortsübliche Vergleichsmiete wiedergeben. Da die Vermutungswirkung widerleglich ist, können Mieter und Vermieter dagegen den Beweis des Gegenteils (§ 292 ZPO) führen:

- Beruft sich der Vermieter darauf, dass ein qualifizierter Mietspiegel existiert, sowie auf die dort ausgewiesenen Mietspiegelwerte, obliegt es ihm, das Vorliegen eines qualifizierten Mietspiegels zu beweisen, wenn der Mieter dies bestreitet.[47]
- Beruft sich der Mieter darauf, dass ein qualifizierter Mietspiegel existiert und die dort ausgewiesenen Mietspiegelwerte niedriger sind als die vom Vermieter angegebenen Begründungsmittel, so obliegt es dem Vermieter, gegen die Vermutungswirkung des qualifizierten Mietspiegels das Gegenteil zu beweisen.

Ein **einfacher Mietspiegel** ist nach § 558c BGB eine Übersicht über die ortsübliche Vergleichsmiete, soweit die Übersicht von der Gemeinde oder von Interessenvertretern der Vermieter oder der Mieter gemeinsam erstellt oder anerkannt worden ist. Der einfache Mietspiegel eignet sich im Gerichtsverfahren allenfalls als Indiz[48] und wird von den Gerichten häufig nicht akzeptiert. Da solche Mietspiegel oft ausgehandelt sind (Börstinghaus nennt diese einfachen Mietspiegel »Beaujolais-Mietspiegel«[49]), kann die Richtigkeit des einfachen Mietspiegels verhältnismäßig einfach bestritten werden. Vermieter und Mieter selbst können nicht beurteilen, ob einfache Mietspiegel technisch richtig erstellt wurden und ob die in ihnen enthaltenen Werte die tatsächliche ortsübliche Vergleichsmiete abbilden. Ob die Indizwirkung im Einzelfall zum Nachweis der Ortsüblichkeit ausreicht, hängt davon ab, welche Einwendungen der Mieter gegen den Erkenntniswert des Mietspiegels erhebt.[50]

Eine **Mietdatenbank** ist eine zur Ermittlung der ortsüblichen Vergleichsmiete fortlaufend geführte Sammlung von Mieten, die von der Gemeinde oder den Interessenvertretern der Vermieter oder der Mieter gemeinsam geführt oder anerkannt wird und aus der Auskünfte gegeben werden, die für einzelne Wohnungen einen Schluss auf die ortsübliche Vergleichsmiete zulassen (§ 558e BGB). Eine Mietdatenbank existiert derzeit nur in Hannover.

---

46   Börstinghaus in NJW 2018, 665 »Die Mietpreisbremse in der Praxis«
47   BGH v. 21.11.2012. VIII ZR 46/12, NZM 2013, 138
48   BGH v. 16.6.2010, VIII ZR 99/09, NZM 2010, 665
49   Börstinghaus in DWW 2014, 202
50   BGH v. 3.7.2013, VIII ZR 1/13, MietRB 2013, 317

In §558a Abs. 2 BGB wird als weiteres formelles Begründungsmittel für eine Mieterhöhung noch **Vergleichsobjekte** genannt. Dieses Begründungsmittel ist für eine Mieterhöhung von Einfamilienhäusern, Reihenhäusern und Doppelhäusern wichtig, da Mietspiegel in der Regel nur zur Ermittlung der ortsüblichen Vergleichsmiete für Wohnungen dienen. Während bei einer Mieterhöhung bis zur ortsüblichen Vergleichsmiete die Benennung von drei Vergleichswohnungen oder eine Auskunft aus einer Mietdatenbank als formelles Begründungsmittel genügt, sind gerade die Begründungsmittel wie Vergleichswohnungen oder Auskunft aus einer Mietdatenbank als prozessualer Beweis für die tatsächliche Höhe der ortsüblichen Vergleichsmiete in Gerichtsverfahren über die Zustimmung zur Mieterhöhung ungeeignet.

Um kein Risiko einzugehen, bleibt für die Vermieter deshalb zumeist nur der Rückgriff auf ein **Sachverständigengutachten**, um die zulässige Miete bestimmen zu können. Die Erstellung ist allerdings zeitaufwendig und teuer. Schließlich kann auch das Gutachten vom Aussagegehalt her intransparent oder der Gutachter inkompetent sein, sodass das Gericht ihm dann nicht folgt.

Hier bleibt abzuwarten, wie den Vermietern ein praktikabler und bezahlbarer Nachweis für die ortsübliche Vergleichsmiete gelingt.

> **BEISPIEL FÜR DIE ZULÄSSIGE MIETE**
>
> Die ortsübliche Vergleichsmiete für eine Wohnung beträgt nach dem Mietspiegel 9,00 Euro/m². Die nach §556d BGB höchstzulässige Miete beträgt 9,00 Euro/m² + 10 % (0,90 Euro/m²) = 9,90 Euro/m².

3.3 Berücksichtigung der Vormiete

3.3.1 Vormiete – 1. Tatbestand

Ist die Miete, die der vorherige Mieter zuletzt schuldete, höher als die nach §556d Abs. 1 BGB zulässige Miete, so darf mit dem neuen Mieter/Nachmieter eine Miete in Höhe der Vormiete vereinbart werden (§556e Abs. 1 Satz 1 BGB). Diese Vorschrift gewährt dem Vermieter einen Bestandsschutz, wenn im bisherigen Mietverhältnis eine nach §556d Abs. 1 BGB übersteigende Miete vereinbart war. Der Vermieter soll bei Wiedervermietung nicht gezwungen sein, die Miete im nachfolgenden Mietverhältnis zu senken.

BEISPIEL FÜR BESTANDSSCHUTZ

Die bisherige Miete (Vormiete) betrug 10,50 Euro/m². Der Mietspiegel errechnet eine ortsübliche Vergleichsmiete von 9,00 Euro/m². Die zulässige Miete
nach der Mietpreisbremse beträgt 9,00 Euro/m² + 10 % = 9,90 Euro/m². Da aber
Bestandsschutz besteht, darf der Vermieter bei der Wiedervermietung als
Obergrenze die Vormiete von 10,50 Euro/m² verlangen.

BEISPIEL FÜR INKLUSIVMIETE

Die Vormiete betrug (inklusive Betriebskosten von 1,20 Euro/m²) 11,50 Euro/m².
Die ortsübliche Vergleichsmiete (= Nettomiete) beträgt 10,00 Euro/m². Die
zulässige Miete errechnet sich aus der ortsüblichen Vergleichsmiete + 10 %
= 11,10 Euro/m². Bei der Vormiete müssen die tatsächlichen Betriebskosten her-
ausgerechnet werden, also 11,50 Euro/m² – 1,20 Euro/m² = 10,30 Euro/m² netto.

3.3.2   Vormiete und Mietpreisüberhöhung

Die Vormiete muss allerdings wirksam vereinbart worden sein. Es ist zu prüfen, ob die
Vormiete bereits vor Inkrafttreten der Mietpreisbremse überhöht war. Maßstab ist § 5
Wirtschaftsstrafgesetz (WiStG), wonach ein überhöhter Mietpreis vorliegt, wenn die
ortsübliche Miete um mehr als 20 % überschritten wird. Die Mietpreisüberhöhung ist
gegeben, wenn der überhöhte Mietpreis infolge der Ausnutzung eines geringen Angebots an vergleichbaren Räumen vereinbart werden konnte. Ist die **Wesentlichkeitsgrenze von 20 %** überschritten, liegt eine Mietpreisüberhöhung gleichwohl nicht vor,
wenn die Entgelte zur Deckung der laufenden Aufwendungen des Vermieters erforderlich sind. Bei der Vereinbarung einer kostendeckenden Miete ist der Tatbestand der
Mietpreisüberhöhung erst dann erfüllt, wenn die vereinbarte Miete die ortsübliche
Miete um mehr als 50 % übersteigt.[51] Soweit der vereinbarte Mietpreis die Wesentlichkeitsgrenze von 120 % der ortsüblichen Vergleichsmiete überschreitet, ist die Vereinbarung gemäß § 134 BGB nichtig. Die Nichtigkeit umfasst jedoch nur die unzulässige
Preisvereinbarung. Im Übrigen bleibt die Wirksamkeit des Mietvertrags gegeben.[52] Der
Mieter kann nur denjenigen Teil der Miete zurückverlangen, der die Wesentlichkeitsgrenze übersteigt.

Damit der Tatbestand der **Mietpreisüberhöhung** vorliegt, muss der überhöhte Mietpreis infolge der Ausnutzung eines geringen Angebots an vergleichbaren Räumen
zustande gekommen sein. Der Vermieter muss das geringe Angebot ausgenutzt
haben, d. h. ihm musste bewusst sein, dass er bei einem ausgeglichenen Wohnungsmarkt nur eine geringere Miete erzielt hätte. Nach dem BGH[53] liegt »Ausnutzen« vor,

---

51   BayObLG v. 3.09.1998, 3 ObOWi 97/98, WuM 1998, 729
52   BGH v. 11.1.1984, VIII ARZ 13/83, WuM 1984, 68
53   BGH v. 28.1.2004, VIII ZR 190/03, WuM 2004, 294

wenn die Mangellage auf dem Wohnungsmarkt für die Vereinbarung der Miete ursäch-lich war. Der Mieter hat dazu zu beweisen, welche Bemühungen er bei der Wohnungs-suche bisher unternommen hat, weshalb diese erfolglos geblieben sind und dass er mangels einer Ausweichmöglichkeit auf den Abschluss eines für ihn ungünstigen Miet-vertrags angewiesen war. Dagegen liegt kein »Ausnutzen« vor, wenn der Mieter bereit ist, für eine bestimmte Wohnung unabhängig von der Lage auf dem Wohnungsmarkt eine verhältnismäßig hohe Miete zu bezahlen.

Wird also die ortsübliche Vergleichsmiete um mehr als 20 % unter Ausnutzen des geringen Angebots vereinbart, ist die Mietpreisvereinbarung hinsichtlich des Betrags unwirksam, der die Wesentlichkeitsgrenze von 20 % überschreitet.

Bei einer Mietpreisüberhöhung, ohne dass der Vermieter das geringe Angebot ausge-nutzt hat, ist diese Mietvereinbarung insgesamt wirksam. Diese Miete kann auch mit einem Nachmieter gemäß § 556e Abs. 1 BGH vereinbart werden, es sei denn, der Ver-mieter nutzt eine besondere Zwangslage des Nachmieters aus.

3.3.3   Vormiete und Minderung

Nach § 556e Abs. 1 Satz 2 BGB bleiben bei der Ermittlung der Vormiete Mietminderun-gen unberücksichtigt. Mindert also der Vermieter die Miete wegen eines vorüberge-henden behebbaren Mangels, kann bei Wiedervermietung die Vormiete ohne Berück-sichtigung der Minderung angesetzt werden. Falls die Mängel aber noch weiterhin existieren, stehen dem Nachmieter die Gewährleistungsrechte zu.

Bei nicht behebbaren Mängeln stellt sich die Frage, wie die Vormiete zu bestimmen ist:

> BEISPIEL
>
> Laut Mietvertrag beträgt die Wohnfläche 100 m² und die Miete 1.000,00 Euro (10,00 Euro/m²). Der Mieter stellt nach Einzug fest, dass die tatsächliche Wohnfläche nur 85 m² umfasst, also eine Abweichung von 15 % vorliegt. Er zahlt nur noch 850,00 Euro.
> Die ortsübliche Vergleichsmiete beträgt 8,00 Euro/m².
> Die zulässige Miete lautet 8,00 Euro/m² + 10 % = 8,80 Euro/m² × 85 m² = 748,00 Euro.
> Die im vorangegangenen Mietverhältnis geschuldete Vormiete betrug 850,00 Euro, sodass nun eine Miete von 850,00 Euro für 85 m² verein-bart werden kann.

3.3.4 Vormiete und Eigentümerwechsel

Der Wortlaut des § 556e Abs. 1 BGB erfasst wohl auch die Vormiete, die der Vorvermieter mit seinem Mieter vereinbart hatte.

> **BEISPIEL**
>
> Vermieter A vermietet die Wohnung an Mieter B zu einem Mietpreis von 10,00 Euro/m². Das Mietverhältnis endet und die Wohnung wird an N verkauft. N will die Wohnung neu vermieten. Die ortsübliche Vergleichsmiete beträgt 8,00 Euro/m². Ist der neue Vermieter an die nach § 556d Abs. 1 BGB zulässige Miete von 8,00 Euro/m² + 10 % = 8,80 Euro/m² gebunden? Der Vermieter darf nach dem reinen Wortlaut der Vorschrift des § 556e Abs. 1 BGB die Vormiete verlangen, obwohl nicht gesichert ist, ob der Gesetzgeber auch Bestandsschutz für den Rechtsnachfolger beabsichtigte.

3.3.5 Vormiete und freiwillige Mieterhöhungsvereinbarung

Gemäß § 556e Abs. 1 Satz 2 2. Alternative BGB bleiben bei der Ermittlung der Vormiete Mieterhöhungen unberücksichtigt, die mit dem vorherigen Mieter innerhalb des letzten Jahres vor Beendigung des Mietverhältnisses vereinbart worden sind. Die zweite Alternative enthält eine Sondervorschrift, die die Umgehung der Mietpreisbegrenzung unterbinden soll. Ohne diese Vorschrift wäre es dem Vermieter und dem Vormieter möglich, bei absehbarem Ende des Mietverhältnisses eine Mieterhöhung zu vereinbaren, die vor allem den Nachmieter belasten würde.

Jahresfrist
Für die Fristberechnung gelten die §§ 187 Abs. 1, 188 Abs. 2 BGB.

> **BEISPIEL FÜR DIE FRISTBERECHNUNG**
>
> Endet das Mietverhältnis mit dem Vormieter am 30. April 2019, bleiben Mieterhöhungsvereinbarungen, die am 30. April 2018 oder später abgeschlossen wurden, unberücksichtigt.

Mieterhöhungsvereinbarungen
Nur die Mieterhöhungsvereinbarungen nach § 557 Abs. 1 BGB sind ausgeschlossen. Alle übrigen Vereinbarungen können bei der Vormiete berücksichtigt werden:
- **alle Vereinbarungen beim Abschluss eines Mietvertrags:** Das gilt nach der Gesetzesbegründung auch dann, wenn das Mietverhältnis vor Ablauf eines Jahres endet oder wenn es sich um ein kurzfristiges Mietverhältnis handelt. Wenn beispielsweise ein neuer Mietvertrag kurz vor Inkrafttreten der Mietpreisbremse abgeschlossen wird, ist auch dies grundsätzlich als Vormietvereinbarung zu beachten. Im Einzelfall kann es sich zwar um Schein- oder Umgehungsgeschäfte

handeln, um so den Bestandsschutz nach § 556e Abs. 1 BGB zu begründen. Nach dem Gesetzgeber[54] ist ein genereller Ausschluss nicht gerechtfertigt, weil eine kurze Laufzeit der Vormiete unterschiedlichsten, auch legitimen Gründen geschuldet sein kann.

- **die Vereinbarung einer Staffelmiete** (selbst wenn die Vereinbarung innerhalb des letzten Jahres getroffen wurde).
- **die Vereinbarung einer Indexmiete**

BEISPIEL FÜR DIE VEREINBARUNG EINER STAFFELMIETE

Mietbeginn 1.1.2018

Miete	EUR 800,00
1. Staffel 1.01.2019	EUR 820,00
2. Staffel 1.01.2020	EUR 840,00

Das Mietverhältnis endet am 30.08.2020. Die ortsübliche Vergleichsmiete beträgt 750,00 Euro. Die nach § 556d Abs. 1 BGB zulässige Obergrenze beträgt 750,00 Euro + 10 % = 825,00 Euro. Da die Vormiete zu diesem Zeitpunkt 840,00 Euro beträgt, kann diese nun bei der Wiedervermietung verlangt werden.

Stimmt ein Mieter nach Erhalt eines Mieterhöhungsverlangens bis zur ortsüblichen Vergleichsmiete nach § 558 BGB zu, handelt es sich um eine Mieterhöhungsvereinbarung.

BEISPIEL FÜR EINE MIETERHÖHUNGSVEREINBARUNG

Die ortsübliche Miete beträgt 9,00 Euro/m². Der Vermieter bittet um Zustimmung zur Mieterhöhung auf 10,00 Euro/m² ab 1.04.2019 unter Berücksichtigung der Kappungsgrenze und unter Angabe von drei Vergleichswohnungen. Der Mieter stimmt zu. Sechs Monate später kündigt er. Darf der Vermieter die Vormiete von 10,00 Euro/m² bei der Wiedervermietung ansetzen oder ist er an die 110 %-Grenze gebunden (9,00 Euro/m² + 10 % = 9,90 Euro/m²)?

Der Gesetzgeber will verhindern, dass die Parteien zum Ende des Mietverhältnisses gemeinsam eine Vereinbarung zulasten des späteren Nachmieters treffen, also kollusiv zusammenwirken.[55] Die neue Vorschrift des § 556e Abs. 1 Satz 2 2. Alternative BGB verlangt in ihrem Wortlaut das kollusive Zusammenwirken gar nicht. Die Vorschrift

---

54 BT-Drucks. 18/3121, 30
55 BR-Drucks. 447/14, S. 29

greift weiter: Jede Vereinbarung über eine Mieterhöhung fällt unter § 556e Abs. 1 Satz 2 2. Alternative BGB. Das bedeutet, dass auch Mieterhöhungen nach § 558 BGB bis zur ortsüblichen Vergleichsmiete, also die Zustimmung zu einer Mieterhöhung nach § 558 BGB erfasst wird.[56] Wenn also der Mieter der Mieterhöhung gemäß § 558 BGB zustimmt, kommt hierdurch eine Vereinbarung über die Mieterhöhung zustande. Es ist gar nicht erforderlich, dass eine Absicht der Parteien zur Umgehung der Mietpreisbegrenzung vorliegt. Für den Beispielsfall bedeutet das, dass nicht die Vormiete, sondern nur die zulässige Miete von 9,90 Euro/m² verlangt werden darf.

Dies gilt auch dann, wenn die fehlende Zustimmung im Prozess durch ein Urteil ersetzt wird.[57] Genauso ist der Sachverhalt zu beurteilen, wenn die Vertragsparteien sich im Prozess auf einen Vergleich einigen, der den Mieter zur Zahlung einer erhöhten Miete verpflichtet.

Modernisierungsmieterhöhungen

Einseitige Mieterhöhungen nach durchgeführten Modernisierungen gemäß § 559 BGB werden von § 556e Abs. 1 Satz 2 BGB nicht erfasst. Das heißt, sie dürfen bei der Vormiete berücksichtigt werden[58].

> **BEISPIEL**
>
> Die Miete wird aufgrund angekündigter und durchgeführter Modernisierung ab 1.11.2019 von 800,00 Euro auf 935,00 Euro erhöht. Der Mieter kündigt zum 31.03.2020. Die Vormiete von 935,00 Euro darf bei der Wiedervermietung vereinbart werden.

3.3.6 Auskunft über die Vormiete/Neuerung nach dem MietAnpG

Bei Vorliegen einer wirksamen Mietpreisbremsenverordnung muss der Vermieter im Rahmen seiner vorvertraglichen Pflicht Auskunft darüber erteilen, wie hoch die Miete ein Jahr vor Beendigung des Vormietverhältnisses war. Entscheidend ist dabei die Beendigung des letzten Wohnraummietverhältnisses war. Bei der Ermittlung der Vormiete bleiben sowohl Mietminderungen außer Betracht als auch solche Mieterhöhungen, die mit dem vorherigen Mieter innerhalb des letzten Jahres vor Beendigung des Mietverhältnisses vereinbart worden sind. Eine zwischenzeitliche gewerbliche Nutzung bleibt ebenso unberücksichtigt.[59] Bezugspunkt der Auskunft ist § 556e Abs. 1 Satz 1 BGB, wonach der Vermieter sich zwar an der Miethöhe des direkten Vormieters orientieren kann. Es genügt für die Auskunftspflicht, wenn der Vermieter einfach die

---

56 Flatow in WuM 2015, 191
57 Flatow in WuM 2015, 191, a. A. Blank in WuM 2014, 641
58 Blank in WuM 2014, 641; Schmidt-Futterer/Börstinghaus BGB § 556e Rn 38
59 LG Berlin v. 18.10.2018, 67 S 174/18, GE 2018, 1460

entsprechende Miethöhe angibt. Der Vermieter braucht an dieser Stelle noch nichts über die Identität des Vormieters preisgeben. Das wäre bestenfalls Gegenstand eines Auskunftsverlangens nach § 556 g Abs. 3 BGB.

3.4 Modernisierung (§ 556e Abs. 2 BGB)

Der Grundsatz einer Wiedervermietungsmiete in Höhe von maximal 110 % der ortsüblichen Vergleichsmiete wird bei durchgeführten Modernisierungen durchbrochen.

Gemäß § 559 BGB darf ein Vermieter, der Modernisierungsmaßnahmen durchgeführt hat, die Jahresmiete um 8 % der für die Wohnung aufgewendeten Modernisierungskosten erhöhen.

§ 556e Abs. 2 BGB (2. Tatbestand) enthält eine Ausnahmeregelung für den Fall, dass der Vermieter vor Vertragsschluss Modernisierungen vorgenommen hat, die sich nicht oder nicht in vollem Umfang durch bereits durchgeführte Modernisierungserhöhungen in der Vormiete niedergeschlagen haben.

Ob der Vermieter die Modernisierung nun noch während des letzten Mietverhältnisses oder erst nach Auszug des Mieters durchgeführt oder ob er während der Modernisierung selbst in der Wohnung gewohnt hat, ist dabei unerheblich. Wurden Modernisierungen in den **letzten drei Jahren** vor Beginn des jetzigen Mietverhältnisses durchgeführt, darf die Wiedervermietungsmiete um den (gedachten) Modernisierungszuschlag überschritten werden.

3.4.1 Maßgeblicher Modernisierungszeitraum

Nach § 556e Abs. 2 BGB werden nur Modernisierungen berücksichtigt, die in den letzten drei Jahren vor Beginn des Mietverhältnisses durchgeführt wurden. Der Dreijahreszeitraum wird ab Beginn des Mietverhältnisses (also ab Übergabe) **rückwirkend** gerechnet. Schließlich ist festzustellen, wann die Modernisierungsmaßnahme abgeschlossen wurde. Der Zeitraum zwischen dem Beginn des neuen Mietverhältnisses und der Modernisierungsmaßnahme darf drei Jahre nicht überschreiten. Fraglich ist, ob die Modernisierungsarbeiten in ihrer Gesamtheit bzw. in ihrem Schwerpunkt in diesem Dreijahreszeitraum stattgefunden haben müssen oder ob es ausreicht, wenn nur der Abschluss der Modernisierungsarbeiten bei Mietbeginn noch keine drei Jahre zurückliegt. Der Gesetzgeber will die Durchführung von Modernisierungen generell fördern, sodass von einer weiten Auslegung dieser Vorschrift auszugehen und somit also auf das Enddatum der Modernisierungen abzustellen ist.[60]

3.4.2 Ermittlung der zulässigen Miete bei Modernisierung

Die Berechnung der zulässigen Miete nach § 556e Abs. 2 BGB erfolgt in folgenden Schritten:

1. Ortsübliche Vergleichsmiete für eine nicht modernisierte Wohnung + 10 % (nach § 556e Abs. 2 Satz 2 BGB ist die ortsübliche Vergleichsmiete ohne Berücksichtigung der Modernisierung anzusetzen)
2. Modernisierungszuschlag nach § 559 BGB (8 % aus den auf die Wohnung entfallenden Modernisierungskosten – ohne Instandhaltungskosten – geteilt durch 12 Monate)
3. Summe aus 1. + 2. = neue zulässige Miete

! Achtung

Im Grundsatz wird die zulässige Miete bei Modernisierung folgendermaßen ermittelt: Ortsübliche Miete + 10 % + X gemäß § 559 BGB

BEISPIEL FÜR DIE BERECHNUNG DER ZULÄSSIGEN MIETE

Ein Haus hat vier Wohnungen mit jeweils 70 m² Wohnfläche. Es wird eine energetische Modernisierung, nämlich eine Dämmung der Außenfassade für insgesamt 100.000,00 Euro vorgenommen. Auf jede Wohnung entfallen Modernisierungskosten von 25.000,00 Euro.
Der Modernisierungszuschlag errechnet sich aus 8 % von 25.000,00 Euro = 2.000,00 Euro geteilt durch 12 Monate = 166,67 Euro. Bei einer Wohnfläche von 70 m² ergeben sich Modernisierungskosten von 2,38 Euro/m².
Die ortsübliche Vergleichsmiete für eine nicht modernisierte Vergleichswohnung beträgt 8,00 Euro/m². Nach § 556d Abs. 1 BGB darf die ortsübliche Vergleichsmiete um 10 % überschritten werden: 8,00 Euro/m² + 10 % = 8,80 Euro/m².
Zu dieser Miete wird der Modernisierungszuschlag hinzugerechnet: 8,80 Euro/m² + 2,38 Euro/m² = 11,18 Euro/m².
Betrug die Vormiete nur 9,50 Euro/m², darf der Vermieter nach § 556e Abs. 2 BGB 12,73 Euro/m² verlangen.
Betrug die Vormiete 13,00 Euro/m², darf der Vermieter gemäß § 556e Abs. 1 BGB die Vormiete ansetzen.

---

60 Blank in WuM 2014, 641; Flatow in WuM 2015, 191

Der Vermieter hat ein **Wahlrecht**: Er kann die für ihn günstigere Vorschrift anwenden. Unzulässig ist dagegen eine Kombination, also etwa die Berufung auf eine Vormiete, die die zulässige Miete übersteigt, und zusätzlich die Geltendmachung eines Erhöhungsbetrags wegen Modernisierung.[61]

3.4.3   Auskunftspflicht über Modernisierung

Der Vermieter ist verpflichtet, dem Mieter mitzuteilen, dass er innerhalb der letzten drei Jahre Modernisierungsmaßnahmen durchgeführt hat. Die vorvertragliche Auskunft z. B. über Modernisierungen beschränkt sich darauf zu erwähnen, dass modernisiert wurde. Weder die getätigten Investitionen noch der Zeitpunkt der Modernisierungsmaßnahme noch der mögliche Umfang der möglichen Mieterhöhung ist anzugeben.[62] Diese Informationen sind Gegenstand eines möglichen Auskunftsbegehren des Mieters nach § 556 g Abs. 3 BGB.

3.5   Ausnahmen

§ 556f BGB nimmt sowohl die nach dem 1. Oktober 2014 erstmals genutzten und vermieteten Wohnungen als auch die erste Wiedervermietung umfassend modernisierter Wohnungen von der Mietpreisbremse aus.

3.5.1   Neubau

§ 556f Satz 1 BGB stellt sicher, dass für neu gebauten Wohnraum die Bestimmung der Miethöhe nicht behindert werden soll.

Die Ausnahmeregelung umfasst nicht nur Neubauten, sondern auch neu geschaffene Wohnungen durch Aufstockung oder durch nachträglichen Ausbau des Dachgeschosses. Nicht als neuer Wohnraum zu verstehen sind indes die Fälle, in denen
- Wohnungen nur erweitert werden,
- der Zuschnitt von Wohnungen geändert oder
- existierende Wohnungen aufgeteilt oder zusammengelegt werden.

---

61   BR-Drucks. 447/14, S. 31
62   Artz/Börstinghaus in NZM 2019, 12 »Das am 1.1.2019 in Kraft getretene Mietrechtsanpassungsgesetz«

Wird beispielsweise eine nach dem 1. Oktober 2014 bezugsfertige Eigentumswohnung zunächst vom Eigentümer selbst bewohnt und erst ab 1. November 2015 erstmals vermietet, so greift die Ausnahmevorschrift des § 556f Satz 1 BGB, sodass der Mietpreis frei festlegt werden kann. Wurde die Wohnung bereits zum 15. Juli 2014 bezugsfertig und nutzte der Eigentümer die Wohnung das erste Jahr selbst, scheidet § 556f BGB aus, auch wenn die Erstvermietung nach dem 1. Oktober 2014 erfolgt.

Die Vermieter von vermieteten Neubauwohnungen, die vor dem 1. Oktober bezugsfertig wurden, sind dadurch ausreichend geschützt, dass sie die bisher vereinbarte Vormiete gemäß § 556e Abs. 1 BGB in Zukunft auch bei einem Mieterwechsel weiter verlangen können.

Maßgeblicher Zeitpunkt
Nach § 556f Satz 1 BGB ist ausschlaggebend, ob die Wohnung nach dem 1. Oktober 2014 erstmals genutzt und vermietet wurde. Damit ist nicht der Zeitpunkt der Fertigstellung oder der Zeitpunkt der Bezugsfertigkeit, sondern der Stichtag der Vermietung, also der Abschluss des Mietvertrags, entscheidend. Die Wohnung bleibt preisfrei, wenn weder eine Vermietung noch eine sonstige Nutzung bis zum 1. Oktober 2014 stattfand.[63] Unter »sonstiger Nutzung« wird vor allem die Eigennutzung verstanden. Eine Wohnung, die in der Zeit bis zum 1. Oktober 2014 zunächst vom Vermieter selbst bewohnt wurde, fällt somit unter die Mietpreisbremse, auch wenn die erste Vermietung später erfolgt.

Der 1.10.2014 selbst zählt nicht mit[64]: Wohnungen, die ab 2.10.2014 erstmals genutzt und vermietet werden, fallen aus der Begrenzung der Wiedervermietungsmiete heraus.

> **BEISPIELE**
> - Wurde die neue Wohnung am 10.09.2014 bezugsfertig und erfolgte der Abschluss des Mietvertrags am 15.09.2014, bevor die Wohnung am 1. Oktober 2014 übergeben wurde, liegt kein Ausnahmetatbestand vor, weil die Vermietung und erstmalige Nutzung nicht nach dem 1. Oktober 2014 stattfand.
> - Wurde die Wohnung noch vor Bezugsfertigkeit am 1.09.2014 vermietet, wobei als Mietbeginn die Bezugsfertigkeit am 1.12.2014 vereinbart wurde, ist strittig, ob die Wohnung preisfrei bleibt. Wird auf das Datum des Vertragsabschlusses abgestellt, wäre die Wohnung künftig preisgebunden. Wenn aber nun tatsächlich der Vertragsabschluss ausschlagge-

---

63   Flatow in WuM 2015, 199
64   Flatow in WuM 2015, 191

bend sein soll, würden gerade bei der Vermietung vom Reißbrett die Neubauwohnungen der Mietpreisbremse unterliegen. Nach dem Willen des Gesetzgebers sollen aber gerade Neubauten ausgenommen werden, um den Wohnungsbau nicht zu bremsen.[65] Die Rechtsprechung wird diese Ungenauigkeiten klären müssen. Nach der hier vertretenen Auffassung ist die Wohnung künftig preisfrei, weil die erstmalige Nutzung, der Mietbeginn, nach dem 1.10.2014 liegt.

- Der Neubau wurde im Sommer 2014 bezugsfertig. Die Neuvermietung fand erst am 15.12.2014 statt (Mietbeginn 1.1.2015). Hier greift § 556f Satz 1 BGB, da Vermietung und Übergabe nach dem 1. Oktober 2014 stattfanden.

3.5.2 Umfassend modernisierte Wohnung

Nach umfassenden Modernisierungen gilt die Mietpreisbegrenzung für die unmittelbar anschließende Vermietung nicht (§ 556f Satz 2 BGB). Für die **erste Vermietung** nach der umfassenden Modernisierung von Wohnraum gelten weder § 556d BGB (Mietpreisbremse) noch § 556e BGB (Berücksichtigung der Vormiete oder einer durchgeführten Modernisierung).

Umfassende Modernisierung

In der Gesetzesbegründung[66] wird Bezug genommen auf die Regelung des § 16 Abs. 1 Nr. 4 WoFG, die einen wesentlichen Bauaufwand verlangt, um eine förderungsfähige Modernisierung bereits vorhandenen Wohnraums zu begründen. Ein wesentlicher Bauaufwand wird angenommen[67], wenn die Investitionen etwa ein Drittel des für eine vergleichbare Neubauwohnung erforderlichen Aufwands erreicht. Bei Neubauwohnungen geht das LG Berlin in seiner Entscheidung vom 23.10.2018[68] von einem Investitionsaufwand von rund 1.500,00 Euro/m² aus. Mit dem Begriff »umfassend« ist aber nicht nur der finanzielle Aufwand gemeint. Die Modernisierung muss auch zu quantitativen Auswirkungen auf die Gesamtwohnung führen. Hinsichtlich des Zustands müssen mehrere wesentliche Bereiche verbessert worden sein, z. B.

- insbesondere Sanitär/Heizung,
- Fenster,
- Fußboden,
- Elektroinstallation und/oder
- energetische Modernisierung.

---

65 BR-Drucks. 447/14, S. 31, Flatow in WuM 2015, 199
66 BT-Drucks. 18/3121, 32
67 BVerwG v. 26.8.1971, VIII C 42.70, ZMR 1972, 87; BGH v. 10.8.2010, VIII ZR 316/09 WuM 2010, 679
68 LG Berlin v. 23.10.2018, 63 S 293/17, GE 2018, 1527

Umfassende Modernisierung*	
Modernisierungselemente	Max. Punkte
Dacherneuerung inkl. Verbesserung der Wärmedämmung	4
Modernisierung der Fenster und Außentüren	2
Modernisierung der Leistungssysteme (Strom, Gas, Wasser, Abwasser)	2
Modernisierung der Heizungsanlage	2
Wärmedämmung der Außenwände	4
Modernisierung der Bäder	2
Modernisierung des Innenausbaus (z. B. Decken, Fußböden)	2
Wesentliche Verbesserung der Grundrissgestaltung	2
Bei einer Punktzahl von mindestens 18 liegt eine sogenannte umfassende Modernisierung vor.	
* Anlage 4 zur Sachwert-Richtlinie der AGVGA NRW vom 16.7.2013	

Erstvermietung

Die Ausnahme von der Mietpreisbremse gilt nur für die **erste Vermietung** nach umfassender Modernisierung. Wird also die Wohnung zunächst vom Eigentümer selbst genützt und dann erstmals vermietet, greift die Ausnahmeregelung des § 556f Satz 2 BGB. Bei Folgevermietungen dagegen gilt die Ausnahmeregelung nicht mehr. Dann kann aber auf die Vormiete zurückgegriffen werden.

3.6   Auskunftspflicht des Vermieters über einen Ausnahmetatbestand (§ 556 g Abs. 1a BGB)

Mit Inkrafttreten des Mietrechtsanpassungsgesetzes (MietAnpG) am 1.1.2019 wurde für Vermieter eine vorvertragliche Auskunftspflicht über Ausnahmetatbestände eingeführt.

Bei Bestehen einer wirksamen Mietpreisbremsenverordnung darf die Miete bei der Neuvermietung die ortsübliche Vergleichsmiete um höchstens 10 % überschreiten. Möchte sich der Vermieter auf eine höher als 10 % über der ortsüblichen Vergleichsmiete liegende Miete berufen, ist er nach dem MietAnpG nun verpflichtet, Auskunft über den von ihm in Anspruch genommenen Ausnahmetatbestand zu geben. Je nachdem, auf welchen Ausnahmetatbestand der Vermieter sich stützt, muss er dem Mieter vor Vertragsabschluss Auskunft erteilen,

- wie hoch die Vormiete ein Jahr vor Beendigung des Vormietverhältnisses war oder
- dass in den letzten drei Jahren vor Beginn des Mietverhältnisses Modernisierungsmaßnahmen durchgeführt wurden oder

- dass die Wohnung nach dem 1. Oktober 2014 erstmals genutzt und vermietet wurde oder
- dass es sich um die erste Vermietung nach einer umfassenden Modernisierung handelt.

Der Vermieter muss eine entsprechende Auskunft bereits vor Begründung des Mietvertrags unaufgefordert und nach Maßgabe von § 556 g Abs. 4 BGB in **Textform** geben. Dabei soll es genügen, wenn die Auskunft in den Mietvertrag aufgenommen wird[69], eine gesonderte Mitteilung durch den Vermieter ist nicht erforderlich. Freilich genügt der Vermieter seiner Pflicht, wenn er rechtzeitig, d. h. vor Abgabe der Willenserklärung des Mieters, aber nachdem ihn der Mieter auf das Vorliegen etwaiger Ausnahmetatbestände angesprochen hat, Auskunft gibt. Die Beweislast für die rechtzeitige und hinreichende, aber zutreffende Auskunft liegt beim Vermieter.[70] Die Auskunft ist nur hinreichend, wenn der Vermieter einen der vier im Gesetz vorgesehenen Fälle konkret benennt. Die vorvertragliche Auskunft z. B. über Modernisierungen beschränkt sich darauf zu erwähnen, dass modernisiert wurde. Weder die getätigten Investitionen noch der Zeitpunkt der Modernisierungsmaßnahme noch der Umfang der möglichen Mieterhöhung ist anzugeben.[71] Diese Informationen sind Gegenstand eines möglichen Auskunftsbegehrens des Mieters nach § 556 g Abs. 3 BGB.

3.6.1   Rechtsfolgen bei unzureichender Auskunft

Erteilt der Vermieter dem Mieter die Auskunft über das Vorliegen von Ausnahmetatbeständen nicht oder verspätet, kann der Vermieter sich auch nicht auf die Ausnahmetatbestände (z. B. Vormiete) berufen § 556 g Abs. 1a Satz 2 BGB. Der Vermieter darf dann mit seiner (zulässigen) Miethöhe nur 10 % über der ortsüblichen Vergleichsmiete liegen. Dies gilt wohl auch bei fehlerhafter Auskunft.[72] Wenn der Vermieter dagegen die für die Auskunft vorgeschriebene Textform missachtet, schuldet der Mieter ebenfalls nur die allgemein zulässige Miete. Nach Sinn und Zweck der Auskunftspflicht ist davon auszugehen, dass sich der Vermieter nicht auf eine höhere Miete berufen kann, wenn er auch nur eine von mehreren Auskünften unrichtig erteilt hat.

---

69 BT-Drs. 19/4672, 27
70 BT-Drs. 19/4672, 27
71 Artz/Börstinghaus in NZM 2019, 12 »Das am 1.1.2019 in Kraft getretene Mietrechtsanpassungsgesetz«
72 Artz/Börstinghaus, a. a. O.

3.6.2 Nachholung der Auskunft

Keine Auskunft oder fehlerhafte Auskunft

Hat der Vermieter die Auskunft nicht oder inhaltlich fehlerhaft erteilt und hat er diese in der vorgeschriebenen Form nachgeholt, so kann der Vermieter sich erst nach **Ablauf von zwei Jahren nach der Nachholung** auf die Ausnahme berufen. Ungeklärt ist allerdings, wie diese Erhöhung vonstatten zu gehen hat. Nach § 556g Abs. 1a Satz 3 BGB schuldet der Mieter nach Ablauf von zwei Jahren durch Anwendung der Ausnahmevorschrift die zulässige erhöhte Miete. Der Gesetzestext bleibt an dieser Stelle sehr vage und unklar. Fraglich ist, ob der Mieter ab diesem Zeitpunkt automatisch die zulässige erhöhte Miete zu zahlen hat oder der Vermieter ihn explizit darauf hinweisen muss. Nach Artz/Börstinghaus[73] greift hier § 556g Abs. 4 BGB, wonach der Vermieter den Mieter in Textform darauf hinzuweisen hat, dass er ab jetzt die vertraglich vereinbarte Miete (nämlich die zulässige erhöhte Miete) zu zahlen hat. Der Gesetzgeber stellt auf das Nachholen der Auskunft ab. Ab diesem Zeitpunkt beginnt die Zweijahresfrist.

> **BEISPIEL**
>
> Der Vermieter V vermietet am 1.3.2019 eine Neubauwohnung für 14,00 Euro/m². Er vergisst, den Mieter darüber zu informieren, dass es sich um einen Neubau handelt. Die ortsübliche Vergleichsmiete beträgt 8,00 Euro/m². Der Mieter rügt die Miete am 15.3.2019. Holt der Vermieter die Auskunft am 1.4.2019 in Textform wirksam nach, so kann er die zulässige Miete, nämlich 14,00 Euro/m² erst ab dem 1.4.2021 verlangen. Bis dahin beträgt die Miete 8,80 Euro/m².[74]

Auskunft ohne Einhaltung der Textform

Hat der Vermieter die Auskunft richtig erteilt, aber ohne Textform, schuldet der Mieter die vertraglich vereinbarte Miete mit Zugang der nun in Textform erteilten nachgeholten Auskunft gemäß § 556g Abs. 1a Satz 4 BGB. Auch hier ist wohl davon auszugehen, dass der Vermieter den Mieter ausdrücklich auf die Zahlung der höheren Miete (entsprechend § 556g Abs. 4 BGB) hinweist. Problematisch könnte es für den Vermieter sein zu beweisen, dass er die Auskunft zwar erteilt hat, aber »aus Versehen« oder etwa aus Unkenntnis der Gesetzeslage die Textform nicht beachtet hat. Gelingt dem Vermieter dieser Beweis nicht, kann er die erhöhte Miete erst zwei Jahre nach Erteilung der Auskunft in Textform gemäß § 556g Abs. 1a Satz 3 BGB verlangen.

---

73 Artz/Börstinghaus in NZM 2019, 12 »Das am 1.1.2019 in Kraft getretene Mietrechtsanpassungsgesetz«
74 Herlitz in jurisPR-MietR 2/2019 Anm. 1

3.7   Rechtsfolgen bei Verstoß gegen Mietpreisbremse

3.7.1   Reduzierung auf zulässige Miete

§ 556 g BGB behandelt die Rechtsfolgen unwirksamer Vereinbarungen. Wird gegen die Vorschriften der §§ 556d, § 556e oder 556f BGB verstoßen, wird also beispielsweise eine zu hohe Miete vereinbart, ist die gesetzeswidrige Preisvereinbarung unwirksam. Der Verstoß gegen die vorgeschriebene Preisbindung führt nicht zur Nichtigkeit des Mietvertrags. Alle übrigen Regelungen des Mietvertrags bleiben bestehen. Allerdings ändert sich die Miethöhe. Sie wird aber nicht auf die ortsübliche Vergleichsmiete reduziert. Nach § 556 g Abs. 1 Satz 2 BGB bleibt die Mietvereinbarung bis zur Höhe der zulässigen Miete erhalten. Dies ist vergleichbar mit den Rechtsfolgen bei Vorliegen des Tatbestands der Mietpreisüberhöhung, also bei Verstoß gegen § 5 WiStGB.[75] Im Fall der Mietpreisüberhöhung wird die überhöhte Miete auf die ortsübliche Vergleichsmiete zuzüglich der Wesentlichkeitsgrenze von 20 % abgesenkt. Im Übrigen bleibt der Mietvertrag unverändert.

Der Mieter muss also bei Verstoß gegen die Mietpreisbremse nur die zulässige Miete bezahlen. Dies ist aber davon abhängig, dass er den Verstoß gegen die Mietpreisbremse **gerügt** hat. Der Mieter kann also ab der erforderlichen Rüge gemäß § 556 g Abs. 2 BGB die Zahlung nicht geschuldeter Miete verweigern bzw. Rückzahlung verlangen. Liegt also ein Verstoß gegen die höchstzulässige Miete nach § 556 g Abs. 1 BGB vor und greift keiner der Ausnahmetatbestände, kann der Mieter seine Zahlungen an den Vermieter hinsichtlich der zukünftig fällig werdenden Mieten auf den höchstzulässigen Teil der Vereinbarungen beschränken.[76]

> BEISPIEL
>
> - Die Parteien vereinbaren eine Miete von 12,00 Euro/m². Die ortsübliche Miete beträgt 10,00 Euro/m². Die nach der Mietpreisbremse zulässige Miete beträgt 10,00 Euro/m² + 10 % = 11,00 Euro/m². Die Miete muss also auf 11,00 Euro/m² reduziert werden.
> - Die vereinbarte Miete beträgt 12,00 Euro/m². Die ortsübliche Miete liegt bei 10,00 Euro/m². Die zulässige Miete beträgt 10,00 Euro/m² + 10 % = 11,00 Euro/m². Da die Vormiete aber bei 11,50 Euro/m² lag, wird die Miete auf 11,50 Euro/m² reduziert.

Die Mietvertragsparteien dürfen auch einvernehmlich bei Vertragsabschluss keine höhere Miete vereinbaren, denn es besteht ein Abweichungsverbot zum Nachteil des

---

75   BGH v. 11.1.1984, VIII ARZ 13/83, WuM 1984, 68
76   Fleindl in WuM 2015, 212

Mieters. Allerdings ist es im laufenden Mietverhältnis möglich und zulässig, sich auf einen höheren Mietpreis zu einigen.

3.7.2   Bereicherungsanspruch

Bei Verstoß gegen die höchstzulässige Miete hat der Mieter einen Anspruch auf Rückzahlung auf zu Unrecht bezahlter Miete. Gemäß § 556g Abs. 1 Satz 3 BGB hat der Vermieter dem Mieter zu viel gezahlte Miete herauszugeben, wenn die getroffene Mietvereinbarung gegen die zulässige Miete verstößt.

Aktiv legitimiert ist nach § 556g Abs. 1 Satz 3 BGB der Mieter. Bei mehreren Mietern besteht Gesamtgläubigerschaft nach § 428 BGB. Der Anspruch auf Rückzahlung steht dem Mieter auch dann zu, wenn ein Dritter (etwa die Sozialhilfebehörde) die Miete bezahlt hat.[77]

Passiv legitimiert ist der Vermieter. Mehrere Vermieter haften als Gesamtschuldner nach § 421 BGB.

Im Falle der Veräußerung der Wohnung greift § 566 Abs. 1 BGB, wonach das Mietverhältnis bei Identität von Verkäufer und Vermieter auf den Erwerber übergeht. Vollendet ist die rechtsgeschäftliche Veräußerung mit Eintragung des Erwerbers ins Grundbuch und nicht bereits mit Abschluss des notariellen Kaufvertrags. Ab dem Zeitpunkt der Eintragung ins Grundbuch verteilen sich die Bereicherungsansprüche des Mieters nach dem Fälligkeitsprinzip, vorausgesetzt, der Mieter hat zuvor eine Rüge erhoben. Bis zur Eigentumsumschreibung hat der Mieter seinen Anspruch gegen den Verkäufer und danach gegen den Erwerber geltend zu machen. Der Mieter hat sich bis zur Eintragung des Erwerbers ins Grundbuch auch dann hinsichtlich des Bereicherungsanspruchs an seinen bisherigen Vermieter zu halten, wenn der Übergang von Nutzen und Lasten im Kaufvertrag an den Erwerber schon früher vereinbart wurde.[78]

BEISPIEL

Mieter rügt eine Überzahlung von EUR 50,00	im November 2018
Verkauf der Wohnung	am 10. Januar 2019
Eintragung ins Grundbuch	am 15. Mai 2019
Zahlungsklage des Mieters	im September 2019

Anspruch bis Mai 2019 gegenüber Verkäufer, ab Juni 2019 gegenüber Erwerber

---

77   Fleindl in WuM 2015, 212
78   Fleindl a. a. O.

3.7.3   Rügepflicht des Mieters

Nach § 556 g Abs. 2 BGB kann der Mieter bei Verstoß gegen die Preisbindung die zu viel bezahlte Miete nur zurückfordern, wenn er einen Verstoß gegen die Preisbindung **gerügt** hat und die zurückverlangte Miete nach Zugang der Rüge fällig geworden ist. In der Erhebung der Rüge liegt ein echtes anspruchsbegründendes Tatbestandsmerkmal für den Bereicherungsanspruch des Mieters. Die Vorschrift des § 556 g Abs. 2 BGB schließt solche Ansprüche gleich welcher Art für Zeiträume vor einer Rüge aus. Das bedeutet, dass der Vermieter objektiv überzahlte Mieten nicht zurückzahlen muss, solange der Mieter sie vorbehaltlos und ohne Beanstandung bezahlt. Der Mieter muss also möglichst rasch gegenüber dem Vermieter in Textform (also Brief, Fax oder E-Mail) zum Ausdruck bringen, dass er die Miethöhe für unzulässig hält, um seinen Rückforderungsanspruch hinsichtlich der überzahlten Miete nicht zu verlieren. Auch im Zuge des MietAnpG hat der Gesetzgeber daran festgehalten, die Rückforderung nicht geschuldeter Mietbeträge von der vorherigen Rüge abhängig zu machen.

3.7.3.1   Einfache Rüge

Bis zum Inkrafttreten des MietAnpG (1.1.2019) hing der Rückforderungsanspruch des Mieters von einer **qualifizierten Rüge** ab. Es genügte nicht, dass der Mieter lediglich formalistisch den Verstoß gegen die Preisabrede beanstandete. Bislang musste die Rüge die Tatsachen enthalten, auf denen die Beanstandung der vereinbarten Miete beruhte. Die Pflicht zur Darlegung konkreter Umstände verlangte also, dass der Mieter die Zulässigkeit der vereinbarten Miete vor einer etwaigen Auseinandersetzung mit dem Vermieter tatsächlich prüft.

Nach § 556 g Abs. 2 BGB muss der Mieter nun im Regelfall des § 556d Abs. 1 BGB nicht mehr qualifiziert rügen. Ist der Mieter der Ansicht, dass die vereinbarte Miete über der Grenze von 110 % der ortsüblichen Vergleichsmiete liegt, ohne dass Ausnahmen nach §§ 556e, 556f BGB in Rede stehen, reicht es zur Sicherung des Bereicherungsanspruchs aus, dass er schlicht den Verstoß gegen die zulässige Miete (§ 556d Abs. 1 BGB) rügt. Diese Erklärung muss lediglich in Textform erfolgen. Ansprüche vor der Rüge sind auch nach Inkrafttreten des MietAnpG ausgeschlossen.

3.7.3.2   Qualifizierte Rüge

Nach § 556 g Abs. 2 Satz 2 BGB ist eine qualifizierte Rüge durch den Mieter dann erforderlich, wenn der Vermieter seinerseits die nach § 556 g Abs. 1a Satz 1 BGB gebotene Auskunft erteilt hat. Wenn der Vermieter beispielsweise Auskunft über die Vormiete erteilt hat und der Mieter später bezweifelt, dass ihm die richtige Vormiete genannt wurde, muss der Mieter bei seiner Rüge auf die Auskunft über diesen Ausnahmetatbestand Bezug nehmen. Auf jeden Fall muss der Mieter darauf hinweisen, dass sich seine Rüge auf die erteilte Auskunft bezieht. Er muss nicht darlegen, unter welchen Gesichtspunkten er das Vorliegen des Ausnahmetatbestands in Abrede stellt.[79]

Nach der Gesetzesbegründung besteht bei Vorliegen der gebotenen Auskunft kein Informationsdefizit aufseiten des Mieters.

Die Neuregelung der Rügepflicht des Mieters bei Vorliegen einer Auskunft des Vermieters ist sehr unübersichtlich. Wenn der Vermieter fahrlässig eine fehlerhafte Auskunft erteilt, muss der Mieter qualifiziert rügen, um seine Rückforderungsansprüche zu sichern. Selbst bei einer vorsätzlich falsch erteilten Auskunft muss der Mieter zunächst qualifiziert rügen. Bereicherungsrechtlich kann der Vermieter die volle Miete bis zum Zugang der Rüge behalten. Allerdings liegt im Falle einer fahrlässig oder vorsätzlich falschen Auskunft eine Verletzung einer vertraglichen Nebenpflicht vor, die den Vermieter zum Schadensersatz verpflichtet – er besteht in der Differenz zwischen zulässiger und gezahlter Miete.[80]

Die Sache mit der einfachen und qualifizierten Rüge kann unter Umständen noch viel komplizierter werden: Liegt keine Auskunft des Vermieters vor, reicht die einfache Rüge des Mieters wegen überhöhter Miete. Holt der Vermieter dann eine fehlerhafte Auskunft nach, ist der Mieter verpflichtet, erneut, und zwar qualifiziert zu rügen. Er muss nach § 556 g Abs. 2 Satz 2 BGB seine Rüge auf die Auskunft beziehen, um seinen Rückerstattungsanspruch zu sichern.[81]

> **BEISPIEL**
>
> Die ortsübliche Vergleichsmiete beträgt 1.100,00 Euro. Die zulässige Miete ergibt sich aus 1.100,00 Euro + 10 % = 1.210,00 Euro. Die Vertragsparteien haben eine Miete von 1.300,00 Euro vereinbart. Die Mietzeit beginnt am 1. Oktober 2019. Am 21. Dezember 2019 rügt der Mieter den Verstoß gegen die Preisbindung.
> Da der Mieter die gesetzeswidrige Preisabrede erst am 21.12.2019 gerügt hat, kann er für den Zeitraum von Oktober bis Dezember keine Rückforderung der zu viel bezahlten Miete geltend machen.

Der Rückforderungsanspruch des Mieters ist auf die künftig fällige Miete beschränkt. Ist die Miete also jeweils am dritten Werktag fällig, muss die Rüge dem Vermieter am Tag zuvor (nicht zwingend am Werktag zuvor) zugehen. Rügt der Mieter den Verstoß

---

79   Artz/Börstinghaus in NZM 2019, 12 »Das am 1.1.2019 in Kraft getretene Mietrechtsanpassungsgesetz«
80   LG Berlin v. 20.6.2018, 65 S 70/18, NJW 2018, 2898
81   Artz/Börstinghaus, in NZM 2019, 12 »Das am 1.1.2019 in Kraft getretene Mietrechtsanpassungsgesetz«

und zahlt danach erst rückständige Mieten (etwa bei bestehendem Zahlungsverzug), so scheidet nach dem Wortlaut des § 556 g Abs. 2 Satz 1 BGB eine Rückforderung ebenfalls aus. Denn es kommt nicht darauf an, wann die Forderung erfüllt wurde, sondern wann sie fällig geworden ist.[82]

Die Rüge muss in Textform erfolgen (§§ 556 g Abs. 4 BGB, 126b BGB). Eine mündliche Rüge wahrt die Form nicht. Die Rügeerhebung per E-Mail oder per SMS ist grundsätzlich ausreichend, aber wegen der eingeschränkten Nachweismöglichkeit im Prozess nicht empfehlenswert.

Kein Ausschluss des Bereicherungsrechts
Dem Mieter steht also ein Bereicherungsanspruch gegenüber dem Vermieter zu, wobei zwei Besonderheiten zu beachten sind: Die §§ 814 und 817 BGB sind nicht anzuwenden.

Zwar ist nach § 814 BGB die Rückforderung ausgeschlossen, »wenn der Leistende gewusst hat, dass er nicht zur Leistung verpflichtet war«. Der Mieter darf aber trotzdem Rückforderungen geltend machen, auch wenn er vor Vertragsabschluss wusste, dass die geforderte Miete zu hoch ist. Denn wenn der Mietinteressent schon vor Vertragsschluss rügen würde, dass die Miete überhöht ist, würde er aus dem Bewerberkreis wohl ausscheiden. Nach § 817 Satz 2 BGB ist die Rückforderung ausgeschlossen, wenn sowohl der Empfänger der Leistung als auch der Leistende gegen ein gesetzliches Verbot oder gegen die guten Sitten verstoßen haben. Durch den Ausschluss des § 817 BGB wird klargestellt, dass der Mieter nicht aufgrund seiner Einwilligung in die überhöhte Preisabrede an der Rückforderung gehindert ist.

Preisabsprachen
Wenn der Mietinteressent dem Vermieter statt der zulässigen Miete eine höhere Miete anbietet und beide Vertragsparteien den überhöhten Mietpreis vereinbaren, kann der Mieter nach Einzug die gesetzeswidrige Preisabrede rügen mit der Folge, dass die dann fällig werdenden Mieten auf die zulässige Miete reduziert werden. Bietet der Mietinteressent dem Vermieter Schmiergelder an, um die Wohnung zu bekommen, handelt es sich dabei um sittenwidrige Vereinbarungen, die der Mieter nicht zurückverlangen kann.

Die Vertragsparteien können den Bereicherungsanspruch durch eine nachträgliche Vereinbarung, etwa in einem Vergleich, wirksam ausschließen, selbst wenn die im Vergleich vereinbarte Miete immer noch überhöht ist.[83]

---

82   Fleindl in WuM 2015, 212
83   Fleindl a. a. O.

Berechnung der Rückforderung

Nach § 556 g Abs. 1 Satz 3 BGB kann der Mieter vom Vermieter die »zu viel gezahlte Miete« zurückverlangen. Damit ist der Betrag gemeint, der die höchstzulässige Miete (110 % der ortsüblichen Vergleichsmiete) überschreitet. Der Rückforderungsbetrag errechnet sich folgendermaßen:

Rückforderungsbetrag = vereinbarte Miete – (ortsübliche Vergleichsmiete + 10 %)

> **BEISPIEL FÜR DIE BERECHNUNG DES RÜCKFORDERUNGSBETRAGS**
>
> Die vereinbarte Miete beträgt 1.200,00 Euro bei einer Wohnfläche von 100 m². Nach dem Mietspiegel beträgt die ortsübliche Vergleichsmiete 10,00 Euro/m². Die Rückforderung errechnet sich folgendermaßen:
> 1.200,00 Euro – (1.000,00 Euro + 100,00 Euro) = 100,00 Euro
> Wäre die Vormiete 1.150,00 Euro gewesen, könnte der Mieter nur 50,00 Euro zurückverlangen.

Rückforderung bei Staffelmiete

Bei einer Staffelmiete gilt § 557a Abs. 4 BGB, wonach die Vorschriften über die Mietpreisbremse auf jede Mietstaffel anzuwenden ist. Das heißt, dass jede Staffel im Zeitpunkt ihres Inkrafttretens die 110 %-Grenze nicht überschreiten darf. Das ist für den Vermieter unkalkulierbar, da er nicht weiß, wie sich die ortsübliche Vergleichsmiete zukünftig entwickelt.

> **BEISPIEL**
>
> Die Wohnung liegt in einem Geltungsbereich einer Rechtsverordnung mit angespanntem Wohnungsmarkt. Die Miete beträgt bei einer Wohnfläche von 100 m² bei Mietbeginn am 1.10.2018 1.200,00 Euro.
> Es wird folgende Staffelmietvereinbarung getroffen:
>
> | 1. Staffel am 1.10.2019 | EUR 1.300,00 |
> |---|---|
> | 2. Staffel am 1.10.2020 | EUR 1.380,00 |
>
> Die ortsübliche Vergleichsmiete beträgt nach dem Mietspiegel 11,00 Euro/m². Die zulässige Miete errechnet sich folgendermaßen 1.100,00 Euro + 10 % = 1.210,00 Euro. Bei Mietbeginn liegt also kein Verstoß gegen die Mietpreisbremse vor.
> Zum Zeitpunkt der 1. Staffel ist die ortsübliche Vergleichsmiete unverändert, sodass sich der Rückforderungsanspruch folgendermaßen berechnet:
> 1.300,00 Euro – (1.100,00 Euro + 10 %) = 90,00 Euro pro Monat
> Die ortsübliche Vergleichsmiete ändert sich ab 1.10.2020 auf 12,00 Euro/m². Damit ergibt sich folgender Rückforderungsanspruch für die 2. Staffel:
> 1.380,00 Euro – (1.200,00 Euro + 10 %) = 60,00 Euro pro Monat.

3.8 Auskunft über die Miete

3.8.1 Allgemeines Auskunftsrecht des Mieters

Dem Mieter steht ein Auskunftsanspruch gegenüber dem Vermieter gemäß § 556 g Abs. 3 BGB zu. Der Vermieter hat dem Mieter Auskunft über diejenigen Tatsachen zu erteilen, die für die Zulässigkeit der vereinbarten Miete maßgeblich sind, soweit diese Tatsachen nicht allgemein zugänglich sind und der Vermieter hierüber unschwer Auskunft geben kann.

Die Rüge des Mieters wegen überhöhter Miete ist vom Auskunftsanspruch unabhängig.[84] Der Mieter muss vor der Rüge nicht von seinem Recht auf Auskunft Gebrauch machen.

Der Vermieter ist auf Verlangen des Mieters verpflichtet, Auskunft über die für die Bemessung der Miete maßgeblichen Umstände zu geben. Die Auskunft muss in Textform (z. B. E-Mail, Fax) erfolgen (§ 556 g Abs. 4 BGB).

Inhaltlich ist die Auskunftspflicht auf Umstände beschränkt, die dem Mieter nicht zugänglich sind. Dem Mieter dagegen ist es zumutbar, zur Feststellung der zulässigen Miete zunächst allgemein zugängliche Quellen zu nutzen, insbesondere den örtlichen Mietspiegel. Wenn es einen örtlichen Mietspiegel gibt, kann sich der Vermieter darauf berufen. Die Auskunft erfasst insbesondere also solche Umstände, die im Bereich des Vermieters liegen und die der Vermieter bereits kennt und ohne Weiteres ermitteln kann. Hierfür bezieht sich die ständige Rechtsprechung im Rahmen von Auskunftsansprüchen nach § 242 BGB darauf, ob der Verpflichtete in der Lage ist, unschwer die zur Beseitigung der Ungewissheit erforderliche Auskunft zu erteilen.[85] Die Gesetzesbegründung[86] nennt hierfür als Beispiel: die Baualtersklasse oder dem Mieter nicht zugängliche Ausstattungsmerkmale wie etwa die Beschaffenheit der zentralen Heizkessel, soweit diese Faktoren für die Bildung der ortsüblichen Vergleichsmiete eine Rolle spielen. Existiert ein örtlicher Mietspiegel, muss der Vermieter die erforderlichen Auskünfte über mögliche Zu- und Abschlagskriterien des Mietspiegels geben.

Der Vermieter ist nicht verpflichtet, über die ihm zur Verfügung stehenden Informationen hinaus Auskünfte über die Tatsachen zu geben, welche die ortsübliche Vergleichsmiete ausmachen, wenn ein Mietspiegel nicht zur Verfügung steht. In Gemeinden ohne Mietspiegel reicht es aus, wenn der Vermieter mitteilt, von welcher ortsüblichen Vergleichsmiete er ausgeht. Das bedeutet aber im Klartext, dass der Vermieter, falls

---

84 BT-Drucks. 18/3121 S. 38
85 BGH v. 6.2.2007, X ZR 117/97, NJW 2007, 1806
86 BT-Drucks. 18/3121, 34

kein Mietspiegel zur Verfügung steht, auch nicht begründen muss, wie er zu der ortsüblichen Vergleichsmiete gelangt[87] ist. Anders als bei Mieterhöhungen muss er die
ortsübliche Vergleichsmiete nicht mit Vergleichswohnungen belegen.[88] Die tatsächliche Höhe der ortsüblichen Vergleichsmiete ist demnach erst in einem gerichtlichen
Rückforderungsverfahren nach § 556 g Abs. 2 BGB zu prüfen.

3.8.2   Auskunft über Vormiete

Bei Vorliegen einer wirksamen Mietpreisbremsenverordnung muss der Vermieter seit
Inkrafttreten des MietAnpG bei Vertragsabschluss Auskunft über die Vormiete geben,
wenn er sich bei der Festsetzung der Miethöhe auf diesen Ausnahmetatbestand
stützt. Zeitlicher Bezugspunkt für die mitzuteilende Vormiete ist ein Jahr vor Beendigung des Vormietverhältnisses. Seiner Auskunftsverpflichtung kommt der Vermieter
durch bloße Angabe der Höhe der Vormiete nach, ohne dafür personenidentifizie-
rende Daten des Vormieters mitzuteilen. Der Mieter hat darüber hinaus einen Auskunftsanspruch gegenüber dem Vermieter über weitere Informationen aus dem Vormietverhältnis. Grundsätzlich wird es genügen, dass der Vermieter dem Mieter die
Information aus dem Vormietverhältnis mitteilt. Verlangt der Mieter einen Nachweis,
ist der Vermieter befugt, dem Mieter ein bis auf die erforderlichen Angaben geschwärz-
tes Vertragsdokument vorzulegen. Da die personenbezogenen Daten unkenntlich
gemacht werden, liegt kein Verstoß gegen die Datenschutz-Grundverordnung vor.[89]
Aber auch dann, wenn im Einzelfall die Auskunft des Vermieters personenbezogene
Daten des Vormieters enthält, überwiegt das berechtigte Interesse des Vermieters,
den zulässigen Mietzins zu erhalten, gegenüber dem eventuell entgegenstehenden
Interesse des betroffenen Vormieters. Diese Vorlagepflicht wird man gegebenenfalls
auf Dokumente zu erfolgten Mieterhöhungen erweitern müssen.[90]

3.8.3   Auskunft über Modernisierung

Im Rahmen seiner vorvertraglichen Auskunftspflicht muss der Vermieter lediglich darüber informieren, dass er innerhalb der letzten drei Jahre Modernisierungen vorgenommen hat. Weitreichende Erläuterungen zu Art und Umfang kann der Mieter im
Rahmen seines Auskunftsanspruchs gemäß § 556 g Abs. 3 BGB einfordern. Dabei wird
ausdrücklich auf § 559 b Abs. 1 Satz 2 und 3 BGB verwiesen. Das bedeutet, dass die Auskunft des Vermieters inhaltlich der Mieterhöhungserklärung bei einer Modernisie-

---

87   Fleindl in WuM 2015, 212
88   Schmidt-Futterer/Börstinghaus § 556 g, Rn. 31
89   Grundeigentum 2019, 32
90   Hinz in ZMR 2014, 593

rungsmieterhöhung in einem Bestandsmietverhältnis entsprechen muss. Andernfalls wäre die Zulässigkeit der Überschreitung der nach § 556d Abs. 1 BGB zulässigen Miete für den Mieter nicht nachprüfbar[91]. Deshalb muss die Auskunft des Vermieters folgende Angaben enthalten:

- die Art der Modernisierung
- die Höhe der Modernisierungskosten
- den Abzug von Instandsetzungs- und Instandhaltungskosten
- die Verteilung der Modernisierungskosten auf die einzelnen Wohnungen
- die Anrechnung von Drittmitteln

3.8.4 Auskunft über die erstmalige Nutzung und Vermietung nach dem 1. Oktober 2014

Der Vermieter genügt seiner vorvertraglichen Auskunftspflicht, wenn er lediglich mitteilt, dass die Wohnung nach dem 1. Oktober 2014 erstmals genutzt und vermietet wird. Erst im Rahmen des Auskunftsanspruchs des Mieters muss der Vermieter weitere Einzelheiten und etwaigen Nachweise mitteilen.

3.8.5 Auskunft über erstmalige Vermietung nach umfassender Modernisierung

Der Vermieter muss bei der vorvertraglichen Auskunft nur mitteilen, dass es sich um die erste Vermietung nach umfassender Modernisierung handelt. Der Mieter kann nach § 556g Abs. 3 BGB weitere Auskünfte einfordern über Umfang und Details der umfassenden Modernisierung und weitere Einzelheiten und Nachweise verlangen.

3.8.6 Unvollständige, fehlende oder fehlerhafte Auskunft

Der Mieter kann den überhöhten Mietpreis nur qualifiziert rügen, wenn die Rüge Tatsachen enthält, auf denen die Beanstandung der vereinbarten Miete beruht. Gibt der Vermieter keine Auskünfte, kann der Mieter möglicherweise nicht qualifiziert rügen, was zur Folge hätte, dass er seinen Rückforderungsanspruch nicht oder nur verspätet geltend machen könnte. Da dem Mieter aber keine Nachteile daraus entstehen dürfen, dass der Vermieter notwendige Auskünfte verweigert, reicht in diesem Fall wohl auch eine einfache Rüge. Ob dem Mieter ein Zurückbehaltungsrecht wegen verweigerter

---

91 AG Berlin-Charlottenburg, v. 31.8.2017, 210 C 55/17, GE 2017, 1415, AG verlangt, dass der Vermieter sogar substanziiert vortragen muss, in welchem Zustand die Wohnung vor der Modernisierung war.

Auskunft zusteht, werden die Gerichte künftig klären müssen. Selbstverständlich steht bei fehlender oder unvollständiger Auskunft dem Mieter das Recht zu, eine Auskunftsklage gegen den Vermieter zu erheben.

Erteilt der Vermieter keine Auskunft, stellt dies eine Pflichtverletzung aus dem Mietverhältnis dar, die den Vermieter bei schuldhaftem Handeln zum Schadensersatz verpflichtet (§§ 280 Abs. 1, 556g Abs. 3 BGB). Gleiches gilt, wenn der Vermieter die Erteilung der Auskunft pflichtwidrig schuldhaft verzögert und infolgedessen die Rüge des Mieters zunächst unterbleibt.

Gibt der Vermieter eine falsche Auskunft, sodass der Mieter glaubt, dass die vereinbarte Miete auch die zulässige Miete ist, und verzichtet er deshalb auf die Rüge, hat der Mieter keinen Bereicherungsanspruch gegenüber dem Vermieter. Stellt der Mieter später fest, dass der Vermieter bewusst eine falsche Auskunft erteilt hat, kann der Mieter einen Schadensersatzanspruch gemäß § 280 Abs. 1 BGB gegenüber dem Vermieter geltend machen.[92] Der Mieter ist in diesem Fall so zu stellen, als hätte der Vermieter die Auskunft rechtzeitig und richtig erteilt. Das heißt, wenn der Mieter die richtige Auskunft bekommen hätte, hätte er die Mietpreisüberhöhung gerügt und von seinem Rückforderungsrecht Gebrauch gemacht. Anstelle des Bereicherungsanspruchs steht dem Mieter wegen falscher Auskunft des Vermieters ein Schadensersatzanspruch wegen zu viel gezahlter Miete zu.

3.9   Sonstige Rechte des Mieters bei Verstoß gegen die Mietpreisbremse

3.9.1   Aufrechnung mit überzahlten Mieten

Gemäß § 387 BGB kann der Mieter gegen eine Forderung des Vermieters nur dann aufrechnen, wenn ihm selbst eine fällige Gegenforderung zusteht. Dies gilt für Rückforderungsansprüche erst nach Rügeerhebung, da es sich bei der Rüge um ein anspruchsbegründendes Tatbestandsmerkmal für den Bereicherungsanspruch handelt. Es kann also keine Aufrechnung mit solchen Mieten erfolgen, die vor Zugang der Rüge fällig waren und bezahlt wurden.[93]

---

92   LG Berlin, NJW 2018, 2898
93   Hinz in ZMR 2014, 593

3.9.2   Fristlose Kündigung wegen Pflichtverletzung

Der Verstoß gegen die Mietpreisbremse stellt eine Pflichtverletzung des Vermieters dar, die den Mieter möglicherweise berechtigt, das Mietverhältnis im Einzelfall fristlos zu kündigen.[94] Ob der Verstoß tatsächlich eine fristlose Kündigung des Mieters rechtfertigt, kann nur danach beurteilt werden, ob im Einzelfall die Kriterien des §543 Abs. 1 Satz 2 BGB erfüllt sind (z.B. wenn die vereinbarte Miete die höchstzulässige Miete stark überschreitet).[95] Nach der hier vertretenen Auffassung hilft dem Mieter das Recht zur fristlosen Kündigung nicht, da die angemietete Wohnung in einem Gebiet mit einem angespannten Wohnungsmarkt liegt und er dann gerade nicht ohne Weiteres eine andere Wohnung anmieten kann.

3.9.3   Rückzahlungsanspruch hinsichtlich der Kaution

Die Kaution darf nach §551 Abs. 1 BGB höchstens das Dreifach der Monatsmiete betragen. Da der Verstoß gegen die Mietpreisbremse zu einer Teilnichtigkeit der Preisabrede führt, kann der Mieter die Rückzahlung des die zulässige Höhe übersteigenden Teils der Mietkaution geltend machen.[96]

---

94   Blank in WuM 2014, 641
95   Fleindl in WuM 2015, 212
96   Fleindl a. a. O.

4 Schranken der Miete

4.1 Allgemeines

Bei der Vereinbarung der **Miete für Wohnraum** anlässlich der Begründung eines Mietverhältnisses sowie bei Erhöhungsvereinbarungen während der Mietzeit müssen die durch § 5 WiStG (Wirtschaftsstrafgesetz) vorgegebenen Obergrenzen beachtet werden.

4.2 Mietpreisüberhöhung

Nach § 5 WiStGB handelt ordnungswidrig, wer vorsätzlich oder leichtfertig für die Vermietung von Wohnraum unangemessen hohe Entgelte fordert, sich versprechen lässt oder annimmt.

Ein Fordern im Sinne dieser Vorschrift liegt bereits vor, wenn der Vermieter eine überhöhte Miete im Zeitungsinserat nennt.[97]

4.2.1 Unangemessen hohes Entgelt

Unangemessen hoch sind Entgelte, die infolge der Ausnutzung eines geringen Angebots an vergleichbaren Räumen die ortsübliche Vergleichsmiete um mehr als 20 % überschreiten (sog. Wesentlichkeitsgrenze).

> **Wichtig**
>
> Ein überhöhter Mietpreis im Sinne von § 5 Abs. 2 Satz 1 WiStGB ist anzunehmen, wenn die ortsübliche Miete um mehr als 20 % überschritten wird.

Ist die Wesentlichkeitsgrenze von 20 % überschritten, liegt eine Mietpreisüberhöhung gleichwohl nicht vor, wenn die Entgelte zur Deckung der laufenden Aufwendungen des Vermieters erforderlich sind (§ 5 Abs. 2 Satz 2 WiStGB). Bei der Vereinbarung eines kostendeckenden Mietzinses liegt der Tatbestand der Mietpreisüberhöhung erst dann vor, wenn der vereinbarte Mietpreis in einem auffälligen Missverhältnis zur ortsüblichen Vergleichsmiete steht. Von einem auffälligen Missverhältnis ist auszugehen, wenn der vereinbarte Mietpreis die ortsübliche Miete um mehr als 50 % übersteigt,

---

97 LG Hamburg v. 1.2.1979, 7 S 155/78, ZMR 1980, 86

also die Wuchergrenze erreicht ist.[98] Auf die Höhe der laufenden Aufwendungen kommt es in diesem Fall nicht mehr an.

Für die dezidierte Darlegung sämtlicher Anspruchsgrundlagen des § 5 WiStGB gehört auch das Merkmal, dass der Vermieter das geringe Angebot an vergleichbarem Wohnraum ausgenutzt hat. Dem Vermieter muss bewusst sein, dass der Mieter in einer Zwangslage ist, weil dieser aus guten Gründen nicht auf eine günstigere Mietwohnung ausweichen kann.[99] Danach kommt es darauf an, ob der konkrete Mieter im Einzelfall besondere Schwierigkeiten bei der Wohnungssuche gehabt hat. Dies muss der Mieter im Einzelnen darlegen.

Nach dem BGH[100] liegt ein Ausnutzen nicht vor, wenn der Mieter bereit ist, für eine bestimmte Wohnung – unabhängig von der Lage auf dem Wohnungsmarkt – eine verhältnismäßig hohe Miete zu bezahlen. Nach Ansicht des BGH liegt eine solche Situation beispielsweise vor, wenn der Mieter in einer von ihm bevorzugten Wohnlage nur eine bestimmte und keine andere Wohnung beziehen will oder wenn der Mieter den Mietvertrag abschließt, ohne sich zuvor über die ortsüblichen Gegebenheiten zu informieren. In solchen Fällen sei der Mieter nicht schutzbedürftig.

Ein Verstoß gegen § 5 WiStGB kann neben zivilrechtlichen Folgen auch ein Bußgeldverfahren nach sich ziehen, da bei schuldhaften Verhalten des Vermieters eine Ordnungswidrigkeit vorliegt. Die Ordnungswidrigkeit kann mit einem Bußgeld von bis zu 50.000 Euro geahndet werden.

4.2.2   Zivilrechtliche Folgen

Soweit der vereinbarte Mietpreis die Wesentlichkeitsgrenze von 20 % überschreitet, ist die Mietpreisvereinbarung nichtig. Die Miete wird auf die ortsübliche Vergleichsmiete + 20 % gesenkt. Im Übrigen bleibt der Mietvertrag wirksam.

Bei Überschreitung der ortsüblichen Vergleichsmiete um mehr als 50 % aufgrund laufender Aufwendungen des Vermieters gemäß § 5 Abs. 2 Satz 2 WiStGB bleibt die Mietzinsvereinbarung bis zu einer Höhe von 150 % der ortsüblichen Vergleichsmiete wirksam.[101]

---

98   BayObLG v. 3.9.1998, 3 ObOWi 97/98, WuM 1998, 729
99   BGH v. 13.4.2005, VIII ZR 44/04, WuM 2005, 471
100 BGH a. a. O.
101 OLG Hamburg v. 5.8.1992, 4 U 22/92, WuM 1992, 527

Die Parteien vereinbaren eine Miete von 12,00 Euro/m². Die ortsübliche Vergleichsmiete beträgt 9,00 Euro/m². Der Mieter rügt die Mietpreisüberhöhung. Die Miete wird bis zur Wesentlichkeitsgrenze gesenkt: 9,00 Euro/m² + 20 % = 10,80 Euro/m².

Dem Mieter steht ein Rückerstattungsanspruch in Höhe der geleisteten Überzahlungen zu.[102] Er kann also den Teil der Miete zurückfordern, der die Wesentlichkeitsgrenze überschreitet. Veränderungen in Höhe der ortsüblichen Vergleichsmiete sind dabei zu berücksichtigen.[103] Die ortsübliche Vergleichsmiete muss deshalb jährlich neu ermittelt werden.[104] Während der Mieter beweispflichtig[105] für die Höhe des ortsüblichen Preisniveaus ist und er Tatsachen vortragen muss, aus denen sich ergibt, dass der Vermieter eine Mangellage ausgenutzt hat[106], muss der Vermieter die Höhe der laufenden Aufwendungen darlegen und beweisen.[107]

Die Rückforderungsansprüche des Mieters verjähren gemäß § 195 BGB in drei Jahren.

4.3   Wucher

4.3.1   Straftatbestand gemäß § 291 StGB

Der Straftatbestand des Mietwuchers gemäß § 291 StGB ist gegeben, wenn jemand die Zwangslage, die Unerfahrenheit, den Mangel an Urteilsvermögen oder die erhebliche Willensschwäche eines anderen dadurch ausnutzt, dass er sich oder einem Dritten für die Vermietung von Räumen zum Wohnen oder damit verbundenen Nebenleistungen einen Vermögensvorteil versprechen oder gewähren lässt, der in einem auffälligen Missverhältnis zu seiner Leistung steht.

Der Täter kann mit einer Freiheitsstrafe von bis zu drei Jahren oder mit einer Geldstrafe belegt werden. In besonders schweren Fällen, z. B. wenn der Täter den anderen durch die Tat in wirtschaftliche Not bringt oder die Tat gewerbsmäßig begeht, droht eine Freiheitsstrafe bis zu zehn Jahren.

---

102 BGH v. 11.1.1984, VIII ARZ 13/83, WuM 1984, 68
103 OLG Frankfurt v. 4.4.1983, 4 RE-Miet 9/82, WuM 1985, 139
104 OLG Hamm v. 3.3.1983, 4 RE-Miet 9/82, WuM 1983, 108
105 LG Hamburg v. 12.7.1979, 7 S 189/78, WuM 1980, 86
106 BGH v. 28.1.2004, VIII ZR 190/03, NZM 2004, 381
107 LG Köln v. 12.1.1989, 1 S 269/88, WuM 1989, 311; LG Frankfurt v. 23.8.1994, 2/11 S 113/94, WuM 1994, 605

4.3.2   Sittenwidriges Rechtsgeschäft nach § 138 Abs. 1 BGB

Aus zivilrechtlicher Sicht ist ein Rechtsgeschäft nach § 138 Abs. 1 BGB nichtig, das gegen die guten Sitten verstößt. Besteht zwischen Leistung des Vermieters und der Miete ein auffälliges Missverhältnis und liegen weitere Umstände vor, die auf eine verwerfliche Gesinnung des Vermieters hindeuten, kann das Rechtsgeschäft nichtig sein. Bei Wohnraummietverträgen wird ein auffälliges Missverhältnis in der Regel angenommen, wenn die verlangte Miete mehr als 50 % über der ortsüblichen Vergleichsmiete liegt.[108] Schließlich muss geprüft werden, ob eine verwerfliche Gesinnung des Vermieters vorliegt.

Die Zwangslage des Mieters ist gegeben, wenn er dringend eine Wohnung benötigt und aus persönlichen und wirtschaftlichen Gründen sowie aufgrund des örtlichen Mietmarkts keine andere Wohnung anmieten konnte. Es ist erforderlich, dass der Vermieter die Zwangslage des Mieters bewusst ausgenutzt hat.

4.3.3   Wucher nach § 138 Abs. 2 BGB

Daneben kann auch ein Verstoß nach § 138 Abs. 2 BGB vorliegen.

Nach § 138 Abs. 2 BGB ist ein Rechtsgeschäft nichtig, durch das jemand unter Ausbeutung der Zwangslage, der Unerfahrenheit, des Mangels an Urteilsvermögen oder der erheblichen Willensschwäche eines anderen sich oder einem Dritten für eine Leistung Vermögensvorteile versprechen oder sich gewähren lässt, die in einem auffälligen Missverhältnis zur Leistung stehen. Der Tatbestand des § 138 Abs. 1 BGB ist neben dem Tatbestand des § 138 Abs. 2 BGB anwendbar.

Auch für den Tatbestand nach § 138 Abs. 2 BGB muss ein auffälliges Missverhältnis zwischen Leistung und Gegenleistung bestehen, d. h. die verlangte Miete für Wohnraum beträgt mehr als 150 % der ortsüblichen Vergleichsmiete.

Weitere Tatbestandsvoraussetzung könnte die Zwangslage des Mieters, also eine erhebliche Bedrängnis wirtschaftlicher Art, sein. Ein Mangel an Urteilsvermögen liegt vor, wenn der Mieter unfähig ist, die wirtschaftlichen Risiken des Geschäfts vernünftig einzuschätzen. Unerfahrenheit liegt bei fehlender allgemeiner Lebenserfahrung vor. Wie bei der verwerflichen Gesinnung nach § 138 Abs. 1 BGB setzt § 138 Abs. 2 BGB voraus, dass der Vermieter die Lage des Mieters erkannt und bewusst ausgenutzt hat.[109]

---

108 BGH v. 14.7.2004, XII ZR 352/00, NZM 2004, 907
109 BGH v. 21.5.1957, VIII ZR 226/56, NJW 1957, 1274

Die zivilrechtliche Folge der §§ 138 Abs. 1 bzw. Abs. 2 BGB ist nicht die Nichtigkeit des gesamten Wohnraummietvertrags, sondern nur die Nichtigkeit der unzulässigen Mietpreisvereinbarung. Die Mietpreisabrede ist insoweit unwirksam, als die ortsübliche Miete um mehr als 50 % überschritten wird.[110]

Den jeweils überzahlten Betrag kann der Mieter unter bereicherungsrechtlichen Gesichtspunkten nach § 812 BGB zurückfordern. Ein Ausschluss des Rückforderungsanspruchs kann sich aus § 814 BGB ergeben, wenn der Mieter gewusst hat, dass er zur Leistung nicht verpflichtet war.

§ 814 BGB ist dann ausgeschlossen, wenn ein Wohnungssuchender einen überhöhten Preis akzeptiert hat, weil er andernfalls wegen der angespannten Wohnungsmarktsituation bei der Vergabe der Wohnung keine Chance gehabt hätte.[111] Die Rechtsprechung[112] wendet § 814 BGB allerdings dann an, wenn der Mietinteressent positive Kenntnis von der Preiswidrigkeit hatte, wobei er im Allgemeinen keine Kenntnis von der Höhe der laufenden Aufwendungen des Vermieters haben wird.

> **Wichtig**
>
> Ein auffälliges Missverhältnis wird bei Wohnraum in der Regel erfüllt sein bei einem Überschreiten der ortsüblichen Vergleichsmiete um mehr als 50 %, bei Gewerberaum um 100 %.

Bei **Gewerberaum** ist nach wie vor umstritten, nach welcher Berechnungsmethode festgestellt werden kann, ob die Leistung und Gegenleistung in einem besonders auffälligen Missverhältnis stehen. Nach der EOP-Methode (ertragskraftorientierte Pachtwertfindung) wird zunächst der Basispachtzins von durchschnittlichen vergleichbaren Betrieben ermittelt. Dann werden Faktoren geprüft, die den Umsatz und die Pachthöhe beeinflussen können (wie z. B. Ausstattung, Werbung, Instandhaltungspflichten des Pächters). Der auf diese Weise marktgerecht ermittelte Pachtzins wird mit dem tatsächlich gezahlten verglichen. Der BGH[113] hält die EOP-Methode allerdings für ungeeignet. Nach dem BGH ist bei der Ermittlung des Missverhältnisses von der ortsüblichen Miete bzw. Pacht auszugehen. Dieser Mietzins sei durch einen Vergleich mit den Mieten anderer Objekte zu ermitteln (Vergleichsmethode). Die EOP-Methode beruhe auf einem völlig anderen Ansatz. Nach der EOP-Methode werde dagegen ermittelt, zu welchem Pachtzins ein bestimmtes Objekt wirtschaftlich betrieben werden könne. Der nach § 138 Abs. 1 BGB maßgebliche Marktpreis hänge aber nicht von Rentabilitätserwägungen, sondern von Angebot und Nachfrage ab.

---

110   OLG Hamburg, 5.8.1992, 2 U 22/92, WuM 1992, 527; a. A. AG Köln v. 13.9.1995, 207 C 491/94, WuM 1996, 25
111   Blank in Schmidt-Futterer, nach § 535 Rn 81
112   LG Stuttgart v. 24.7.1985, 13 S 97/85, WuM 1989, 168
113   BGH v. 28.4.1999, XII ZR 150/97, WuM 1999, 527

Das OLG München[114] ermittelt die ortsübliche Miete nach der sogenannten indirekten Vergleichswertmethode, wenn keine Vergleichsobjekte zur Verfügung stehen. Bei Gaststätten wird die ortsübliche Marktmiete zum Beispiel in Bezug auf die Sitzplatzanzahl ermittelt. Aber auch diesen Ansatz akzeptiert der BGH[115] nicht. Nach Ansicht des BGH darf die ortsübliche Vergleichsmiete bei Fehlen von entsprechenden Vergleichsobjekten nur durch einen mit der konkreten Marktsituation vertrauten Sachverständigen, z. B. einen erfahrenen Makler, ermittelt werden, der die für das besondere Objekt erzielbare Miete errechnet.[116]

---

114 OLG München v. 4.09.2000, 17 U 5278/98, NZM 2000, 1059
115 BGH v. 13.6.2001, XII ZR 49/99, NZM 2001, 810
116 BGH v. 10.7.2002, XII ZR 314/00, NZM 2002, 822

5 Mietzahlung

5.1 Fälligkeit

5.1.1 Vertragsabschluss nach dem 1.9.2001

Nach §§ 556b Abs. 1, 579 Abs. 2 BGB ist die Miete zu Beginn, spätestens bis zum dritten Werktag der einzelnen Zeitabschnitte zu entrichten, nach denen sie bemessen ist. Das gilt für alle Mietverhältnisse über Wohnräume oder Geschäftsräume, die nach Inkrafttreten der Mietrechtsreform am 1.9.2001 abgeschlossen worden sind.

Die Miete für Wohn- und Geschäftsräume wird üblicherweise monatlich bezahlt. Somit ist die Miete für Wohnungen oder Gewerberäume spätestens am dritten Werktag des jeweiligen Kalendermonats zu entrichten. Eine vertraglich vereinbarte Fälligkeit ist nicht notwendig. Zahlt der Mieter die monatliche Miete nicht, gerät er mit Ablauf des dritten Werktags automatisch in Verzug, ohne dass es einer Mahnung bedarf.[117]

Karenzzeit

Die Zeit vom ersten bis zum dritten Werktag eines Kalendermonats wird **Karenzzeit** genannt. Bei der Frist zur Bezahlung der Miete bis zum dritten Werktag zählt der Samstag nicht als Werktag.[118] Ist beispielsweise der Erste des Monats ein Freitag, ist der Mieteingang am Dienstag noch rechtzeitig. Nach Auffassung des BGH soll die Karenzzeit sicherstellen, dass die Mietzahlungen den Vermieter auch dann noch rechtzeitig erreichen, wenn der Betrag am letzten Tag des Monats überwiesen wird. Nachdem Mietzahlungen größtenteils durch Überweisungen vorgenommen werden und diese eine gewisse Zeit in Anspruch nehmen, sind nur die Bankgeschäftstage als Werktage zu berücksichtigen. Da der Sonnabend kein Bankgeschäftstag ist, kann er nicht als Werktag angesehen werden. Bei der Berechnung von Kündigungsfristen dagegen wird der Samstag als Werktag berücksichtigt, da die Post auch am Samstag zustellt.

> **Wichtig**   !
>
> Bei Mietverträgen, die nach dem 1.9.2001 abgeschlossen wurden, ist die Miete bis zum 3. Werktag eines Kalendermonats im Voraus zu bezahlen. Der Samstag zählt dabei nicht als Werktag.

---

117 LG München I v. 30.11.1994, 14 S 15468/94, WuM 1995, 103
118 BGH v. 13.7.2010, VIII ZR 129/09, WuM 2010, 495

Frage der Rechtzeitigkeit

Im Zusammenhang mit der Fälligkeit der Miete stellt sich die Frage, ob die Miete bei Fälligkeit bereits auf dem Konto des Vermieters eingegangen sein muss oder ob es genügt, dass der Mieter bis zu diesem Zeitpunkt die Überweisung bei der Bank veranlasst hat. Nach der Rechtsprechung des BGH[119] muss der Mieter bis zum dritten Werktag lediglich die Leistungshandlung vorgenommen, d.h. seiner Bank den Zahlungsauftrag für die Überweisung der Miete erteilt haben. Der Vermieter kann also nicht mehr uneingeschränkt verlangen, dass die Miete bis zum dritten Werktag auf seinem Konto eingegangen sein muss. Formularklauseln in Wohnraummietverträgen, die – abweichend von den gesetzlichen Regelungen – den Eingang der Miete auf dem Konto des Vermieters generell bis zum dritten Werktag bestimmen, sind nach Ansicht des BGH unwirksam. Solche Klauseln würden dem Mieter das Risiko von Zahlungsverzögerungen im Überweisungsverkehr auferlegen, die beispielsweise durch die Bank verursacht wurden, und den Mieter unangemessen benachteiligen.

Anders ist die Rechtslage bei **Geschäftsräumen:** Hier kann auch in einem Formularmietvertrag[120] wirksam vereinbart werden, dass die Miete bis spätestens zum dritten Werktag des jeweiligen Kalendermonats im Voraus dem Konto des Vermieters gutzubringen ist d.h. bis zum dritten Werktag auf dem Konto des Vermieters eingegangen sein muss. Dies hat das OLG München mit Urteil v. 20.7.2017[121] entschieden. Die Nichtzulassungsbeschwerde hat der BGH mit Beschluss v. 15.8.2018[122] zurückgewiesen.

5.1.2 Vertragsabschluss vor dem 1.9.2001

Wurde das Mietverhältnis über Wohn- oder Gewerberäume bereits vor dem 1.9.2001 abgeschlossen (also vor Inkrafttreten der Mietrechtsreform), gilt nach der Übergangsvorschrift des Art. 229 § 3 Abs. 1 Ziffer 7 EGBGB hinsichtlich der Fälligkeit die alte Vorschrift des § 551 BGB a.F. weiter, wonach die monatliche Miete erst am Ende des Monats zu bezahlen ist. Die meisten älteren Mietverträge enthalten eine übliche Regelung, wonach die Miete spätestens bis zum dritten Werktag des Kalendermonats zu entrichten ist (Vorauszahlungsklausel). Eine solche Klausel gehört zu den wesentlichen Vertragsbedingungen eines Mietvertrags und bedarf daher der Schriftform.[123]

---

119 BGH v. 5.10.2016, VIII ZR 222/15
120 § 3 Abs. 8 des Mietvertrages für Mietverhältnisse über Geschäftsräume des Haus- und Grundbesitzervereins München und Umgebung e.V.
121 OLG München, 32 U 4337/16, BeckRS 2018, 21570
122 BGH v. 15.8.2018, XII ZR 80/17
123 BGH v. 19.9.2007, XII ZR 198/05, ZMR 2008, 105

Der BGH hat allerdings mit Rechtsentscheid[124] vom 26.10.1994 entschieden, dass eine Vorauszahlungsklausel bei Wohnraummietverhältnissen unwirksam ist, wenn dem Mieter durch eine weitere Klausel die Aufrechnung mit eventuellen Gegenforderungen wegen zu viel gezahlter Miete untersagt ist (Aufrechnungsverbot). Ein solches Aufrechnungsverbot kann somit bei alten Mietverträgen zur Unwirksamkeit der Vorauszahlungsklausel führen mit der Folge, dass der Mieter die Miete erst nach Ablauf des jeweiligen Monats zahlen muss.

Für Mietverhältnisse über Grundstücke gilt (unabhängig davon, wann der Vertragsabschluss stattfand) § 579 Abs. 1 BGB, wonach die Miete am Ende der Mietzeit zu entrichten ist. Ist die Miete nach Zeitabschnitten bemessen, ist sie nach Ablauf der einzelnen Zeitabschnitte zu bezahlen. Die Vertragsparteien dürfen abweichende Vereinbarungen treffen.

5.2   Erfüllungsort

Die Miete ist eine sogenannte **Schickschuld**. Der Mieter hat die Miete auf seine Gefahr und seine Kosten dem Vermieter an dessen Wohnsitz zu übermitteln (§ 270 BGB). In den meisten Fällen wird im Mietvertrag festgelegt, auf welche Weise und auf welches Konto die Miete zu entrichten ist.

Die Parteien haben die Möglichkeit, über die Veränderung des Leistungsortes die Rechtzeitigkeit der Miete zu beeinflussen. Bei einer Barzahlungsvereinbarung handelt es sich nämlich um eine **Bringschuld**.

Die Parteien können für die Mietzahlung aber auch ein Lastschriftverfahren vereinbaren. Ein formularmäßig vereinbartes Abbuchungsverfahren ist allerdings unwirksam.[125] Denn beim Abbuchungsverfahren hat der Zahlungspflichtige seiner Bank im Voraus einen Abbuchungsauftrag erteilt. Die Bank belastet dementsprechend das Konto, sodass die Kontobelastung nicht mehr rückgängig gemacht werden kann. Das Abbuchungsverfahren muss daher zumindest eine Widerrufsmöglichkeit enthalten.[126]

Ein **Einzugsermächtigungsverfahren** kann dagegen auch formularmäßig vereinbart werden, da der Zahlungspflichtige hier besser gestellt ist.[127] Er erteilt nur dem Zahlungsempfänger eine Einzugsermächtigung, während er gegenüber seiner Bank keinerlei Erklärung abgibt. Der Zahlungspflichtige kann in diesem Fall der Kontobelas-

---

124 BGH, RE v. 26.10.1994, VIII ARZ 3/94, NJW 1995, 254
125 LG Köln v. 7.3.1990, 10 S 532/89, WuM 1990, 380
126 LG Hamburg v. 14.7.1989, 74 O 139/89, WuM 1990, 115
127 BGH v. 10.1.1996, XII ZR 271/94, WuM 1996, 205

tung widersprechen und die Gutschrift des abgebuchten Betrages verlangen. Eine formularvertraglich unwiderrufliche Einzugsermächtigung ist ebenfalls unwirksam.[128]

5.3   Verrechnungsbestimmung

Der Mieter hat grundsätzlich die Befugnis zur Tilgungsbestimmung nach § 366 Abs. 1 BGB. Wenn der Mieter also bei der Überweisung der Miete den entsprechenden Monat hinzufügt, ist der Vermieter an die Tilgungsbestimmung des Mieters gebunden.

Wenn der Mieter beispielsweise die Miete für den Monat Februar nicht bezahlt hat und er überweist die nächste Miete mit dem Hinweis »Miete März«, darf der Vermieter diese Mietzahlung nicht mit der fehlenden Zahlung für den Monat Februar verrechnen.

Lässt sich bei unregelmäßiger Zahlung dagegen kein auf eine bestimmte Tilgungsreihenfolge bestimmter Wille feststellen, tritt die gesetzliche Tilgungsreihenfolge gemäß § 366 Abs. 2 BGB ein. Danach »wird zunächst die fällige Schuld, unter mehreren Schulden diejenige, welche dem Gläubiger geringere Sicherheit bietet, unter mehreren gleich sicheren die dem Schuldner lästigere, unter mehreren gleich lästigen die ältere Schuld und bei gleichem Alter jede Schuld verhältnismäßig getilgt«. Ist der Mieter beispielsweise sowohl mit der laufenden Miete als auch mit der Nachzahlung aus der Betriebskostenabrechnung im Rückstand, so werden durch die A-Conto-Zahlungen zunächst die laufenden Mieten getilgt. Diese Rückstände sind als die dem Mieter lästigere Schuld anzusehen, weil dadurch der Bestand des Mietverhältnisses gefährdet wird.[129] Erstreckt sich der Rückstand mit den laufenden Zahlungsverpflichtungen über mehrere Monate, so richtet sich die Tilgungsreihenfolge nach dem Alter der jeweiligen Schuld. Zahlungen sind also mit der jeweils ältesten Schuld zu verrechnen.[130]

5.4   Aufrechnung und Zurückbehaltung

5.4.1   Aufrechnung

> **! Wichtig**
>
> Aufrechnung ist die wechselseitige Tilgung zweier sich gegenüberstehender Forderungen durch einseitiges Rechtsgeschäft.

---

128 BGH v. 28.5.1984, III ZR 63/84, NJW 1984, 2816
129 LG Hamburg v. 21.9.1990, 11 S 186/89, DWW 1993, 237
130 LG Berlin v. 1.9.1987, 64 S 125/87, GE 1987, 1269

Der Mieter kann grundsätzlich gegen die Mietforderung des Vermieters mit einer fälligen Forderung auch dann aufrechnen, wenn diese Forderung nicht aus dem Mietverhältnis, sondern aus einem anderen Rechtsverhältnis herrührt.

> **BEISPIEL**
>
> Wenn der Mieter für den Vermieter handwerkliche Leistungen am Haus ausführt und wenn die Bezahlung der Rechnung durch den Vermieter aussteht, kann der Mieter unter Erklärung der Aufrechnung seine fällige Werklohnforderung von der Miete abziehen.

Dieses Recht zur Aufrechnung kann vertraglich eingeschränkt oder ausgeschlossen werden.

Formularvertraglich ist ein Aufrechnungsausschluss grundsätzlich unzulässig, wenn er auch unbestrittene, rechtskräftig festgestellte oder entscheidungsreife Forderungen des Mieters betrifft.[131]

Nach § 556b Abs. 2 BGB kann der Mieter von Wohnraum trotz eines vertraglichen Aufrechnungsausschlusses mit

- Schadensersatzforderungen (§ 536a BGB),
- Aufwendungsersatzansprüchen (§ 539 BGB) oder
- Ansprüchen aus ungerechtfertigter Bereicherung wegen zu viel gezahlter Miete

immer aufrechnen – unabhängig davon, ob diese unbestritten, rechtskräftig festgestellt oder entscheidungsreif sind –, wenn der Mieter seine Absicht zur Aufrechnung dem Vermieter mindestens einen Monat vor Fälligkeit der Miete in Textform angezeigt hat.

Schadensersatzforderungen des Mieters gemäß § 536a BGB können entstehen, wenn

- ein Mangel der Mietsache bei Vertragsschluss vorhanden war. Es handelt sich dabei um eine Garantiehaftung des Vermieters, die auch dann greift, wenn die Auswirkungen des Mangels erst später eintreten (z. B. Asbest in Nachtspeicheröfen oder Formaldehyd in Holzmitteln);
- ein Mangel später infolge eines Umstandes eintritt, den der Vermieter zu vertreten hat, z. B. wenn der Vermieter ein undichtes Dach nicht repariert und dadurch die Einrichtung des Mieters beschädigt wird;
- sich der Vermieter mit der Beseitigung des Mangels in Verzug befunden hat, d. h. wenn er den Mangel trotz Mängelanzeige durch den Mieter nicht behoben hat, hat der Mieter Anspruch auf Ersatz der zur Mängelbeseitigung aufgewendeten Kosten.

---

131 OLG Celle v. 29.12.1989, 2 U 200/88, WuM 1990, 103

Ansprüche aus ungerechtfertigter Bereicherung wegen zu viel gezahlter Miete können entstehen, wenn der Mieter die Monatsmiete im Voraus gezahlt hat und sich im Laufe des Monats ein Mangel zeigt, der den Mieter zur Minderung der Miete nach § 536 BGB berechtigt.

Enthält der Mietvertrag einen Aufrechnungsausschluss, darf der Mieter nach § 556b Abs. 2 BGB aufrechnen, wenn er diese Absicht dem Vermieter mindestens einen Monat vor Fälligkeit der Miete in Textform angezeigt hat.

> **BEISPIEL**
>
> Der Mieter zahlt die Miete für den Monat Mai 2019 pünktlich bis zum 3. Werktag des Kalendermonats. Am 10. Mai 2019 wird auf dem Nachbargrundstück ein Mehrfamilienhaus abgerissen. Der Mieter kündigt eine Mietminderung von 20 % ab 1. Juli 2019 rückwirkend für Mai 2019 an.

Fehlt im Mietvertrag dagegen ein Aufrechnungsausschluss, kann der Mieter mit diesen Forderungen ohne vorherige Anzeige aufrechnen (im Beispiel also bereits ab 1. Juni 2019).

5.4.2   Zurückbehaltungsrecht

§ 556b Abs. 2 BGB verbietet nicht nur den Ausschluss der Aufrechnung, sondern auch Einschränkungen des Zurückbehaltungsrechts des Mieters. Der Mieter kann von seinem Zurückbehaltungsrecht Gebrauch machen wegen

*   Schadensersatzansprüchen aus § 536a BGB,
*   Aufwendungsersatzansprüchen gemäß § 539 BGB und
*   Ansprüchen aus ungerechtfertigter Bereicherung wegen zu viel gezahlter Miete.

Das Zurückbehaltungsrecht steht dem Mieter nur zu, wenn er seine Absicht rechtzeitig geltend gemacht hat. Der Mieter muss also sein Zurückbehaltungsrecht dem Vermieter mindestens einen Monat vor der Fälligkeit der Miete in Textform mitteilen. Außerdem muss er den Grund und die Höhe der Forderung bezeichnen. Es reicht nicht aus, wenn der Mieter Schadensersatzforderungen nur in Aussicht stellt.[132]

---

132 Langenberg in Schmidt-Futterer § 556b BGB Rn 42

6 Verzug

6.1 Schuldnerverzug

Schuldnerverzug gemäß § 286 Abs. 1 BGB liegt vor, wenn der Schuldner auf eine Mahnung des Gläubigers hin, die nach Eintritt der Fälligkeit erfolgt, nicht leistet.

Ist dagegen für eine Leistung eine Zeit nach dem Kalender bestimmt, kommt der Schuldner ohne Mahnung in Verzug, wenn er nicht zu der bestimmten Zeit leistet (§ 286 Abs. 2 Nr. 1 BGB).

Die monatliche Miete hat der Mieter spätestens bis zum 3. Werktag eines Kalendermonats im Voraus zu bezahlen. Der Mieter gerät also in Verzug, wenn er die Miete nicht pünktlich bis zu diesem Fälligkeitstermin leistet, **ohne dass es einer Mahnung** bedarf.

Bei einer **Betriebskostennachforderung** gilt für den Verzug § 286 Abs. 3 BGB. Gemäß § 286 Abs. 3 BGB kommt der Schuldner einer Geldforderung in Verzug, wenn er nicht innerhalb von 30 Tagen nach Fälligkeit und Zugang einer Rechnung leistet. Dies gilt gegenüber einem Schuldner, der Verbraucher ist, nur, wenn er auf diese Folgen in der Rechnung oder Zahlungsaufstellung besonders hingewiesen wurde. Der Zugang einer Betriebskostennachforderung löst den Lauf der 30-Tage-Frist aus. Der Mieter von Wohnraum ist Verbraucher nach § 13 BGB, wonach jede natürliche Person Verbraucher i. S. d. Vorschrift ist, die ein Rechtsgeschäft zu einem Zweck abschließt, der weder ihrer gewerblichen noch ihrer selbstständigen beruflichen Tätigkeit zugerechnet werden kann. Deshalb ist der Mieter in der Betriebskostenabrechnung darauf hinzuweisen, dass er spätestens in Verzug gerät, wenn er nicht innerhalb von 30 Tagen nach Fälligkeit und Zugang der Abrechnung leistet.

Musterbrief: Abmahnung wegen verspäteter Mietzahlung

Abmahnung wegen verspäteter Mietzahlung

Sehr geehrte Frau Müller,

in § 3 des Mietvertrags vom 12.8.2015 ist vereinbart, dass die Miete am dritten Werktag eines jeden Monats im Voraus zu zahlen ist. In der Vergangenheit haben Sie die Mieten jedoch verspätet gezahlt:

Monat April 2019:	Eingang am 15.04.2019
Monat Mai 2019:	Eingang am 20.05.2019
Monat Juni 2019:	Eingang am 18.06.2019

Sie werden aufgefordert, die Mietzahlungen künftig pünktlich zu entrichten. Andernfalls müssen Sie mit dem Ausspruch einer ordentlichen, gegebenenfalls fristlosen Kündigung rechnen.

Darüber hinaus behalte ich mir vor, den durch Ihre verspätete Zahlung entstandenen Zinsverlust geltend zu machen.

Mit freundlichen Grüßen

Musterbrief: Abmahnung wegen nicht bezahlter Miete

Abmahnung wegen Mietrückstands

Sehr geehrte Frau Müller,

in § 3 des Mietvertrags vom 12.8.2015 ist vereinbart, dass die Miete am dritten Werktag eines jeden Monats im Voraus zu zahlen ist. Die Miete beträgt monatlich 700,00 Euro. Leider haben Sie für den Monat April 2019 nur einen Teilbetrag von 500,00 Euro geleistet. Für den Monat Juni 2019 haben Sie bis heute noch keine Miete entrichtet.

Hiermit fordere ich Sie auf, den Mietrückstand von insgesamt 900,00 Euro unverzüglich, spätestens jedoch bis zum 30.6.2019 nachzuzahlen.

Sollte der Mietrückstand nicht fristgerecht ausgeglichen werden, werde ich umgehend einen gerichtlichen Mahnbescheid gegen Sie beim Amtsgericht beantragen.

Mit freundlichen Grüßen

Auch die ständig verspätete Mietzahlung berechtigt den Vermieter, das Mietverhältnis fristlos zu kündigen. Allerdings muss er den Mieter zuvor mehrmals schriftlich abgemahnt haben.[133]

ARBEITSHILFE
ONLINE

Musterbrief: Fristlose Kündigung wegen laufend unpünktlicher Mietzahlungen

Fristlose Kündigung wegen laufend unpünktlicher Mietzahlung

Sehr geehrte Frau Müller,

gemäß § 543 Abs. 1 BGB kann der Vermieter das Mietverhältnis aus wichtigem Grund fristlos kündigen, wenn ihm die Fortsetzung des Mietverhältnisses bis zum Ablauf der Kündigungsfrist oder bis zur sonstigen Beendigung des Mietverhältnisses nicht zugemutet werden kann.

Laufend unpünktliche Mietzahlungen stellen nach ständiger Rechtsprechung einen wichtigen Grund für eine fristlose Kündigung dar.

Mit Schreiben vom 21.6.2019 wurden Sie wegen der laufend unpünktlichen Mietzahlungen abgemahnt und auf die Rechtsfolgen hingewiesen. In der zweiten Abmahnung vom 17.8.2019 wurde die verspätete Mietzahlung für den Monat August gerügt.

Trotz dieser Abmahnungen haben Sie die Miete für September 2019 erst am 10.9.2019 und die Miete für Oktober 2019 erst am 12.10.2019 bezahlt.

Wegen dieser laufend unpünktlichen Mietzahlungen kündige ich das Mietverhältnis über die Wohnung Wörthstraße 28/2. OG, 81667 München außerordentlich und fristlos gemäß § 543 Abs. 1 BGB.

Ich fordere Sie auf, die Wohnung einschließlich des dazugehörigen Kellerraums spätestens bis zum 31. Oktober 2019 vollständig zu räumen und an mich herauszugeben.

Einer stillschweigenden Fortsetzung des Mietverhältnisses im Sinne von § 545 BGB wird bereits jetzt widersprochen.

Mit freundlichen Grüßen

---

133 BGH v. 1.6.2011, VIII ZR 91/10, NZM 2011, 625

6.2   Rechtsfolgen

6.2.1   Verzugsschaden

Der Schuldner hat dem Gläubiger den Verzugsschaden zu ersetzen (§ 280 Abs. 1, Abs. 2, 286 BGB). Bei Geldschulden kann der Gläubiger Verzugszinsen geltend machen (§ 288 BGB). Nach § 288 Abs. 1 Satz 2 BGB beträgt der Verzugszinssatz für das Jahr 5 % über dem Basiszinssatz.

6.2.2   Fristlose Kündigung

Der Vermieter ist bei Zahlungsverzug des Mieters zur fristlosen Kündigung berechtigt, wenn der Mieter entweder

- gemäß § 543 Abs. 2 Satz 1 Nr. 3a BGB für zwei aufeinanderfolgende Termine mit der Entrichtung der Miete oder eines nicht unerheblichen Teils davon in Verzug ist. Hierzu ist in § 569 Abs. 3 Nr.1 BGB für Wohnraummietverhältnisse ergänzend geregelt, dass der rückständige Teil der Miete nur dann als nicht unerheblich anzusehen ist, wenn er die Miete für einen Monat übersteigt. Der Rückstand muss also mindestens eine Monatsmiete plus 0,01 Euro betragen; oder
- in einem Zeitraum, der sich über mehr als zwei Termine erstreckt, mit der Entrichtung der Miete in Höhe eines Betrags in Verzug gekommen ist, der die Miete für zwei Monate erreicht (§ 543 Abs. 2 Satz 1 Nr. 3b BGB).

Bei Vorliegen von Mietrückständen kann der Vermieter das Mietverhältnis statt fristlos auch ordentlich unter Einhaltung der gesetzlichen Kündigungsfrist kündigen. Für eine solche ordentliche Kündigung gemäß § 573 Abs. 2 Nr. 1 BGB ist bereits ausreichend, dass der Mietrückstand eine Monatsmiete übersteigt und die Verzugsdauer mindestens einen Monat beträgt.[134]

Weder die fristlose noch die ordentliche Kündigung setzt eine Mahnung voraus, da der Mieter mit der Mietzahlung in Verzug gerät, sobald er die Miete nicht bis zum 3. Werktag eines Kalendermonats im Voraus entrichtet.

Die fristlose Kündigung ist ausgeschlossen, wenn der Vermieter vor Zugang der Kündigung befriedigt wird. Sie wird unwirksam, wenn der Mieter sich von seiner Schuld durch Aufrechnung befreien konnte und unverzüglich nach der Kündigung die Aufrechnung erklärt.

---

134   BGH v. 10.10.2012, VIII ZR 107/12, WuM 2013, 46

Schonfrist

Die fristlose Kündigung eines Wohnraummietverhältnisses unwirksam, wenn der Mieter nach Erhebung der Räumungsklage spätestens zwei Monate nach Eintritt der Rechtshängigkeit (Zustellung der Klage) alle fälligen Mieten und alle fälligen Nutzungsentschädigungen bezahlt oder eine öffentliche Stelle (Sozialamt oder ARGE) sich zur Befriedigung des Vermieters verpflichtet (gemäß § 569 Abs. 3 Nr. 2). Nur die vollständige Begleichung der Mietrückstände führt zur Unwirksamkeit der fristlosen Kündigung. Wenn also der Mieter die Mietrückstände komplett begleicht, wird das Mietverhältnis unverändert fortgesetzt. Aus diesem Grund ist es empfehlenswert, neben der fristlosen Kündigung auch gleichzeitig – vorsorglich – die ordentliche Kündigung auszusprechen (siehe nachfolgendes Musterschreiben). Wenn der Mieter die Mietrückstände innerhalb der Schonfrist begleicht, ist zwar die fristlose Kündigung unwirksam, die ordentliche Kündigung gilt aber weiterhin. Nach dem BGH[135] ist die Kombination dieser Kündigungen zulässig.

Musterbrief für fristlose und ordentliche Kündigung bei Zahlungsverzug

Fristlose Kündigung wegen Zahlungsverzugs

ARBEITSHILFE ONLINE

Sehr geehrte Frau Müller,

gemäß § 3 des Mietvertrags vom 12.8.2015 ist die monatliche Miete spätestens bis zum dritten Werktag des Kalendermonats im Voraus zu bezahlen. Sie befinden sich derzeit mit der Bezahlung der Mieten für Juli und August 2019 in Verzug.

Wegen dieses Zahlungsverzugs kündige ich das Mietverhältnis über die Wohnung Wörthstraße 28/2. OG, 81667 München außerordentlich und fristlos gemäß § 543 Abs. 2 Nr. 3 BGB.

Ich fordere Sie auf, die Wohnung bis spätestens 31. August 2019 zu räumen und an mich herauszugeben.

In gleicher Frist erwarte ich die Bezahlung der rückständigen Mieten.

Einer stillschweigenden Verlängerung des Mietverhältnisses im Sinne des § 545 BGB wird bereits jetzt widersprochen.

Rein vorsorglich und hilfsweise kündige ich das vorbezeichnete Mietverhältnis auch ordentlich unter Einhaltung der gesetzlichen Kündigungsfrist von sechs Monaten zum 28. Februar 2020.

Die Kündigung erfolgt gemäß § 573 Abs. 2 Nr. 1 BGB, da der Zahlungsverzug mit zwei Monatsmieten eine schuldhafte, nicht unerhebliche Vertragsverletzung im Sinne dieser Bestimmung darstellt.

---

135 BGH v. 19.9.2018, VIII ZR 231/17 und VIII ZR 261/17

In Erfüllung der gesetzlichen Belehrungspflicht weise ich darauf hin, dass Sie dieser ordentlichen Kündigung gemäß § 574 BGB widersprechen können. Der Widerspruch ist schriftlich zu erklären und muss spätestens zwei Monate vor Ablauf der Kündigungsfrist bei mir eingegangen sein.

Mit freundlichen Grüßen

BEISPIEL

Der Mieter zahlt die Mieten für April und Mai nicht. Am 15. Mai kündigt der Vermieter fristlos und gewährt eine Räumungsfrist bis 31. Mai. Am 1. Juni erhebt er Räumungsklage, die dem Mieter am 15. Juni zugestellt wird. Der Mieter zahlt am 10. August die Mieten für April und Mai sowie die Nutzungsentschädigung für Juni bis August mit der Folge, dass die Kündigung unwirksam ist und das Mietverhältnis fortgesetzt wird. Der Vermieter wird die Hauptsache für erledigt erklären. Der Mieter hat die Kosten des Rechtsstreits zu tragen. Wird innerhalb eines Zeitraums von zwei Jahren das Mietverhältnis wegen Zahlungsverzugs erneut fristlos gekündigt, bleibt die zweite fristlose Kündigung wirksam, auch wenn der Mietrückstand beglichen wird.

7   Verjährung bzw. Verwirkung von Ansprüchen

7.1   Verjährung

Das Recht, von einem anderen ein Tun oder Unterlassen zu verlangen (Anspruch), unterliegt der Verjährung (§ 194 Abs. 1 BGB). Die regelmäßige Verjährungsfrist beträgt drei Jahre (§ 195 BGB).

> **BEISPIELE**
>
> - **Anspruch des Vermieters auf Zahlung der Miete**
> - **Zahlung von Betriebskostenpauschalen**, die neben der Miete gesondert geschuldet sind: Es handelt sich hierbei um einen Teil des vereinbarten Entgelts (§ 535 Abs. 2 BGB), das der Mieter für die Überlassung des Mietobjekts schuldet. Als Teil der Miete sind diese zusammen mit dieser fällig (§ 556b Abs. 1 BGB).
> - **Saldo aus einer Betriebskostenabrechnung:** Nachforderungen gegenüber dem Mieter aus einer Betriebskostenabrechnung
> - **Aber: Betriebskostenvorauszahlungen:** Solange der Abrechnungszeitraum noch nicht abgelaufen ist, hat der Vermieter dem Mieter gegenüber einen Anspruch auf Zahlung der fälligen Abschlagsleistungen. Die Frage nach der Verjährung stellt sich hier nicht, denn spätestens bis zum Ablauf des zwölften Monats nach Ende des Abrechnungszeitraums hat der Vermieter eine Abrechnung zu erstellen (§ 556 Abs. 3 Satz 2 BGB). Besteht also eine sog. Abrechnungsreife, können die rückständigen Abschlagszahlungen nicht mehr geltend gemacht werden. Der Vermieter muss sich insoweit auf die Geltendmachung des Abrechnungssaldos beschränken.

Einen Anspruch auf Betriebskostenvorauszahlungen hat der Vermieter längstens bis zum Eintritt der Abrechnungsreife.[136]

7.2   Berechnung der Verjährungsfrist

Die regelmäßige Verjährungsfrist beginnt mit dem Ende des Jahres zu laufen, in dem der Anspruch fällig geworden ist (§ 199 Abs. 1 BGB).

---

136 LG Berlin v. 13.10.2000, 64 S 213/00, GE 2001, 206

Die Miete für Februar 2019 wurde nicht gezahlt. Die Verjährung beginnt Ende 2019, also am 31.12.2019 , und endet am 31.12.2022.

Die Einrede der Verjährung muss in einem Forderungsprozess vom Schuldner geltend gemacht werden, das heißt, er muss sich auf die Verjährung berufen. Ob Verjährung eingetreten ist oder nicht, ist nicht von Amts wegen durch das Gericht zu berücksichtigen.

7.3   Neubeginn der Verjährung

Das Verjährungsrecht erfuhr mit Inkrafttreten der Schuldrechtsreform zum 1.1.2002 eine wesentliche Änderung. Nach bisherigem Recht war eine Unterbrechung der Verjährung möglich. Das neue Recht geht jedoch vom Begriff der Unterbrechung ab und hat dafür die Bezeichnung »Neubeginn der Verjährung« eingeführt.

Inhaltlich hat sich hierdurch keine Änderung ergeben. »Neubeginn der Verjährung« bedeutet, dass die Zeit, die bis zum Neubeginn verstrichen ist, für die Berechnung der Verjährungsfrist außer Acht bleibt. Die Verjährung beginnt daher erneut zu laufen. Diese Rechtsfolge wird durch den Begriff »Neubeginn« besser zum Ausdruck gebracht als die bisherige Bezeichnung als »Unterbrechung«.

Der Neubeginn der Verjährung ist in § 212 BGB geregelt. Danach beginnt die Verjährung neu zu laufen, wenn entweder

- der Schuldner dem Gläubiger gegenüber den Anspruch durch Abschlagszahlung, Zinszahlung, Sicherheitsleistung oder in anderer Weise anerkennt oder
- eine gerichtliche oder behördliche Vollstreckungshandlung vorgenommen oder beantragt wird.

Ein Neubeginn der Verjährung tritt jedoch dann nicht ein, wenn die Vornahme der Vollstreckungshandlung vom Gericht abgelehnt oder der Antrag zurückgenommen oder die erwirkte Vollstreckungshandlung vom Gericht aufgehoben wird (§ 212 Abs. 2, 3 BGB).

Die Regelung des § 212 Abs. 1 Nr. 1 BGB, wonach die Verjährungsfrist erneut zu laufen beginnt, ist nach einer Entscheidung des BGH nicht entsprechend auf die Ausschlussfrist des § 556 Abs. 3 Satz 2 und 3 BGB anwendbar.[137]

---

137 BGH v. 9.4.2008, VIII ZR 84/07, WuM 2008, 351

7.3.1 Hemmung der Verjährung

Die bis zum Eintritt des hemmenden Ereignisses (§§ 203 ff. BGB) abgelaufene Verjährungsfrist wird bei der Fristberechnung berücksichtigt. Im Gegensatz dazu wird bei Neubeginn die Verjährungsfrist nicht berücksichtigt. Allerdings wird die während der Hemmung verstrichene Zeit nicht mit einberechnet (§ 209 BGB). Ist der die Verjährungsfrist hemmende Tatbestand wieder beendet, läuft die Verjährungsfrist weiter.

7.3.2 Die wichtigsten Hemmungstatbestände

Die verjährungshemmende Wirkung tritt gemäß § 203 BGB dann ein, wenn zwischen dem Schuldner und dem Gläubiger Verhandlungen über den Anspruch oder die den Anspruch begründenden Umstände schweben. Die Hemmung hält so lange an, bis eine der Parteien die Fortsetzung der Verhandlungen verweigert. Die Verjährung tritt danach frühestens drei Monate nach dem Ende der Hemmung ein.

In der Praxis ist es problematisch zu entscheiden, ob

- zum einen überhaupt Verhandlungen stattfinden, die schon verjährungshemmende Wirkung auslösen können, und
- zum anderen, wann Verhandlungen endgültig verweigert werden.

Nach einem Urteil des BGH zu § 852 Abs. 2 BGB a. F. wird die Fortsetzung der Verhandlungen erst dann verweigert, wenn ein Abbruch klar und eindeutig zum Ausdruck gebracht wird.[138]

Eine Hemmung der Verjährung endet auch, wenn die Verhandlungen der Parteien »einschlafen«.[139]

Tipp !

Um sicherzugehen, dass mit der Aufnahme von Gesprächen mit der Gegenseite auch die Hemmung der Verjährung erreicht wird, sollte dies ausdrücklich mit der Gegenseite abgesprochen und, wenn möglich, schriftlich fixiert werden.

Gemäß § 548 Abs. 3 BGB ist die Unterbrechung der Verjährung auch für den Fall bestimmt, dass eine der Vertragsparteien die Durchführung eines selbstständigen Beweisverfahrens nach der Zivilprozessordnung beantragt (§§ 485 ff. ZPO).

---

138 BGH v. 30.6.1998, VI ZR 260/97, NJW 1998, 2819
139 BGH v. 6.11.2008, IX ZR 158/07, GE 5/2009, 319

Zwar sieht § 548 Abs. 3 BGB die Unterbrechung der Verjährung vor, diese Rechtsfolge ist jedoch bereits durch Inkrafttreten der Schuldrechtsreform zum 1.1.2002 aufgehoben worden. Es gilt grundsätzlich nur noch eine verjährungshemmende Wirkung, das heißt, die Verjährung beginnt nicht wieder neu zu laufen.

Die Erhebung einer Klage bzw. die Einleitung eines Mahnverfahrens führt ebenso zur Hemmung der Verjährung, § 204 Abs. 1 BGB. Die §§ 204 Abs. 1, 204 ff. BGB enthalten weitere Hemmungstatbestände.

7.4   Verwirkung

Der Geltendmachung eines Anspruchs kann nicht nur die Einrede der Verjährung (siehe oben), sondern auch die Verwirkung entgegengehalten werden. Die Verwirkung ist gesetzlich nicht definiert: Sie wird aus dem Grundsatz von Treu und Glauben des § 242 BGB abgeleitet, wonach die Geltendmachung eines Anspruchs nicht gegen Treu und Glauben verstoßen darf.[140]

Die Verwirkung setzt zweierlei voraus:
- Das sog. Zeitmoment, das heißt, seit der Möglichkeit der Geltendmachung eines Anspruchs muss ein längerer Zeitraum verstrichen sein.
- Zum anderen müssen Umstände hinzukommen, die den Schuldner berechtigt glauben lassen, er müsse mit einer Inanspruchnahme nicht mehr rechnen.

Der BGH hat für einen Fall, in dem der Vermieter Betriebskostennachforderungen aus den vorangegangenen vier Abrechnungsjahren trotz Nichtzahlung nicht gerichtlich geltend gemacht hatte, einen solchen »Umstand« bejaht und Verwirkung angenommen.[141]

Grundsatz: Der Anwendungsbereich der Verwirkung ist auf Ausnahmefälle beschränkt.[142]

---

140 LG Aachen v. 17.1.1992, 5 S 302/91, DWW 1993, 41; LG Mannheim v. 24.1.1990, 4 S 150/89, ZMR 1990, 378
141 BGH v. 21.2.2012, VIII ZR 146/11, WuM 2012, 6
142 OLG Düsseldorf v. 22.4.1993, 10 U 193/92, WuM 1993, 411; BGH v. 29.2.1984, VIII ZR 310/82, WuM 1984, 127, NJW 1984, 1684

Teil 2: Mieterhöhung

1 Allgemeines

Die Möglichkeiten einer Mieterhöhung bei Wohnraum sind in den §§ 557 bis 561 BGB geregelt.

Vom sachlichen Geltungsbereich dieser Vorschriften **ausgenommen** sind
- preisgebundener Wohnraum,
- Wohnraum, der nur zum vorübergehenden Gebrauch vermietet ist,
- Wohnraum, der Teil der vom Vermieter selbst bewohnten Wohnung ist und den der Vermieter ganz oder überwiegend mit Einrichtungsgegenständen ausgestattet hat, sofern er den Wohnraum dem Mieter nicht zum dauernden Gebrauch mit seiner Familie oder mit Personen überlassen hat, mit denen er einen auf Dauer angelegten gemeinsamen Haushalt führt,
- Wohnraum, den eine juristische Person des öffentlichen Rechts oder ein anerkannter privater Träger der Wohlfahrtspflege angemietet hat, um ihn Personen mit dringendem Wohnungsbedarf zu überlassen, wenn sie den Mieter bei Vertragsschluss auf die Zweckbestimmung des Wohnraums und die Ausnahme von den genannten Vorschriften hingewiesen hat, sowie
- Wohnraum, der Teil eines Studenten- oder Jugendwohnheims ist.

Preisgebundener Wohnraum unterliegt den Vorschriften des Wohnungsbindungsgesetzes und des Wohnraumförderungsgesetzes.

Die anderen, vom Geltungsbereich dieser Vorschriften ausgenommenen Wohnraumgruppen sind frei kündbar, sodass der Vermieter einer Regelung der Miethöhe nicht bedarf. Hier kann eine Mieterhöhung durch eine Vereinbarung geregelt oder im Wege einer **Änderungskündigung** durchgesetzt werden.

Während des Mietverhältnisses können die Vertragsparteien eine Erhöhung der Miete frei vereinbaren (§ 557 Abs. 1 BGB). Es handelt sich juristisch um eine **Mietabänderungsvereinbarung**, die weder eine Jahresfrist noch Kappungsgrenzen einhalten muss. Die Mietvereinbarungen sind lediglich begrenzt durch die Bestimmungen des § 5 WiStG (Mietpreisüberhöhung) und § 291 StGB (Wucher). In der Regel kann eine einvernehmliche Mieterhöhung formlos oder sogar ohne Schriftform vereinbart werden. Aber schon aus Beweisgründen sollte die Vereinbarung schriftlich niedergelegt werden.

Die Vertragsparteien können auch künftige Änderungen der Miethöhe als Staffelmiete nach § 557a Abs. 1 BGB oder als Indexmiete nach § 557b BGB vereinbaren. Falls keine einvernehmliche Mietanpassung zustande kommt, kann der Vermieter Mieterhöhungen nur nach Maßgabe der §§ 558 bis 560 BGB verlangen.

1.1 Das Widerrufsrecht im Mietrecht

Am 13.6.2014 ist das Gesetz zur Umsetzung der Verbraucherrechte-Richtlinien in Kraft getreten. Seitdem gelten umfassende Neuregelungen im Verbraucherrecht, die sich auch auf das Mietrecht auswirken. Das Gesetz räumt Verbrauchern **Widerrufsrechte** in Verträgen mit Unternehmern dann ein, wenn bestimmte Arten von Verträgen vorliegen. Das gilt besonders für Verträge außerhalb von Geschäftsräumen gemäß § 312b BGB (früher »Haustürwiderrufsgeschäft«) oder Fernabsatzverträge gemäß § 312c BGB.

Fernabsatzvertrag
Beim Fernabsatzvertrag erfolgt der Vertragsabschluss ausschließlich mittels Fernkommunikation wie Brief, Telefax, E-Mail oder SMS. Hier ergibt sich die Schutzbedürftigkeit des Verbrauchers aus der »Unsichtbarkeit« des Vertragspartners und des Produkts[143]. Der Gesetzgeber will den Verbraucher vor übereilten Schritten schützen. In § 312 Abs. 4 BGB ist geregelt, dass die Verbraucherrechte auch für Mietverträge gelten.

> **!** **Wichtig**
>
> **Verbraucher** ist jeder, der nicht gewerblich oder selbstständig tätig ist.

Wann ist ein Vermieter Unternehmer?
Das Widerrufsrecht des Mieters als Verbraucher besteht, wenn der Vermieter als »Unternehmer« handelt. Ein Vermieter, der lediglich eine Wohnung vermietet, handelt regelmäßig nicht gewerblich, sondern betreibt lediglich Vermögensverwaltung. Ab welcher Anzahl von Wohnungen auch ein privater Vermieter als Unternehmer eingestuft wird, ist strittig. Das LG Köln[144] stuft einen Vermieter von sieben Wohnungen bereits als Unternehmer im Sinne des § 312 BGB ein. Nach Ansicht des LG Waldshut-Tiengen[145] ist der Vermieter von acht Wohnungen noch nicht zwangsläufig Unternehmer. Das AG Neukölln[146] sieht den Vermieter von zwölf Wohnungen nicht als Unternehmer im Sinne des § 312 BGB, wenn die Immobilie der privaten Vermögensverwaltung dient. Dagegen kommt das AG Lichtenberg[147] zu dem Schluss, dass bereits die Vermietung einer einzigen Eigentumswohnung zum Zwecke der Gewinnerzielung den Begriff des Unternehmers erfülle. Der BGH[148] verlangt ein planmäßiges und dauerhaftes Angebot von Dienstleistungen gegen Entgelt. Auf den Umfang und die Regelmäßigkeit komme es dabei nicht an. Da die Rechtsprechung zur Unternehmereigenschaft des privaten Vermieters unklar ist, sollte im Zweifel angenommen werden, dass jeder Vermieter Unternehmer im Sinne des § 312 BGB ist.

---

143 Palandt § 312c BGB, Rn 1
144 LG Köln v. 12.3.2009, 1 S 202/07, WuM 2009, 730
145 LG Waldshut-Tiengen v. 30.4.2008, 1 S 27/07, ZMR 2009, 372
146 AG Neukölln v. 3.3.2016, 16 C 135/15, DWW 2016, 301
147 AG Lichtenberg v. 21.6.2007, 10 C 69/07
148 BGH v. 23.10.2001, XI ZR 63/01, MDR 2002, 222

1.2 Fernabsatzgeschäft

Ein Fernabsatzgeschäft liegt vor, wenn der Vertrag ausschließlich durch die Verwendung von Brief/Fax/E-Mail etc. zustande gekommen ist und ein für den Fernabsatz organisiertes Vertriebs- und Dienstleistungssystem vorliegt (§ 312c BGB). Nach dem BGH[149] unterliegen alle traditionellen Kommunikationsmittel uneingeschränkt dem Anwendungsbereich des Fernabsatzes. Die Kommunikation mit den Mietern per Post stuft der BGH regelmäßig als Fernabsatzgeschäft ein.

Vereinbarungen, die somit zukünftig widerrufbar sind:

- **Mietverträge** können nur widerrufen werden, wenn die Wohnung vor Abschluss des Mietvertrags nicht besichtigt wurde (§ 312 Abs. 4 BGB). Findet eine Besichtigung statt, kann der Mieter den Mietvertrag nicht widerrufen.
- Die **Zustimmung zur Mieterhöhung** bis zur ortsüblichen Vergleichsmiete gemäß § 558 BGB, die per Briefwechsel erfolgte, ist unwiderruflich.[150] Nach dem BGH ist der Mieter durch die zweimonatige Überlegungsfrist ausreichend geschützt. Wenn der Mieter keine ausdrückliche Zustimmungserklärung abgibt, sondern durch Zahlung der erhöhten Miete konkludent zustimmt, ist auch kein Widerruf möglich.[151]
- Die **Modernisierungsmieterhöhung** gemäß § 559 BGB bedarf keiner Widerrufsbelehrung, denn es handelt sich um eine einseitige Mieterhöhung des Vermieters.
- Bei der **Modernisierungsvereinbarung** vereinbaren die Mietvertragsparteien anlässlich der Modernisierung die künftige Miete, sodass von einem Widerrufsrecht des Mieters auszugehen ist.[152]
- Bei einer **einvernehmliche Mieterhöhung** gemäß § 557 Abs. 1 BGB handelt es sich um eine Vertragsänderung über die Miethöhe, die, wenn sie unter »Abwesenden« und mittels Brief/Fax/E-Mail etc. geschlossen wird, widerruflich sein könnte.
- **Betriebskostenanpassungen gemäß § 560 BGB** werden einseitig erklärt, sodass es keiner Zustimmung des Mieters bedarf – mit der Folge, dass kein Widerruf möglich ist. Dagegen ist eine einvernehmliche Betriebskostenvereinbarung widerruflich.
- **Indexmieterhöhungen gemäß § 557b BGB** stellen einseitige Mieterhöhungen dar, die der Mieter nicht widerrufen kann.
- **Parteiwechselvereinbarungen** oder **sonstige Nachträge** zum Mietvertrag können widerrufen werden, wenn eine Fernabsatzsituation vorliegt.

---

149 BGH v. 17.10.2018, VIII ZR 94/17, NZM 2018, 1011
150 BGH v. 17.10.2018, VIII ZR 94/17, NZM 2018, 1011
151 Börstinghaus in NZM 2018, 1016
152 BGH v. 17.5.2017, VIII ZR 29/16, GE 2017, 825

1.3 Haustürgeschäft

Nach § 312 BGB kann es sich auch um einen sogenannten Verbrauchervertrag handeln, wenn ein »Haustürgeschäft« vorliegt. Nach der Gesetzesbegründung sollen durch die neuen Verbraucherrechte unter anderem auch die Fälle erfasst werden, in denen ein Vermieter einen Mieter bei einem unangemeldeten Besuch zur Abrede einer Mieterhöhung oder zum Abschluss eines Aufhebungsvertrags drängt. Aufgrund der Druck- bzw. Überrumpelungsgefahr führt der Besuch beim Mieter auch zur Widerrufbarkeit. Ausgenommen sind lediglich die Situationen, in denen der Mieter eine Vereinbarung in den Geschäftsräumen des Vermieters unterschreibt.

1.4 Widerruf

Die auf Abschluss einer Mietrechtsänderungsvereinbarung gerichtete Willenserklärung kann vom Mieter unter Umständen **widerrufen** werden. Für Vertragsänderungen, die sich während des laufenden Mietverhältnisses ergeben und die außerhalb der Geschäftsräume des Vermieters zwischen den Mietvertragsparteien getroffen werden, und bei Fernabsatzverträgen besteht für den Mieter ein **Widerrufsrecht**. Das betrifft insbesondere Mieterhöhungen, Mietaufhebungsvereinbarungen, Parteiwechselvereinbarungen und Modernisierungsvereinbarungen.[153] Wenn dem Mieter ein Widerrufsrecht zusteht, muss der Vermieter den Mieter darüber informieren (§ 312d BGB i. V. m. Art. 246a § 1 II, III EGBGB). Belehrt der Vermieter seinen Mieter bei einvernehmlicher Mieterhöhung (bzw. Abschluss des Mietaufhebungsvertrags) über sein Widerrufsrecht, beträgt die **Widerrufsfrist 14 Tage** ab Erhalt der Belehrung. Belehrt der Vermieter seinen Mieter erst nach Vereinbarung z. B. der einvernehmlichen Mieterhöhung, beträgt die Widerrufsfrist einen Monat. Fehlt die Widerrufsbelehrung, verlängert sich die Widerrufsfrist auf ein Jahr und 14 Tage (§ 356 Abs. 3 Satz 2 BGB).

In jedem Fall sollte der Vermieter den Mieter über sein Widerrufsrecht entsprechend dem im Bundesgesetzblatt abgedruckten Musterwiderrufsformular[154] belehren[155].

Was passiert, wenn widerrufen wurde?
Liegt ein Haustürgeschäft oder eine Fernabsatzsituation vor, ist der Vertrag 14 Tage lang widerrufbar. Fehlt die Widerrufsbelehrung, dann kann der Mieter die Vereinbarung ein Jahr und 14 Tage lang widerrufen. Das bedeutet, dass die empfangenen Leistungen bei Widerruf unverzüglich wieder zurückzugewähren sind. Bei Verbrauch der

---

153 BGH v. 17.5.2017, VIII ZR 29/16, GE 2017, 825
154 Widerrufsformular siehe Seite 241, 242
155 BGBl 2013, Teil I Nr. 58, S. 3665

Sache durch Nutzung der Wohnung ist zu prüfen, ob der Mieter Nutzungs- oder Wertersatz zu leisten hat. Hierzu fehlt eine obergerichtliche Rechtsprechung.

Deshalb ist eindeutig zu empfehlen, dass Vereinbarungen im Büro des Vermieters zu unterzeichnen sind. Ansonsten sollte der Mieter über sein Widerrufsrecht informiert werden.

2 Staffelmiete

2.1 Form und Laufzeit

Staffelmietvereinbarungen können seit dem 1.1.1981 getroffen werden. Sie können sowohl bereits bei Abschluss eines Wohnraummietvertrags als auch zu einem späteren Zeitpunkt mit entsprechend späterem Laufzeitbeginn vereinbart werden. Die Staffelmiete soll gegenüber dem formalen Mieterhöhungsverfahren nach § 558 ff. BGB eine erleichterte Form der Mietanpassung vorsehen. Für die Vereinbarung ist die schriftliche Form erforderlich. Nach § 126 Abs. 3 BGB kann die Schriftform durch eine elektronische Form ersetzt werden.

Bei **preisgebundenem Wohnraum** ist die Vereinbarung einer Staffelmiete nach dem Rechtsentscheid des OLG Hamm[156] dann unbedenklich, wenn die höchste Staffel die bei Vertragsabschluss maßgebliche Kostenmiete nicht übersteigt. Außerdem darf eine Staffelmiete bei preisgebundenen Wohnungen auch bereits für eine Zeit nach Ablauf der Preisbindung vereinbart werden.[157]

§ 557a BGB gilt für alle Staffelmietvereinbarungen, die seit dem 1. September 2001 vereinbart wurden. Gemäß § 557a Abs. 1 BGB kann die Miete für bestimmte Zeiträume in unterschiedlicher Höhe schriftlich vereinbart werden. In der Vereinbarung ist die jeweilige Miete oder die jeweilige Erhöhung in einem Geldbetrag auszuweisen.

Bis zum Mietrechtsreformgesetz (1.9.2001) bestand nach § 10 Abs. 2 MHG eine Höchstlaufzeit von zehn Jahren für Staffelmietvereinbarungen. Diese zeitliche Beschränkung ist in der Neuregelung des § 557a BGB nicht mehr enthalten. Eine unter der Geltung des Miethöhegesetzes (MHG) ohne zeitliche Begrenzung individualvertraglich vereinbarte Staffelmiete, die die damals zulässige Höchstdauer von zehn Jahren überschritten hat, wird durch die gesetzliche Neuregelung nicht insgesamt unwirksam. Allerdings ist diese Vereinbarung nur insoweit unwirksam, als sie über die damals zulässige Höchstdauer von zehn Jahren hinausgeht.[158]

Während der Laufzeit einer Staffelmiete ist eine Erhöhung nach den §§ 558 bis 559b BGB (Mieterhöhung bis zur ortsüblichen Vergleichsmiete und bei Modernisierung) ausgeschlossen (§ 557a Abs. 2 Satz 2 BGB).

---

156 OLG Hamm, RE v. 29.1.1993, 30 RE-Miet 2/92, WuM 1993, 108
157 BGH v. 3.12.2003, VIII ZR 157/03, NZM 2004, 135
158 BGH v. 17.1.22008, VIII ZR 23/08, NZM 2009, 154

Die Miete muss jeweils mindestens ein Jahr unverändert bleiben (§ 557a Abs. 2 Satz 1 BGB). Diese Regelung ist nach § 557a Abs. 4 BGB zwingend, das heißt, Vereinbarungen zum Nachteil des Mieters sind nicht zulässig. Eine Staffelmietvereinbarung ist bei einem Verstoß hiergegen auch dann vollständig und nicht nur teilweise unwirksam, wenn nur bei einer von mehreren Zeitspannen die gesetzliche Jahresfrist nicht eingehalten ist.[159] Ferner muss die Miete oder der jeweilige Erhöhungsbetrag in einem Geldbetrag ausgewiesen sein. Außerdem muss der Zeitpunkt für jede einzelne Staffel nach dem Kalender bestimmbar sein. Die Anknüpfung an andere Ereignisse ist unzulässig, wobei es unerheblich ist, ob diese sicher eintreten, nur der Zeitpunkt des Eintritts ungewiss ist oder ob bereits ungewiss ist, ob sie überhaupt eintreten.

Eine Staffelmietvereinbarung liegt bereits vor, wenn eine einzige Steigerung vereinbart wurde.[160]

BEISPIEL FÜR STAFFELMIETVEREINBARUNG

Mietbeginn	1. Mai 2018
Miete für Wohnung	EUR 500,00
Garagenmiete	EUR 50,00
Vorauszahlung für Heizung und Betriebskosten	EUR 100,00

Datum	Miete: Wohnung	Miete: Garage
1.5.2019	EUR 510,00	EUR 51,00
1.5.2020	EUR 520,00	EUR 52,00
1.5.2021	EUR 530,00	EUR 53,00

Die Angabe von Prozentsätzen oder der Miete pro Quadratmeter reicht nicht aus.[161] Anzugeben ist also immer die jeweils geschuldete Miete (siehe Beispiel) oder der jeweilige Erhöhungsbetrag.

Eine Staffelmietvereinbarung, in der die jeweilige Miete oder der jeweilige Erhöhungsbetrag für die ersten zehn Jahre in einem Geldbetrag und für die nachfolgenden Jahre in einem Prozentsatz ausgewiesen ist, ist gemäß § 139 BGB nicht insgesamt unwirksam, sondern für die ersten zehn Jahre wirksam.[162]

---

159 LG Nürnberg-Fürth v. 27.6.1997, 7 S 246/97, WuM 1997, 438; LG Berlin v. 24.9.2001, 62 S 155/01, GE 2002, 54
160 BGH v. 16.11.2005, VIII ZR 218/04, NZM 2006, 12
161 LG Görlitz v. 24.9.1997, 2 S 12/97, WuM 1997, 662
162 BGH v. 15.2.2012, VIII ZR 197/11, NZM 2012, 416

Die Zulässigkeit von Staffelmieten umfasst sämtliche Mietverhältnisse über nicht preisgebundenen Wohnraum, gleichgültig, wann sie begründet wurden und wann der Wohnraum errichtet wurde.

Zur Wirksamkeit der Staffelmiete ist eine Vereinbarung der Vertragsparteien erforderlich. Sie kann nicht von einem Teil einseitig erzwungen werden. Es besteht daher kein Anspruch des Vermieters auf Abschluss einer neuen Staffelmietvereinbarung bei Auslaufen der Staffelmietvereinbarung. Eine Mieterhöhung kann dann nur über § 558 BGB erfolgen.[163]

2.2 Ausschluss anderer Mieterhöhungen

Während der Laufzeit einer Staffelmietvereinbarung sind gemäß § 557a Abs. 2 BGB Mieterhöhungen bis zur ortsüblichen Vergleichsmiete nach § 558 BGB oder Mieterhöhungen nach Modernisierungen gemäß § 559 BGB ausgeschlossen. Der Ausschluss von Mieterhöhungen nach §§ 559 bis 559b BGB betrifft alle Alternativen dieser Vorschrift, also auch Mieterhöhungen nach baulichen Änderungen aufgrund von Umständen, die der Vermieter nicht zu vertreten hat (z. B. nach der EnEV 2014: Dämmung der obersten Geschossdecke oder Austausch alter Heizkessel). Der Ausschluss der Mieterhöhungsmöglichkeiten gilt für die gesamte Laufzeit der Staffelmietvereinbarung,

Der Vermieter muss also bereits bei Abschluss der Staffelmietvereinbarung bedenken, ob während der Laufzeit der Staffelmiete umfangreiche Modernisierungsmaßnahmen mit Umlagemöglichkeit durchgeführt werden, und gleichzeitig eine Vorstellung über die Entwicklung der ortsüblichen Vergleichsmiete haben. Eine Abänderung der getroffenen Vereinbarung zugunsten des Mieters (durch Verzicht oder Verschieben einer oder mehrerer Staffeln) ist jederzeit möglich. Eine Änderung zulasten des Mieters ist nach § 557a Abs. 4 BGB nicht zulässig.

Werden Modernisierungsmaßnahmen während der Dauer der Staffelmietvereinbarung durchgeführt, kann nach Ablauf der Laufzeit einer Staffelmietvereinbarung die Miete nach § 559 BGB nicht erhöht werden. Das würde dem Sinn und Zweck einer Staffelmietabrede zuwiderlaufen.[164]

Endet die Staffelmietvereinbarung und wird das Mietverhältnis fortgesetzt, können die Vertragsparteien eine neue Staffelmiete vereinbaren. Der Vermieter hat keinen Anspruch auf Abschluss einer neuen Staffelmietvereinbarung.[165] Wird keine Einigung

---

163 LG München I v. 2.7.1996, 14 T 10571/96, WuM 1996, 557
164 LG Berlin v. 28.2.2018, 65 S 225/17, GE 2018, 711
165 LG München I v. 2.7.1996, 14 T 10571/96, WuM 1996, 557

erzielt, kann der Vermieter eine Mieterhöhung bis zur ortsüblichen Vergleichsmiete nach § 558 BGB vornehmen. Die letzte Staffel ist der Ausgangspunkt für die künftige Mieterhöhung.

Bei der Staffelmiete ist eine Erhöhungserklärung nicht erforderlich, da sich die jeweils zu zahlende Miete aus der Vereinbarung ergibt. Zahlt der Mieter nach Fälligkeit die erhöhte Miete nicht, sollte er daran erinnert werden. Andernfalls könnte der Anspruch verwirken. So ist es einem Vermieter ergangen, der den Erhöhungsbetrag zweieinhalb Jahre später verlangen wollte. Das Landgericht München[166] hat aufgrund der abgelaufenen Zeit einen stillschweigenden Verzicht, hilfsweise Verwirkung angenommen.

2.3   Kündigungsrecht des Mieters

Eine Staffelmietvereinbarung ist keine Vereinbarung über die Mietdauer. Die Vereinbarung der Staffelmiete wird in erster Linie – aber nicht notwendigerweise – bei Mietverhältnissen, die auf eine bestimmte Dauer geschlossen werden, in Betracht kommen. Nach § 557a Abs. 3 BGB kann das Kündigungsrecht des Mieters für höchstens vier Jahre seit Abschluss der Staffelmietvereinbarung ausgeschlossen werden. Dies setzt aber den Abschluss eines Zeitmietvertrags nach § 575 BGB oder den zulässigen Kündigungsausschluss für bestimmte Zeit durch wechselseitige Vereinbarung voraus.

Dem Mieter steht ein Sonderkündigungsrecht zu. Er kann sich also aus der Vereinbarung lösen, der Vermieter bleibt hingegen daran gebunden und handelt sich womöglich, wenn er die Staffeln allzu hoch ansetzt, ein Verfahren wegen Mietpreisüberhöhung ein.

Wird das Mietverhältnis beispielsweise auf fünf Jahre befristet (Befristungsgrund: Eigenbedarf) und wird zugleich eine Staffelmietvereinbarung getroffen, kann der Mieter von seinem Sonderkündigungsrecht gemäß § 557a Abs. 3 BGB zum Ablauf des vierten Jahres Gebrauch machen.

2.4   Kündigungsverzicht

Die Vertragsparteien können bei Abschluss des Mietvertrags vereinbaren, dass das Recht zur ordentlichen Kündigung für beide Seiten für einen bestimmten Zeitraum ausgeschlossen ist. Der Vermieter will dadurch einen häufigen Mieterwechsel verhindern und der Mieter will sicherstellen, dass er für eine bestimmte Zeit in der Wohnung

---

166 LG München I v. 17.4.2002, 14 S 17240/01, ZMR 2003, 431

bleiben kann, ohne dass er mit einer Kündigung wegen Eigenbedarfs rechnen muss. Ein individualvertraglicher Kündigungsausschluss ist uneingeschränkt wirksam, das heißt ohne zeitliche Beschränkung und auch dann, wenn der Verzicht einseitig nur für den Mieter gilt.[167]

Das ordentliche Kündigungsrecht des Mieters kann für höchstens vier Jahre seit Abschluss der Staffelmietvereinbarung ausgeschlossen werden. Die Kündigung ist frühestens zum Ablauf dieses Zeitraums zulässig (§ 557a Abs. 3 BGB). Für den Beginn dieser Vierjahresfrist kommt es daher nicht auf den Abschluss des Mietvertrags, sondern auf den Abschluss der Staffelmietvereinbarung an. Klargestellt ist durch das Mietrechtsreformgesetz (seit 1.5.2013), dass der Mieter nicht vier Jahre mit der Kündigung warten muss, sondern bereits zum Ablauf der Vierjahresfrist kündigen kann.

Nach ständiger Rechtsprechung des BGH benachteiligt ein einseitig befristeter Kündigungsausschluss im Formularmietvertrag den Mieter unangemessen, sofern kein Staffelmietvertrag oder wirksamer Zeitmietvertrag vereinbart ist oder für den Mieter kein ausgleichender Vorteil gewährt wird.[168]

Ausnahme: Ein einseitiger Kündigungsausschluss des Mieters benachteiligt den Mieter nicht unangemessen, wenn der Kündigungsausschluss zusammen mit einer Staffelmiete vereinbart wird und seine Dauer nicht mehr als vier Jahre seit Abschluss der Staffelmietvereinbarung beträgt.[169] Formularmäßig kann ein beidseitiger Kündigungsausschluss für einen Zeitraum von maximal vier Jahren vereinbart werden.[170]

2.5   Grenzen der Staffelmiete

Die **Höhe** der einzelnen Staffeln kann unabhängig von der ortsüblichen Vergleichsmiete nach § 558 Abs. 2 BGB und der Kappungsgrenze nach § 558 Abs. 3 BGB festgesetzt werden. Die Höhe der Staffeln findet ihre Begrenzung in den Vorschriften des Wirtschaftsstrafgesetzes und die Bestimmungen zum Mietwucher. Die Betriebskosten nehmen an der Staffelmieterhöhung dann nicht teil, wenn sie getrennt ausgewiesen sind. In einer Teilinklusivmiete werden die Betriebskosten mit der Staffelmiete erhöht.

Andere Vereinbarungen wie Währungsklauseln aller Art, Leistungsvorbehalte oder Spannungsklauseln sind bei Wohnraum unwirksam (§ 557 Abs. 4 BGB).

---

167 BGH v. 22.12.2003, VIII ZR 81/03, WuM 2004, 157
168 BGH v. 19.11.2008, VIII ZR 30/08, WuM 2009, 47
169 BGH v. 12.11.2008, VIII ZR 270/07, NJW 2009, 353
170 BGH v. 6.4.2005, VIII ZR 27/04, WuM 2005, 346

Die unwirksame, weil nicht den Formvorschriften entsprechende Vereinbarung einer Staffelmiete wird auch durch Zahlung der vereinbarten Staffel nicht wirksam.[171] Vielmehr kann der Mieter in diesem Fall sogar Rückforderungsansprüche nach Bereicherungsrecht gemäß § 812 BGB haben.[172] Zwar kann der Vermieter in diesem Fall eine Erhöhung nach § 558 BGB auf die ortsübliche Vergleichsmiete durchführen.[173] Nach oben ist eine solche Erhöhung dann aber durch die unwirksame Staffel zugunsten des Mieters beschränkt.[174]

2.6   Staffelmiete und Mietpreisbremse

Das Mietrechtsnovellierungsgesetz gibt den Bundesländern die Möglichkeit, durch Rechtsverordnung in Gebieten mit angespannten Wohnungsmärkten den Mietpreis zu deckeln (welche Gemeinden einer Mietpreisbremse unterliegen, siehe Teil 1 Kap. 3.2). In diesen Gebieten gibt es bei der Wiedervermietung aber nicht nur eine Obergrenze hinsichtlich des neuen Mietpreises. Wenn für das neue Wohnraummietverhältnis eine Staffelmiete vereinbart werden soll, gilt die Mietpreisbremse nicht nur für die Ausgangsmiete, sondern gemäß § 557a Abs. 4 Satz 2 BGB auch für jede Mietstaffel. Das bedeutet, dass sich die zulässige Höhe der jeweiligen Mietstaffel nach der ortsüblichen Vergleichsmiete im Zeitpunkt der Fälligkeit der jeweiligen Staffel richtet. Die ortsübliche Miete ist allerdings zum Zeitpunkt des Vertragsabschlusse nicht bekannt.

BEISPIEL 1 ZUR STAFFELMIETE

Die ortsübliche Vergleichsmiete für eine 100 m² große Wohnung beträgt 9,00 Euro/m². Die zulässige Ausgangsmiete gemäß § 556d Abs. 1 BGB beträgt am 1.10.2018 9,00 Euro/m² + 10 %, also 9,90 Euro/m² × 100 m² = 990,00 Euro.
Es wird folgende Staffelmiete festgelegt:

1. Staffel 1.10.2019	EUR 1.040,00
2. Staffel 1.10.2020	EUR 1.080,00
3. Staffel 1.10.2021	EUR 1.120,00

---

171 LG Braunschweig v. 15.04.1988, 6 S 430/87, WuM 1990,159
172 LG Düsseldorf v. 2.5.1990, 24 S 452/89, DWW 1990, 308
173 Emmerich/Sonnenschein, Miete, 7. Aufl., § 10 MHG Rn. 28; a. A. LG Görlitz v. 24.09.1997, 2 S 12/97, WuM 1997, 682
174 LG Berlin v. 29.10.1991, 64 S 87/91, WuM 1992, 198 und LG Bonn v. 12.3.1992, 6 S 453/91, WuM 1992,199; a. A. – keine Beschränkung – LG Berlin v. 20.1.1998, 64 S 304/97, NZM 1998, 859 sowie Börstinghaus, NZM 1998, 882

Die ortsübliche Vergleichsmiete vergleichbarer Wohnungen beträgt 2020 9,50 Euro/m².

Gemäß § 557a Abs. 4 Satz 2 BGB beträgt die zulässige Miete für die 2. Staffel 9,50 Euro/m² × 100 m² = 950,00 Euro + 10 % = 1.045,00 Euro.

Die 2. Staffel überschreitet die zulässige Miete. Der Mieter schuldet während der Laufzeit der 2. Staffel nicht 1.080,00 Euro, sondern nur 1.045,00 Euro.

BEISPIEL 2 ZUR STAFFELMIETE

Wie im Beispiel 1 wird folgende Staffelmiete vereinbart:

1. Staffel 1.10.2019	EUR 1.040,00
2. Staffel 1.10.2020	EUR 1.080,00
3. Staffel 1.10.2021	EUR 1.120,00

Im Herbst 2019 sinkt die ortsübliche Vergleichsmiete um 0,60 Euro/m² und beträgt 8,40 Euro/m². Bei einer Berechnung nach § 556d Abs. 1 BGB beträgt die zulässige Miete 8,40 Euro/m² + 10 % = 9,24 Euro/m² × 100 m² = 924,00 Euro. Dies soll durch § 557a Abs. 4 Satz 2 BGB verhindert werden. Danach bleibt die in einer vorangegangenen Mietstaffel bzw. die wirksam begründete Miete erhalten. Im Beispielsfall beläuft sich die zulässige Miete weiterhin auf 990,00 Euro.

Staffelmiete und Vormiete

Ungeklärt ist, ob § 556e Abs. 1 auch für die Staffelmiete gilt, weil § 557a BGB zwar auf die §§ 556d BGB und 556g BGB, aber nicht auf § 556e BGB verweist. Der in § 556e BGB verankerte Bestandsschutz ergibt allerdings auch dann Sinn, wenn die Vormiete in Form einer Staffelmiete vereinbart war.

3 Indexmiete

3.1 Voraussetzungen

Indexmietvereinbarungen bei Wohnraum sind seit 1993 durch das Vierte Mietrechtsänderungsgesetz zugelassen worden. Grund der Regelung war, das Verbot vertraglicher Mieterhöhungsvereinbarungen aufgrund der schwer handhabbaren gesetzlichen Mieterhöhungstatbestände für bestimmte Klauseln zu lockern. § 557b Abs. 1 BGB sieht vor, dass die Indexmiete durch schriftliche Vereinbarung der Vertragsparteien an den vom Statistischen Bundesamt ermittelten Verbraucherpreisindex für Deutschland gekoppelt wird.

Unter den Voraussetzungen des § 557b BGB können die Parteien eine Indexmiete vereinbaren. Eine Mindestlaufzeit hierfür gibt es nicht mehr und auch die Genehmigungspflicht durch die Landeszentralbanken ist weggefallen. Gemäß § 557b Abs. 1 BGB ist als Index nur noch der Verbraucherpreisindex für die Lebenshaltungskosten aller privaten Haushalte in Deutschland zugelassen.

Dieser Index wird ab dem Basisjahr 2000 nur noch für Deutschland ohne Trennung nach alten oder neuen Bundesländern ausgewiesen.

Neues Basisjahr 2015
Der Verbraucherpreisindex wird vom Statistischen Bundesamt turnusmäßig überarbeitet und auf ein neues Basisjahr umgestellt. Seit dem 1.1.2013 galt das Basisjahr 2010. Mit Berichtsmonat Januar 2019 erfolgt die Umstellung auf das Basisjahr 2015. Dabei werden die Verbraucherpreisindizes rückwirkend ab Januar 2015 neu berechnet. Am 21. Februar 2019 wird das endgültige Ergebnis für Januar 2019 sowie alle neu berechneten Verbraucherpreisindizes ab Januar 2015 auf neuer Basis 2015 veröffentlicht.

Aufgrund der Indexklausel tritt keine automatische Erhöhung der Miete ein, sondern es bedarf einer entsprechenden **Erklärung**. Die aktuellsten Preisindizes können beim Statistischen Landesamt oder im Internet (www.destatis.de) abgerufen werden.

Bei der Indexmiete muss die Miete zwischen zwei Anpassungen jeweils mindestens ein Jahr unverändert bleiben (§ 557b Abs. 2 BGB). Anders als bei § 558 BGB ist ein Antrag auf Änderung vor Ablauf der Jahresfrist zulässig, wenn für die Mietänderung selbst die Jahresfrist eingehalten wird.

3.2 Andere Mieterhöhungen

Anders als bei der Staffelmiete sind Mieterhöhungen nach Modernisierungen gemäß § 559 BGB zulässig (§ 557b Abs. 2 Satz 2 BGB§), wenn es sich um bauliche Maßnahmen handelt, die der Vermieter aufgrund von Umständen durchgeführt hat, die er nicht zu vertreten hat (z. B. Einbau von Rauchwarnmeldern bei entsprechender landesrechtlicher Vorschrift, Einbau von Probeentnahmeventilen wegen der vorgeschriebenen Trinkwasserbeprobung[175]). Wenn der Vermieter beispielsweise aufgrund der EnEV 2014 verpflichtet ist, seinen 30 Jahre alten Heizkessel auszutauschen, darf der Vermieter neben der Indexmiete eine Mieterhöhung nach durchgeführter Modernisierungsmaßnahme, die er nicht zu vertreten hat, vornehmen.

Eine Mieterhöhung nach § 558 BGB bis zur ortsüblichen Vergleichsmiete ist dagegen während der Laufzeit einer Indexmiete nach § 557b Abs. 2 Satz 3 BGB ausgeschlossen.

3.3 Form und Berechnung

Gemäß § 557b Abs. 3 BGB muss die Änderung der Miete in Textform erklärt werden. Dabei sind die eingetretenen Änderungen des Preisindexes sowie die jeweilige Miete oder die Erhöhung in einem Geldbetrag anzugeben. Die geänderte Miete ist mit Beginn des übernächsten Monats nach dem Zugang der Erklärung zu entrichten.

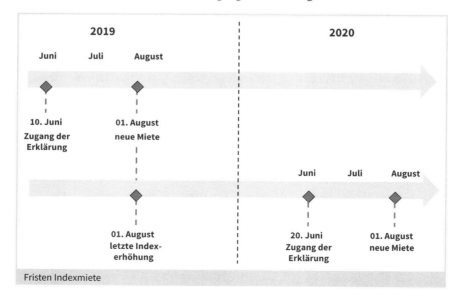

Fristen Indexmiete

Im Erhöhungsverlangen sind der bisherige und der neue Indexstand nach Punkten zwingend darzustellen. Die Erklärung des Vermieters muss nach dem BGH[176] nicht die Angabe der prozentualen Veränderung der Indexdaten enthalten. Nach Ansicht des BGH hat der Vermieter dem Mieter die einfachen Rechenschritte nicht vorzurechnen. Zur Klarstellung wird die Angabe des Rechenwegs dennoch empfohlen.

> **BEISPIEL: INDEXMIETE**
>
> Zugang der Erklärung am 10.1. eines Jahres, Wirksamkeit der neuen Miete ab 1.3. des Jahres. Hierbei kommt es nicht darauf an, wann im Januar die Erklärung zugegangen ist. Die nächste Erhöhung ist dann zum 1. März des Folgejahres möglich, wenn die entsprechende Erklärung spätestens im Januar des Folgejahres zugegangen ist. In der Erklärung muss der Zeitpunkt des Wirksamwerdens nicht genannt werden. Zur Klarstellung wird dies aber empfohlen.

Rechnen mit Indexzahlen

- Indexänderung in Punkten: Differenz zwischen altem und neuem Index

- Indexänderung in Prozent:

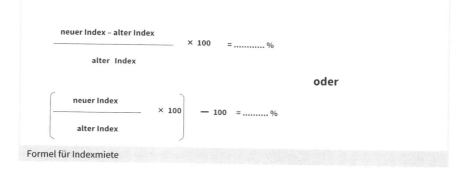

Formel für Indexmiete

Zur Klarstellung empfiehlt sich die Nennung der erhöhten Miete z. B. wie folgt: »Hierdurch erhöht sich Ihre monatliche Miete von ... Euro um ... Euro auf ... Euro«.

Es ist nicht erforderlich, dass die Berechnungsgrundlagen, also die monatlich erscheinenden statistischen Berichte des Statistischen Bundes- oder Landesamts, beigefügt werden. Zur Vermeidung von Rückfragen empfiehlt sich dies jedoch durchaus.

---

176 BGH v. 22.11.2017, VIII ZR 291/16, DWW 2018, 11

Die Erklärung muss von allen Vermietern unterzeichnet werden und bei einer Mehrheit von Mietern an alle Mieter gerichtet sein.

Zu beachten ist, dass die Vorschrift auch bei Sinken des Verbraucherpreisindex anwendbar ist. Der Vermieter muss die Miete bei einer deflationären Entwicklung des Lebenshaltungskostenindex ebenfalls senken. Dabei tritt die **Senkung** nicht automatisch ein. Der Mieter muss diese gegenüber dem Vermieter geltend machen, wobei auch hier die gleichen Grundsätze gelten, also eine schriftliche Erklärung vorliegen muss, aus der sich die Indexwerte ergeben. Ferner muss auch hier die Miete mindestens ein Jahr unverändert geblieben sein.

Indexmiete und Mietpreispreisbremse

Für die Indexmiete gelten die preisbegrenzenden Vorschriften nach § 557b Abs. 4 BGB nur für die Ausgangsmiete.

ARBEITSHILFE
ONLINE

Muster: Vereinbarung einer Indexmiete

Die Parteien vereinbaren, dass die Entwicklung der Miethöhe durch den vom Statistischen Bundesamt ermittelten Verbraucherpreisindex für Deutschland (Basis 2015 = 100) bestimmt wird. Steigt oder fällt dieser ab Vertragsbeginn, kann jeder Vertragsteil eine der prozentualen Indexänderung entsprechenden Änderung der Miete verlangen. Die Miete muss jedoch, von Erhöhungen nach den § 559 bis 560 BGB abgesehen, mindestens ein Jahr unverändert bleiben. Das Gleiche gilt bei jeder erneuten Indexänderung nach einer Erhöhung oder Ermäßigung der Miete. Die Änderung der Miete muss durch schriftliche Erklärung geltend gemacht werden. Dabei ist die jeweils eingetretene Änderung des vereinbarten Index anzugeben. Die geänderte Miete ist mit Beginn des übernächsten Monats nach dem Zugang der Erklärung zu zahlen.

Während der Geltungsdauer dieser Vereinbarung kann eine Erhöhung der Miete nach durchgeführter Modernisierung gemäß § 559 BGB nur verlangt werden, soweit der Vermieter bauliche Änderungen aufgrund von Umständen durchgeführt hat, die er nicht zu vertreten hat. Eine Erhöhung der Miete bis zur ortsüblichen Vergleichsmiete nach § 558 BGB ist ausgeschlossen.

Muster: Mieterhöhung bei vereinbarter Indexmiete

Mieterhöhung bei vereinbarter Indexmiete (§ 557b BGB)

Sehr geehrte Frau ....,
sehr geehrter Herr ....,

gemäß § 557b Abs.1 BGB können Vermieter und Mieter schriftlich vereinbaren, dass die Miete durch den vom Statistischen Bundesamt ermittelten Verbraucherpreisindex für Deutschland bestimmt wird (Indexmiete). Eine solche mietvertragliche Vereinbarung liegt hier vor.

Im Zeitpunkt .... betrug der zugrunde gelegte Preisindex .... Punkte (alter Index).

Der Preisindex im Monat .... (letzter veröffentlichter Indexstand) beträgt .... Punkte (neuer Indexstand).

Die Erhöhung des Preisindex berechnet sich nach folgender Formel:

$$\frac{\text{neuer Index} - \text{alter Index}}{\text{alter Index}} \times 100 = \text{Indexerhöhung in Prozent}$$

$$\frac{(\text{neuer Index}) \ldots\ldots - (\text{alter Index}) \ldots\ldots}{(\text{alter Index}) \ldots\ldots} \times 100 = \ldots\ldots \%$$

Ihre Miete ist, von Erhöhungen wegen baulicher Maßnahmen oder gestiegener Betriebskosten (§§ 559 bis 560 BGB) abgesehen, seit mindestens einem Jahr unverändert.

Sie beträgt ohne Vorauszahlung auf die Betriebskosten derzeit .... Euro.

Sie erhöht sich um .... % (Indexerhöhung) = ... Euro auf .... Euro
zuzüglich der Vorauszahlung auf die Betriebskosten .... Euro.
zuzüglich der Vorauszahlung auf die Heizkosten .... Euro.

neue Gesamtmiete: .... Euro.

Die erhöhte Miete ist mit Beginn des übernächsten Monats nach dem Zugang dieser Erklärung zu entrichten (§ 557b Abs. 3 Satz 3 BGB).

4 Mieterhöhung bis zur ortsüblichen Vergleichsmiete

4.1 Allgemeines

Aus den §§ 558 BGB bis 558e BGB ergibt sich das Recht des Vermieters, im Zustimmungsverfahren bei Mietverhältnissen über preisfreien Wohnraum unter Einhaltung bestimmter Formalien vom Mieter innerhalb eines Zeitraums von drei Jahren die Zustimmung zu einer Mieterhöhung bis zur Kappungsgrenze auf das Niveau der ortsüblichen Vergleichsmiete zu verlangen. Eine Kündigung zum Zweck der Mieterhöhung ist ausgeschlossen. Bei verweigerter Zustimmung kann der Vermieter den Mieter auf Zustimmung verklagen.

Unter **drei Voraussetzungen** kann der Vermieter vom Mieter die Zustimmung zu einer Mieterhöhung verlangen: Jahresfrist, ortsübliche Vergleichsmiete sowie Kappungsgrenze

4.2 Jahresfrist

Der Vermieter kann gemäß § 558 Abs. 1 Satz 1 BGB die Zustimmung zu einer Erhöhung der Miete bis zur ortsüblichen Vergleichsmiete verlangen, wenn die Miete in dem Zeitpunkt, zu dem die Erhöhung eintreten soll, seit 15 Monaten unverändert ist (= Sperrfrist). Das Mieterhöhungsverlangen kann frühestens ein Jahr nach der letzten Mieterhöhung geltend gemacht werden. Der Zeitraum von 15 Monaten ergibt sich dadurch, dass zu einer reinen Sperrfrist von einem Jahr die Überlegungsfrist für den Mieter als Laufzeit des Mieterhöhungsverlangens von drei Monaten hinzukommt. Die Berechnung der Sperrfrist erfolgt nach den §§ 187 Abs. 1, 188 Abs. 2 und 3, 193 BGB.

> **BEISPIEL: FRISTBERECHNUNG**
>
> Die letzte Mieterhöhung fand zum 1. Juni 2018 statt. Das nächste Mieterhöhungsverlangen ist somit im Juni 2019 möglich. Hierdurch wird wiederum eine Überlegungsfrist des Mieters von zwei Monaten ausgelöst, sodass das Erhöhungsverlangen zum 1. September 2019 wirkt, also 15 Monate nach dem ersten Erhöhungsverlangen.

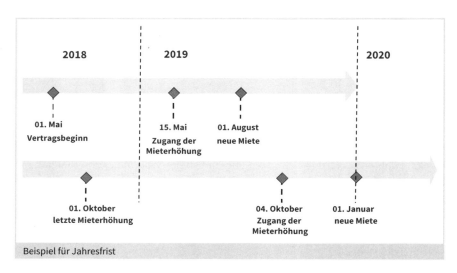

Beispiel für Jahresfrist

Erhöhungen nach den §§ 559 BGB (Mieterhöhung bei Modernisierung) bis 560 BGB (Veränderung von Betriebskosten) werden beim Lauf der Jahresfrist nicht berücksichtigt. Hat der Vermieter also aufgrund dieser Bestimmungen innerhalb des letzten Jahres die Miete rechtsgestaltend erhöht, hindert ihn das nicht, ein Zustimmungsverlangen nach § 558 BGB zu stellen. Bei der Berechnung der Jahresfrist bleiben auch solche Mieterhöhungen unberücksichtigt, die auf einer auf Vereinbarung basierenden Modernisierungserhöhung beruhen.[177]

Die Jahresfrist beginnt mit dem Vertragsbeginn oder mit der letzten wirksamen Erhöhung der Miete. Das ist der Zeitpunkt, ab welchem der Mieter die erhöhte Miete geschuldet hat.

Ein vor Ablauf der Jahresfrist dem Mieter zugegangenes Erhöhungsverlangen des Vermieters ist unwirksam. Der BGH[178] hat entschieden, dass die Nichteinhaltung der Sperrfrist die Unwirksamkeit des Erhöhungsverlangens zur Folge hat. Begründet wird dies mit der Schutzfunktion der Jahresfrist. Dies gilt auch für den Fall, dass ein vor Ablauf der Jahresfrist zugegangenes Erhöhungsverlangen sich auf einen Zeitpunkt nach Ablauf der Sperrfrist bezieht. Ein erneutes Erhöhungsverlangen kann den Mietern daher frühestens im Monat nach der Sperrfrist zugestellt werden.

!   **Wichtig**

Ein unwirksames Erhöhungsverlangen setzt die Jahresfrist grundsätzlich nicht in Lauf. Der Vermieter kann also jederzeit ein neues wirksames Erhöhungsverlangen stellen.

---

177 BGH v. 18.7.2007, VIII ZR 285/06, NZM 727 und BGH v. 9.4.2008, VIII ZR 287/06, WuM 2008, 355
178 BGH v. 16.6.1993, VIII ARZ 2/93, WuM 1993, 388

Wenn der Mieter einem wirksamen Mieterhöhungsverlangen teilweise zustimmt, muss der Vermieter innerhalb der Frist klagen, wenn er sein Verlangen voll durchsetzen will. Dies ist aufgrund der Neufassung des § 558b Abs. 1, 2 BGB gesetzlich festgelegt. Ist sich der Vermieter nicht sicher, ob ein Erhöhungsverlangen wirksam ist, kann er also jederzeit ein neues Verlangen nachreichen. An das erste Verlangen ist er gebunden, entweder sofern es wirksam war, bis die Klagefrist ungenutzt abgelaufen ist oder bis das Gericht rechtskräftig die Unwirksamkeit feststellt.

Umstritten ist, ob im Fall der Teilzustimmung des Mieters zu einem unwirksamen Mieterhöhungsverlangen des Vermieters der Vermieter an dieses Verlangen gebunden ist mit der Folge, dass er erst nach Ablauf der Jahresfrist ein neues Erhöhungsverlangen stellen kann oder nicht. Dies kann erhebliche wirtschaftliche Auswirkungen haben, wie an einem Beispiel erläutert werden soll:

> BEISPIEL
>
> Der Vermieter stellt ein unwirksames Mieterhöhungsverlangen: Die Miete soll sich von 750,00 Euro auf 900,00 Euro erhöhen, wobei die Ortsüblichkeit der neu verlangten Miete unterstellt wird. Der Mieter stimmt teilweise zu: Er ist bereit, 800,00 Euro zu bezahlen.

Nach richtiger Ansicht[179] gelten in diesem Fall die allgemeinen Bestimmungen des BGB, und zwar auch § 150 Abs. 2 BGB. Das unwirksame Erhöhungsverlangen ist rechtlich ein Antrag auf Abschluss eines Änderungsvertrags. Die Teilzustimmung des Mieters ist eine Ablehnung, verbunden mit einem neuen Antrag, den der Vermieter seinerseits ablehnen kann – mit der Folge, dass die Jahresfrist nicht zu laufen beginnt und der Weg zu einem neuen Mieterhöhungsverlangen frei ist. Ist zweifelhaft, ob das erste Erhöhungsverlangen formell wirksam ist, kann der Vermieter eine weitere Erhöhungserklärung abgeben und die Klage hilfsweise hierauf stützen.[180] Der Vermieter kann auch die Mieterhöhung im gerichtlichen Verfahren nachbessern. Die Jahressperrfrist wird durch die Teilzustimmung des Mieters nicht ausgelöst.[181]

4.3   Ortsübliche Vergleichsmiete

Die verlangte Miete darf die üblichen Entgelte, die in der Gemeinde oder in vergleichbaren Gemeinden für Wohnraum vergleichbarer Art, Größe, Ausstattung, Beschaffenheit

---

179 LG Frankfurt v. 17.11.1989, 2/17 S 73/89, WuM 1990, 224, LG Mannheim v. 13.7.1994, 4 S 268/93, ZMR 1994, 516; LG Berlin v. 25.10.1996, 65 S 211/96, WuM 1997, 51
180 LG Mannheim, a. a. O.
181 BGH v. 20.1.2010, VIII ZR 141/09, WuM 2010,161

und Lage in den letzten vier Jahren vereinbart oder – von Betriebskostenerhöhungen abgesehen – geändert worden sind, nicht übersteigen.

Maßgeblicher Zeitpunkt für die Feststellung der ortsüblichen Vergleichsmiete ist nicht der des zeitlichen Wirksamwerdens der Erhöhung, sondern der des Zugangs des Erhöhungsverlangens beim Mieter.[182]

Verglichen werden müssen also zwei Werte, nämlich die Ausgangsmiete und die ortsübliche Vergleichsmiete. Ausgangsmiete ist die Miete, zu deren Zahlung sich der Mieter gegenüber dem Vermieter gemäß § 535 Abs. 2 BGB verpflichtet hat.

> **!** **Wichtig**
>
> **Mietbegriff:** Nach § 556 Abs. 1 BGB umfasst die Miete die Grundmiete und den Betrag für Betriebskosten im Sinne des § 1 BetrKV (Betriebskostenverordnung). Hiermit ist aber keine Beschränkung auf bestimmte Arten der Miete wie Netto-, Brutto- oder Teilinklusivmiete beinhaltet. Die Parteien können daher eine Miete vereinbaren, die die Betriebskosten (bis auf Heizung und Warmwasser) umfasst (= Bruttokaltmiete), eine Miete, die einen Teil der Betriebskosten beinhaltet (= Teilinklusivmiete) oder eine Miete, die die Betriebskosten nicht mit einschließt, sondern bei der diese gesondert ausgewiesen werden (= Nettomiete).

Für eine Mieterhöhung gemäß § 558 BGB ist an diese vertraglich vereinbarte Miete, auch wenn es z. B. eine Teilinklusivmiete ist, anzuknüpfen.[183] Unter »Miete«, die gemäß § 558 BGB erhöht werden kann, ist daher nicht nur die Nettomiete ohne Betriebskosten zu verstehen, sondern die im Einzelfall vereinbarte Miete.[184]

Die Wirksamkeit eines Erhöhungsverlangens hängt deshalb nicht davon ab, dass der Vermieter – im Fall einer Inklusiv-, Pauschal- oder Gesamtmiete oder einer Teilpauschalmiete – den aus Grund- oder Nettomiete von allen Nebenkosten bereinigten Mietanteil errechnet und sein auf § 558 BGB gerichtetes Erhöhungsverlangen auf den Nettomietanteil ausrichtet und begrenzt.

Unzulässig mit der Folge der Unwirksamkeit des Mieterhöhungsverlangens insgesamt ist es dagegen, wenn der Vermieter im Mieterhöhungsverlangen die Zusammensetzung der vereinbarten Miete ändern will, also z. B. von einer Bruttokaltmiete inkl. Betriebskosten auf eine Nettomiete zuzüglich Betriebskostenvorauszahlung übergehen

---

182 BayObLG v. 27.10.1992, RE-Miet 3/92, WuM 1992, 677
183 OLG Hamm, v. RE v. 3.12.1992, 30 RE-Miet 4/92, DWW 1993, 39
184 OLG Hamm, v. RE v. 4.4.1984, WuM 1984, 121

will.[185] Ein die Zustimmung des Mieters ersetzendes Urteil würde dann nämlich einen ändernden Eingriff in die Struktur des Mietvertragsverhältnisses bedeuten.[186]

Ist die Wohnung zusammen mit einer Garage vermietet, besteht also ein einheitliches Mietverhältnis, ist Folgendes zu beachten: Die Mietstruktur darf nicht geändert werden. Ist also die Miete getrennt ausgewiesen, so bleibt es dabei. Will der Vermieter die Miete nicht nur für die Wohnung, sondern auch für die Garage erhöhen, muss er dies begründen, z. B. durch Angabe von »Vergleichsgaragen«.[187] Als »Vergleichsgaragen« kommen allerdings nur solche Garagen in Betracht, die ebenfalls zusammen mit einer Wohnung vermietet sind, nicht jedoch mit einem eigenen Vertrag vermietete Garagen. Eine separate Erhöhung nur der Miete für die Garage ist nicht zulässig.[188]

> **Wichtig**
>
> Unter »ortsüblicher Vergleichsmiete« versteht man allgemein die für vergleichbare Wohnungen am Markt tatsächlich durchschnittlich gezahlte Miete. Der Durchschnitt darf jedoch nur aus Mietentgelten, die in den letzten vier Jahren vor dem Erhöhungsverlangen vereinbart worden sind, ermittelt werden. Es kann sich hierbei, wie sich aus dem Gesetzeswortlaut ergibt, sowohl um Neuabschlüsse als auch um während des Bestehens eines Mietverhältnisses vereinbarte Entgelte handeln.

Die ortsübliche Vergleichsmiete nach § 558 Abs. 2 BGB bildet sich aus vergleichbarem Wohnraum, bezogen auf die Art, Größe, Ausstattung, Beschaffenheit und Lage.

Vergleichbare Art

Das erste Vergleichskriterium des Gesetzes ist die Wohnraumart. Hier kann unterschieden werden nach Bauweise und Wohnungsstruktur (Einfamilienhaus, Mehrfamilienhaus) sowie Altbau oder Neubau. Allerdings können Neubauwohnungen und umfassend modernisierte Altbauwohnungen miteinander verglichen werden.[189]

Vergleichbare Größe

Die Wohnungsgröße spielt insofern eine Rolle, als bei Wohnungen mit großer Grundfläche der auf den Quadratmeter bezogene Mietpreis im Allgemeinen niedriger liegt als bei kleineren Wohnungen. Appartements z. B. weisen in der Regel die höchsten Quadratmeterpreise auf. Soweit es auf die Wohnungsgröße ankommt, spielt die Berechnung der Wohnfläche eine Rolle. Nach Meinung des BayObLG[190] soll die Wohn-

185 OLG Hamburg, v. RE v. 20.12.1982, 4 U 25/82, WuM 1983, 49
186 LG München I v. 29.6.1994, 14 S 3528/94, WuM 1995, 113
187 LG Rottweil v. 3.4.1998, 1 S 29197, NZM 1998, 432
188 AG Köln v. 4.12.2003, 210 C 397103, WuM 2005, 254
189 LG Bochum v. 13.7.1979, 5 S 350/77, WuM 1982, 18
190 BayObLG, RE v. 20.7.1983, RE 6/82, WuM 1983, 254

fläche, insbesondere was die Anrechenbarkeit von Balkonen und Terrassen betrifft, jeweils nach den besonderen Umständen des Einzelfalls ermittelt werden – ein Ergebnis, das zu großer Rechtsunsicherheit führt. Die Gerichte handhaben es teilweise so, dass normale Balkone und Terrassen überhaupt nicht zur Wohnfläche gerechnet werden, größere Balkone und Terrassen, insbesondere mit Südlage, zu 1/4 angerechnet und nur in ganz besonderen Ausnahmefällen Balkone und Terrassen zur Hälfte angerechnet werden.

Tatsächliche Wohnfläche ist ausschlaggebend

Die Angaben zur Wohnfläche im Erhöhungsverlangen sollten genau nachgeprüft werden. Übersteigt nämlich die im Erhöhungsverlangen angegebene Wohnfläche die tatsächliche Wohnfläche um mehr als 10 %, kann der Mieter die Rückzahlung der aufgrund der fehlerhaften Berechnung überzahlten Miete verlangen.[191] Für die Mieterhöhung hat der BGH aber entschieden, dass nicht die im Mietvertrag angegebene Wohnfläche, sondern die **tatsächliche Wohnfläche** zugrunde zu legen ist.[192]

Vergleichbare Ausstattung

Die Ausstattungsmerkmale einer Wohnung spielen eine entscheidende Rolle. Bad, Zentralheizung, Lift und etwaige andere mietwertbildende Faktoren müssen im Wesentlichen übereinstimmen. Außerdem sind nur die vom Vermieter zur Verfügung gestellten Wohnungseinrichtungen zu berücksichtigen, nicht etwa jene, mit denen der Mieter die Mietsache versehen hat[193], es sei denn, der Vermieter hat die vom Mieter verauslagten Kosten erstattet.[194] Die Beschaffenheit betrifft vor allem Zahl und Zuschnitt der Räume und das Verhältnis der Fläche der Haupträume zu den Nebenräumen.

Neu eingeführt durch das Mietrechtsänderungsgesetz ist auch die Berücksichtigung des energetischen Zustands einer Wohnung. Die Art der Energieversorgung und die Qualität der Wärmedämmung, haben zunehmende Bedeutung. Dies wird bei den Wohnwertmerkmalen »Ausstattung« und »Beschaffenheit« berücksichtigt werden müssen.

Mieterinvestitionen

Vom Mieter auf eigene Kosten in die Mietwohnung eingebaute Einrichtungen bleiben bei der Ermittlung der ortsüblichen Vergleichsmiete auf Dauer unberücksichtigt. Dies gilt auch dann, wenn der Vermieter dem Mieter gestattet, eine in der Wohnung vorhan-

---

191   BGH v. 7.7.2004, VIII ZR 192/03, NZM 2004, 699
192   BGH v. 18.11.2015, VIII ZR 266/14, WuM 2016, 34
193   BGH v. 11.2.2014, VIII ZR 220/13, NZM 2014, 349
194   BGH v. 7.7.2010, VIII ZR 315/09, NZM 2010, 735; BayObLG, RE v. 24.6.1981, Allg. Reg. 41/81, WuM 1981, 208

dene Einrichtung zu entfernen und durch eine auf eigene Kosten angeschaffte Einrichtung zu ersetzen.[195]

Beschaffenheit

Bei der Beschaffenheit kommt es auf die Aufteilung der Räume, die Anzahl der Zimmer und ihre Himmelsrichtung (Lichteinfall etc.), den Zuschnitt der Räume, sowie auf das Vorhandensein einer Garage oder eines Gartens an.

Lage

Die Lage schließlich bezieht sich auf die Wohngegend. Die Vergleichsobjekte müssen in der Gemeinde oder in vergleichbaren Gemeinden liegen. Nach einhelliger Auffassung sind zur Ermittlung der ortsüblichen Miete Wohnungen in derselben Gemeinde heranzuziehen. Es kann nur dann auf vergleichbare Wohnungen in Nachbargemeinden abgestellt werden, wenn in derselben Gemeinde keine vergleichbaren Wohnungen zu finden sind und wenn die Wohnungsmärkte der beiden Gemeinden im Wesentlichen dieselben Merkmale aufweisen.[196]

Mängel

Behebbare Mängel der Wohnung bleiben bei der Ermittlung der ortsüblichen Vergleichsmiete außer Betracht. Der Mieter ist hier durch die Geltendmachung der Gewährleistungsansprüche ausreichend geschützt. Zu beachten ist, dass bisher ausgeschlossene Minderungsansprüche des Mieters für den Fall der Mieterhöhung wieder aufleben, wenn der Mieter nun erklärt, diese Mängel nicht mehr hinnehmen zu wollen, da durch das Erhöhungsverlangen des Vermieters das bisherige Leistungsgleichgewicht geändert wird.[197] Der Mieter kann seine Zustimmung zur Mieterhöhung allerdings nicht von der Beseitigung von Mängeln abhängig machen. Ein diesbezügliches Zurückbehaltungsrecht besteht nicht.[198]

Nach erteilter Zustimmung kann der Mieter, soweit die Voraussetzungen dafür gegeben sind, an der erhöhten Miete neben der Minderung ggf. auch ein Zurückbehaltungsrecht geltend machen.[199]

Im Streitfall ist die ortsübliche Vergleichsmiete durch das Gericht konkret im Sinne einer Einzelvergleichsmiete festzulegen.[200]

---

195 BGH v. 18.11.2015, VIII ZR 266/24 und v. 24.10.2018, VIII ZR 52/18, GE 2018, 1525
196 OLG Stuttgart, RE v. 2.2.1982, WuM 1983, 108
197 a. A. LG München I v. 20.1.1999, 31 S 10557/98, NZM 2000, 616
198 LG Hamburg v. 10.10.1989, 11 S 99/89, WuM 1991, 593
199 LG Hamburg, a. a. O.
200 BGH v. 20.4.2005, VIII ZR 110/04, WuM 2005, 394

4.4   Kappungsgrenze

Die Miete darf sich innerhalb eines Zeitraums von drei Jahren, von Erhöhungen wegen Modernisierung oder Betriebskostenerhöhungen abgesehen, nicht um mehr als 20 % erhöhen (§ 558 Abs. 3 BGB).

4.4.1   Ausnahme von der Anwendung der Kappungsgrenze

Eine Ausnahme von der Anwendung der Kappungsgrenze besteht gemäß § 558 Abs. 4 BGB. Die 20 %-Begrenzung gilt nicht, soweit die Miete nach dem Wegfall der öffentlichen Bindung erhöht werden soll und der Mieter bis zum Wegfall der Preisbindung zur Zahlung einer Fehlbelegungsabgabe verpflichtet war. In diesem Fall kann der Vermieter die Miete nach dem Wegfall der Bindung ohne Kappungsgrenze bis zur Höhe der bisher vom Mieter bezahlten Fehlbelegungsabgabe anheben, höchstens aber bis zur ortsüblichen Vergleichsmiete. Darüber hinaus hat der Mieter dem Vermieter auf dessen Verlangen innerhalb eines Monats über die Verpflichtung zur Ausgleichszahlung und über deren Höhe Auskunft zu erteilen. Dieses Verlangen kann aber erst frühestens vier Monate vor dem Wegfall der öffentlichen Bindung gestellt werden.

Wurden innerhalb des für die Kappungsgrenze maßgeblichen Zeitraums von drei Jahren Mieterhöhungen wegen baulicher Verbesserungen oder gestiegener Betriebskosten vorgenommen, bleiben sie außer Betracht. Dies gilt auch für einvernehmliche Mieterhöhungen aufgrund von Modernisierungen oder Betriebskostenerhöhungen, auch wenn die dafür geltenden gesetzlichen Bestimmungen (§§ 559, 560 BGB) nicht eingehalten wurden, wie der BGH entschieden hat. Danach ist nicht auf den Wortlaut des § 558 Abs. 3 BGB abzustellen, sondern auf Sinn und Zweck dieser Bestimmung. Andernfalls wäre der Vermieter im Ergebnis dazu gezwungen, sämtliche Mieterhöhungen wegen Modernisierung auf dem förmlichen Weg und notfalls gerichtlich durchzusetzen, nur um sich die Möglichkeit einer Mietanpassung nach § 558 BGB zu erhalten. Eine einvernehmliche Regelung der Mietvertragsparteien wird nur insoweit erfasst, als es sich um die Umlegung solcher Aufwendungen handelt, die eine förmliche Mieterhöhung nach § 559 BGB rechtfertigen würden.[201]

4.4.2   Gesenkte Kappungsgrenze

Eine weitere Ausnahme von der Kappungsgrenze stellt § 558 Abs. 3 BGB dar. Die Bundesregierung hat den jeweiligen Landesregierungen die Möglichkeit eingeräumt,

---

201   BGH v. 28.4.2004, VIII ZR 185/03, WuM 2004, 344

durch Rechtsverordnung die Mieterhöhungen in Gebieten mit Wohnungsmangel auf 15 % statt 20 % zu begrenzen. Bayern hat als erstes Bundesland von dieser Möglichkeit Gebrauch gemacht und zunächst in München und kurz darauf in weiteren 89 Gemeinden die Kappungsgrenze reduziert. Zum 1.1.2016 hat Bayern als erstes Bundesland diese Verordnung wieder geändert und einige Städte gestrichen, andere neu hinzugefügt. Auch die Bundesländer Baden-Württemberg, Berlin, Brandenburg, Bremen, Hamburg, Hessen, Nordrhein-Westfalen, Rheinland-Pfalz, Sachsen und Schleswig-Holstein (siehe nachfolgende Tabelle) haben bereits entsprechende Rechtsverordnungen erlassen.

Der BGH[202] hat die Rechtmäßigkeit der Kappungsgrenzenverordnung des Landes Berlin bestätigt. Der Bayerische Verfassungsgerichtshof[203] musste überprüfen, ob die bayerische Kappungsgrenzen-Verordnung mit der Bayerischen Verfassung in Einklang steht. Das Gericht sah keine Verletzung des Eigentumsrechts dadurch, dass der Eigentümer nicht mehr die höchstmögliche Rendite aus seinem Eigentum erzielen kann. Es wies die Klage ab und erklärte die Verordnung für verfassungsgemäß.

Nachfolgende Übersicht zeigt, in welchen Bundesländern weiterhin die Kappungsgrenze von 20 % gilt und welche Bundesländer von der Möglichkeit der gesenkten Kappungsgrenze Gebrauch gemacht haben.

Bundesland	Kappungsgrenze
Baden-Württemberg	15 % für 44 Städte
Bayern	15 % für 137 Städte
Berlin	15 % ganz Berlin
Brandenburg	15 % für 30 Städte
Bremen	15 % ganz Bremen
Hamburg	15 % ganz Hamburg
Hessen	15 % für 30 Städte
Mecklenburg-Vorpommern	20 %
Niedersachsen	15 % für 19 Städte
Nordrhein-Westfalen	15 % für 59 Städte
Rheinland-Pfalz	15 % für 4 Städte
Saarland	20 %

202 BGH v. 4.11.2015, VIII ZR 217/14, GE 2016, 113
203 BayVerfG v. 22.6.2015, Vf. 12-VII-14

Bundesland	Kappungsgrenze
Sachsen	15 % für Dresden
Sachsen-Anhalt	20 %
Schleswig-Holstein	15 % für 15 Städte
Thüringen	20 %

! Tipp

Fragen Sie vor Zustellung eines Mieterhöhungsverlangens bei der jeweiligen Gemeinde nach, ob eine entsprechende Rechtsverordnung vorliegt und ab wann sie gilt.

Hier eine Liste der Gemeinden und Städte mit Kappungsgrenze von 15 % (Stand 9.3.2019):

4.4.2.1   Städte und Gemeinden mit einer Kappungsgrenze von 15 %

Baden-Württemberg seit 1.7.2015

- Altbach
- Asperg
- Bad Krozingen
- Bad Säckingen
- Baienfurt
- Denzlingen
- Dossenheim
- Edingen-Neckarhausen
- Emmendingen
- Eppelheim
- Fellbach
- Freiberg am Neckar
- Freiburg im Breisgau
- Friedrichshafen
- Grenzach-Wyhlen
- Heidelberg
- Heilbronn
- Karlsruhe
- Kirchentellinsfurt
- Konstanz
- Leimen
- Lörrach
- March
- Merzhausen
- Möglingen
- Neckarsulm
- Offenbach
- Radolfzell am Bodensee
- Rastatt
- Ravensburg
- Reutlingen
- Rheinfelden (Baden)
- Rheinstetten
- Rielasingen-Worblingen
- Singen (Hohentwiel)
- Steinen
- Stuttgart
- Tübingen
- Ulm
- Umkirch
- Waldkirch
- Weil am Rhein
- Weingarten
- Wendlingen am Neckar

Bayern seit 1.1.2016

- Ainring (Lkr Berchtesgadener Land)
- Allershausen (Lkr. Freising)
- Altdorf (Lkr. Landshut)
- Andechs (Lkr. Starnberg)
- Anzing (Lkr. Ebersberg)
- Aschaffenburg
- Aschheim (Lkr. München)
- Attenkirchen (Lkr. Freising)
- Augsburg
- Aying (Lkr. München)
- Bad Aibling (Lkr. Rosenheim)
- Bad Heilbrunn (Lkr. Bad Tölz-Wolfratshausen)
- Bad Reichenhall (Lkr Berchtesgadener Land)
- Bad Tölz (Lkr. Bad Tölz-Wolfratshausen)
- Baierbrunn (Lkr. München)
- Bamberg
- Bayrisch Gmain (Lkr Berchtesgadener Land)
- Berg (Lkr. Starnberg)
- Bergkirchen (Lkr. Dachau)
- Brunnthal (Lkr. München)
- Dachau (Lkr. Dachau)
- Dießen (Lkr. Landsberg am Lech)
- Dorfen (Lkr. Erding)
- Ebersberg (Lkr. Ebersberg)
- Eching (Lkr. Freising)
- Egmating (Lkr. Ebersberg)
- Eichenau (Lkr. Fürstenfeldbruck)
- Emmering (Lkr. Ebersberg)
- Erding (Lkr. Erding)
- Erdweg (Lkr. Dachau)
- Erlangen
- Farenzhausen (Lkr. Freising)
- Feldafing (Lkr. Rosenheim)
- Feldkirchen (Lkr. München)
- Forstinning (Lkr. Ebersberg)
- Frauenneuharting (Lkr. Ebersberg)
- Freilassing (Lkr Berchtesgadener Land)
- Freising (Lkr. Freising)
- Fürstenfeldbruck (Lkr. Fürstenfeldbruck)
- Fürth
- Garching b. München (Lkr. München)
- Gauting (Lkr. Rosenheim)
- Gerbrunn (Lkr. Würzburg)
- Germering (Lkr. Fürstenfeldbruck)
- Gilching (Lkr. Starnberg)
- Glonn (Lkr. Ebersberg)
- Goldbach (Lkr. Aschaffenburg)
- Gräfelfing (Lkr. München)
- Grafing b. München (Lkr. Ebersberg)
- Grasbrunn (Lkr. München)
- Gröbenzell (Lkr. Fürstenfeldbruck)
- Grünwald (Lkr. München)
- Haar (Lkr. München)
- Haimhausen (Lkr. Dachau)
- Hallbergmoos (Lkr. Freising)
- Herrsching a. Ammersee (Lkr. Starnberg)
- Hilgertshausen-Tandern (Lkr. Dachau)
- Hohenbrunn (Lkr. München)
- Höhenkirchen-Siegertsbrunn (Lkr. München)
- Hohenlinden (Lkr. Ebersberg)
- Holzkirchen (Lkr. Miesbach)
- Ingolstadt
- Markt Schwaben (Lkr. Ebersberg)
- Marzling (Lkr. Freising)
- Miesbach (Lkr. Miesbach)
- Moosach (Lkr. Ebersberg)
- Murnau (Lkr. Garmisch-Partenkirchen)
- Neubiberg (Lkr. München)
- Neuburg a. d. Donau (Lkr. Neuburg-Schrobenhausen)
- Neuching (Lkr. Erding)
- Neufahrn b. Freising (Lkr. Freising).

- Neuried (Lkr. München)
- Irschenberg (Lkr. Miesbach)
- Ismaning (Lkr. München)
- Karlsfeld (Lkr. Dachau)
- Kempten (Allgäu)
- Kirchheim b. München (Lkr. München)
- Kirchseeon (Lkr. Ebersberg)
- Kolbermoor (Lkr. Rosenheim)
- Krailling (Lkr. Starnberg)
- Kranzberg (Lkr. Freising)
- Kreuth (Lkr. Miesbach)
- Landshut
- Langenbach (Lkr. Freising)
- Lenting (Lkr. Eichstätt)
- Maisach (Lkr. Fürstenfeldbruck)
- Manching (Lkr. Pfaffenhofen)
- Markt Indersdorf (Lkr. Dachau)
- Neutraubling (Lkr. Regensburg)
- Neu-Ulm (Lkr. Neu-Ulm)
- Nürnberg
- Oberding (Lkr. Erding)
- Oberhaching (Lkr. München)
- Oberschleißheim (Lkr. München)
- Olching (Lkr. Fürstenfeldbruck)
- Otterfind (Lkr. Miesbach)
- Ottobrunn (Lkr. München)
- Petershausen (Lkr. Dachau)
- Pfaffenhofen (Lkr. Pfaffenhofen)
- Piding (Lkr Berchtesgadener Land)
- Planegg (Lkr. München)
- Pliening (Lkr. Ebersberg)
- Plining (Lkr. Ebersberg)
- Pöcking (Lkr. Starnberg)
- Poing (Lkr. Ebersberg)

- Prien a. Chiemsee (Lkr. Rosenheim)
- Puchheim (Lkr. Fürstenfeldbruck)
- Pullach (Lkr. München)
- Putzbrunn (Lkr. München)
- Regensburg
- Reichertshofen (Lkr. Pfaffenhofen)
- Sauerlach (Lkr. München).
- Schäftlarn (Lkr. München)
- Schöngeising (Lkr Fürstenfeldbruck)
- Schwabhausen (Lkr. Dachau)
- Seefeld (Lkr. Starnberg)
- Stadt München
- Starnberg (Lkr. Starnberg)
- Straßlach-Dingharting (Lkr. München)
- Sulzemoos (Lkr. Dachau)
- Taufkirchen (Lkr. München)
- Türkenfeld (Lkr. Fürstenfeldbruck)
- Tutzing (Lkr. Starnberg)
- Unterföhring (Lkr. München)
- Unterhaching (Lkr. München)
- Unterschleißheim (Lkr. München)
- Vaterstetten (Lkr. Ebersberg)
- Waakirchen (Lkr. Miesbach)
- Weichs (Lkr. Dachau)
- Weilheim i.OB (Lkr. Weilheim-Schongau)
- Weßling (Lkr. Starnberg)
- Wolfratshausen (Lkr. Bad Tölz-Wolfratshausen)
- Wörth (Lkr. Erding)
- Würzburg
- Zirndorf (Lkr. Fürth)
- Zorneding (Lkr. Ebersberg)

Berlin seit 19.5.2013

Brandenburg seit 1.9.2014

- Bernau bei Berlin (Lkr. Barnim)
- Birkenwerder (Lkr. Oberhavel)
- Blankenfelde-Mahlow (Lkr. Teltow-Fläming)

- Dallgow-Döberitz (Lkr. Havelland)
- Eichwalde (Lkr. Dahme-Spreewald)
- Erkner (Lkr. Oder-Spree)
- Falkensee (Lkr. Havelland)

- Glienicke/Nordbahn (Lkr. Oberhavel)
- Großbeeren (Lkr. Teltow-Fläming)
- Hennigsdorf (Lkr. Oberhavel)
- Hohen Neuendorf (Lkr. Oberhavel)
- Hoppegarten (Lkr. Märkisch-Oderland)
- Kleinmachnow (Lkr. Potsdam-Mittelmark)
- Königs Wusterhausen (Lkr. Dahme-Spreewald)
- Mühlenbecker Land (Lkr. Oberhavel)
- Neuenhagen bei Berlin (Lkr. Märkisch-Oderland)
- Nuthetal (Lkr. Potsdam-Mittelmark)
- Oranienburg (Lkr. Oberhavel)
- Panketal (Lkr. Barnim)
- Petershagen/Eggersdorf (Lkr. Märkisch-Oderland)
- Potsdam
- Rangsdorf (Lkr. Teltow-Fläming)
- Schönefeld (Lkr. Dahme-Spreewald)
- Schöneiche bei Berlin (Lkr. Oder-Spree)
- Schulzendorf (Lkr. Dahme-Spreewald)
- Teltow (Lkr. Potsdam-Mittelmark)
- Velten (Lkr. Oberhavel)
- Werneuchen (Lkr. Barnim)
- Wildau (Lkr. Dahme-Spreewald)
- Zeuthen (Lkr. Dahme-Spreewald)

Bremen seit 1.9.2014

Hamburg seit 1.9.2013

Hessen seit 18.10.2014
- Bad Homburg vor der Höhe
- Bad Soden am Taunus
- Bad Vilbel
- Bensheim
- Bischofsheim
- Darmstadt
- Dietzenbach
- Dreieich
- Eltville am Rhein
- Eschborn
- Flörsheim am Main
- Frankfurt am Main
- Friedberg
- Friedrichsdorf
- Gernsheim
- Gießen
- Griesheim
- Hanau
- Hattersheim am Main
- Hochheim am Main
- Hofheim am Taunus
- Kassel
- Kronberg im Taunus
- Marburg
- Mörfelden-Walldorf
- Offenbach am Main
- Rüsselsheim
- Schwalbach am Taunus
- Weiterstadt
- Wiesbaden

Niedersachsen seit 1.12.2016
- Baltrum
- Borkum
- Braunschweig
- Buchholz
- Buxtehude
- Göttingen
- Hannover
- Juist

- Langeoog
- Langenhagen
- Leer
- Lüneburg
- Norderney
- Oldenburg

- Osnabrück
- Spiekeroog
- Vechts
- Wangeroog
- Wolfsburg

Nordrhein-Westfalen seit 1.6.2014

- Aachen
- Alfter
- Bad Honnef
- Bad Sassendorf
- Bergisch Gladbach
- Bielefeld
- Bocholt
- Bonn
- Bottrop
- Brühl
- Coesfeld
- Dinslaken
- Dormagen
- Düsseldorf
- Emmerich am Rhein
- Erkrath
- Euskirchen
- Frechen
- Geldern
- Greven
- Grevenbroich
- Gronau
- Haan
- Haltern am See
- Hilden
- Hürth
- Jülich
- Kamp-Lintfort
- Kempen
- Kerpen

- Keveler
- Kleve
- Kön
- Langenfeld
- Leverkusen
- Lotte
- Meerbusch
- Moers
- Monheim am Rhein
- Münster
- Neuss
- Niederkassel
- Ostbevern
- Overath
- Paderborn
- Raisfeld
- Ratingen
- Rheda
- Rheine
- Rommerskirchen
- Röslach
- Senden
- Siegburg
- Soest
- St. Augustin
- Troisdorf
- Waltrop
- Wesel
- Wesseling
- Wiedenbrück

Rheinland-Pfalz seit 13.2.2015

- Landau
- Mainz

- Speyer
- Trier

Sachsen seit 31.7.2015

- Dresden

Schleswig-Holstein seit 1.12.2014

- Ahrensburg
- Ammersbek
- Bargteheide
- Barsbüttel
- Glinde
- Helgoland
- Hörnum
- Kampen

- List
- Nebel
- Sylt
- Wedel
- Wenningstedt-Braderup
- Wentorf
- Wyk auf Föhr

Für die Anwendung der gesenkten Kappungsgrenze für eine bestimmte Gemeinde kommt es maßgeblich auf den Zugang des Mieterhöhungsverlangens an und nicht auf den Zeitpunkt, wann die neue Miete fällig wird.[204]

> **BEISPIEL**
>
> Der Vermieter schickte dem Mieter seiner Münchner Wohnung am 25.3.2013 eine 20%ige Mieterhöhung. Die Kappungsgrenzesenkungsverordnung der Stadt München, die die Kappungsgrenze von 20% auf 15% senkt, trat am 15. Mai 2013 in Kraft. Die neue Miete wurde zwar erst ab 1. Juni 2013 fällig. Da aber der Zugang ausschlaggebend ist, durfte der Vermieter die Miete noch um 20% anheben.

4.4.3 Maßgeblicher Zeitpunkt für die abgesenkte Kappungsgrenze

Die Kappungsgrenze gilt auch, wenn die Miete länger als drei Jahre nicht erhöht wurde. Wenn also der Vermieter beispielsweise die Miete über zehn Jahre nicht angehoben hat, darf er trotzdem die Miete nur bis zur Kappungsgrenze erhöhen.

Neben der Kappungsgrenze gilt die Beschränkung des § 558 Abs. 1 BGB, sodass eine Mieterhöhung immer nur bis zur Höhe der ortsüblichen Miete erfolgen kann.

> **WEITERE BEISPIELE**
>
> - Seit Mietbeginn 2017 verlangt der Vermieter eine Wohnungsmiete von 8,00 Euro/m². Die ortsübliche Vergleichsmiete beträgt laut Mietspiegel 9,00 Euro/m². Bei einer Erhöhung der Miete bis zur Kappungsgrenze von 15% (= 9,20 Euro/m²) würde die neue Miete die ortsübliche Vergleichs-

---

204 LG München I v. 8.1.2014, 14 S 25592/13, NZM 2014, 159

miete überschreiten. Deshalb kann der Vermieter in diesem Fall die Kappungsgrenze von 15 % nicht ausschöpfen und darf die Miete nur bis zur ortsüblichen Vergleichsmiete von 9,00 Euro/m² anheben.

- Seit Mietbeginn 2017 verlangt der Vermieter eine Wohnungsmiete von 8,00 Euro/m². Die ortsübliche Vergleichsmiete beträgt laut Mietspiegel 11,00 Euro/m². Wegen der Kappungsgrenze darf die Miete nur um 15 % auf 9,20 Euro/m² angehoben werden. Die neue Miete ist sozusagen auf 15 % »gekappt«.

4.4.4   Modernisierungsmieterhöhung und Kappungsgrenze

Wurden innerhalb des für die Kappungsgrenze maßgeblichen Zeitraums von drei Jahren Mieterhöhungen wegen baulicher Verbesserungen oder gestiegener Betriebskosten vorgenommen, bleiben sie außer Betracht. Dies gilt auch für einvernehmliche Mieterhöhungen aufgrund von Modernisierungen oder Betriebskostenerhöhungen, auch wenn die dafür geltenden gesetzlichen Bestimmungen (§§ 559, 560 BGB) nicht eingehalten wurden, wie der BGH entschieden hat. Danach ist nicht auf den Wortlaut des § 558 Abs. 3 BGB abzustellen, sondern auf Sinn und Zweck dieser Bestimmung. Andernfalls wäre der Vermieter im Ergebnis dazu gezwungen, sämtliche Mieterhöhungen wegen Modernisierung auf dem förmlichen Weg und notfalls gerichtlich durchzusetzen, nur um sich die Möglichkeit einer Mietanpassung nach § 558 BGB zu erhalten. Eine einvernehmliche Regelung der Mietvertragsparteien wird nur insoweit erfasst, als es sich um die Umlegung solcher Aufwendungen handelt, die eine förmliche Mieterhöhung nach § 559 BGB rechtfertigen würden.[205]

Die Kappungsgrenze ist nach der vertraglich vereinbarten Miete zu berechnen. Ist eine Brutto- oder Inklusivmiete vereinbart, ist dies die Ausgangsmiete. Die Kappungsgrenze ist auch bei einer vereinbarten Teilinklusivmiete ausgehend von dieser, und nicht ausgehend von einer errechneten Nettomiete, zu berechnen.[206] Neben der Miete getrennt gezahlte Betriebskosten bleiben unberücksichtigt.[207]

---

205 BGH v. 28.4.2004, VIII ZR 185/03, WuM 2004, 344
206 LG Hanau v. 28.3.2003, WuM 2003, 267; BGH v. 19.11.2003, VIII ZR 160/03, WuM 2004, 153
207 LG München I v. 31.10.1984, 14 S 10003/84, WuM 1985, 330; LG Hamburg v. 10.10.1989, 11 S 99/89, WuM 1991, 593

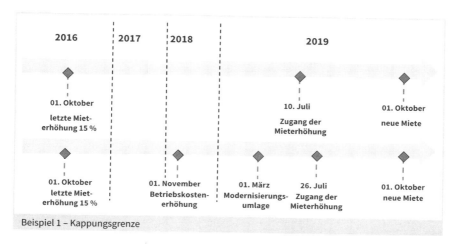

Beispiel 1 – Kappungsgrenze

Beispiel 2 – Kappungsgrenze

BEISPIEL

Der Vermieter verlangt die Zustimmung zur Mieterhöhung ab 1.6.2019. Die Miete betrug am 1.6.2014 600,00 Euro. Sie wurde ab 1.11.2018 wegen Einbaus eines gefliesten Bades auf Kosten des Vermieters durch einseitige Erklärung des Vermieters auf 680,00 Euro erhöht. Die ortsübliche Vergleichsmiete für die Wohnung in ihrem jetzigen Zustand beträgt 900,00 Euro.

Berechnung der am 1.6.2019 zu zahlenden Miete unter Berücksichtigung der Kappungsgrenze:

1. Schritt:

Ermittlung der Ausgangsmiete: Maßgeblicher Zeitpunkt, von dem ab zurückzurechnen ist, ist der Fälligkeitszeitpunkt der neu verlangten Miete, nicht etwa das Datum des Erhöhungsverlangens oder der Zeitpunkt der Zustellung,[208] hier also der 1.6.2019. Drei Jahre zurück ergeben den 1.6.2016. Zu diesem Zeitpunkt betrug die Miete 600,00 Euro.

---

208 OLG Celle, RE v. 31.10.1995, WuM 1996, 86

2. Schritt:

Berechnung der Kappungsgrenze: 20 % von 600,00 Euro = 120,00 Euro + 600,00 Euro = 720,00 Euro.

3. Schritt:

Die Modernisierungsumlage ist als durchlaufender Posten zu behandeln, die bei der Ermittlung der Kappungsgrenze nicht berücksichtigt wird. Der Betrag von 80,00 Euro wird zu der errechneten Kappungsgrenze von 720,00 Euro hinzugezählt. Die Obergrenze für ein Mieterhöhungsverlangen zum 1.6.2019 liegt daher bei 800,00 Euro.

Etwas anderes würde gelten, wenn eine Modernisierungsumlage nicht im Dreijahreszeitraum, sondern schon vorher erfolgt wäre, in dem Beispiel also zum 1.11.2015. Hier würde dann die Ausgangsmiete zum 1.6.2016 680 Euro betragen.

Erhöhungen nach den §§ 559, 560 BGB, die länger als drei Jahre zurückliegen, sind nämlich bei der Berechnung der Kappungsgrenze aus der Ausgangsmiete nicht herauszurechnen.[209]

> **! Wichtig**
>
> Im Erhöhungsverlangen selbst darf der Modernisierungszuschlag nicht getrennt in Ansatz gebracht werden, z. B. neue Miete ab 1.6.2019 720,00 Euro zzgl. 80,00 Euro Modernisierungszuschlag wie bisher, sondern: neue Miete 800,00 Euro. Nur zur Bestimmung der Kappungsgrenze wird der Modernisierungszuschlag getrennt als durchlaufender Posten behandelt. Er wird ab Fälligkeit Teil der Miete und ist deshalb bei späteren Mieterhöhungen nicht mehr getrennt von der Miete in Ansatz zu bringen. Andernfalls ist das Erhöhungsverlangen unwirksam.[210]

Der Vermieter hat bei Modernisierungsmaßnahmen die Wahl, ob er eine Mieterhöhung nach § 558 BGB oder § 559 BGB durchführt. Er kann statt des Mieterhöhungsverfahrens nach § 559 BGB, also statt der Ausweisung der Modernisierungskosten und Berechnung des Erhöhungsbetrags, auch den Weg über die Zustimmung zu einer Erhöhung der Miete auf den Betrag der ortsüblichen Vergleichsmiete wählen.

Nicht zulässig ist es, nach Durchführung baulicher Veränderungen erst auf die ortsübliche Vergleichsmiete für modernisierte Wohnung zu gehen und anschließend die Mieterhöhung mit 8 % der aufgewendeten Modernisierungskosten durchzuführen. Dies folgt daraus, dass die Erhöhung um 8 % dieser Kosten nach § 559 BGB der Miete,

---

209 BGH v. 10.10.2007, VIII ZR 331/06, WuM 2007, 707
210 LG München I v. 12.4.1995, 14 S 2511/95, WuM 1996, 43; a. A. LG Wiesbaden v. 1.11.1993, 1 S 175/93, WuM 1996, 419 – es handelt sich nur um einen materiellen Begründungsmangel, der nicht zur formellen Unwirksamkeit führt.

die vor Durchführung der Maßnahmen galt, zuzuschlagen ist. Hingegen kann der Vermieter die vereinbarte Miete der nicht modernisierten Wohnung, falls sie unter der ortsüblichen Vergleichsmiete liegt, über das Zustimmungsverlangen gemäß § 558 BGB anheben und anschließend die Miete um den Modernisierungszuschlag nach § 559 BGB erhöhen.

Diese Fallkonstellation hatte das OLG Hamm[211] zu entscheiden: Der Vermieter hatte eine Modernisierungsmaßnahme (Einbau einer Gasetagenheizung) durchgeführt und dann eine Mieterhöhung auf die ortsübliche Vergleichsmiete nach dem verbesserten Standard für Wohnungen mit Sammelheizung verlangt. Ein Verfahren nach § 559 BGB (Modernisierungsumlage) hatte er nicht durchgeführt, sondern den errechneten Modernisierungszuschlag der Erhöhung hinzugerechnet. Dies ist nach Ansicht des Gerichts zulässig. Der Vermieter kann nämlich nach Durchführung von Modernisierungsmaßnahmen nebeneinander Mietanhebungen sowohl im Verfahren nach § 558 BGB als auch im Verfahren nach § 559 BGB verlangen. Für die Mietanhebung nach § 558 BGB auf die ortsübliche Vergleichsmiete für vergleichbaren, nicht modernisierten Wohnraum gilt die Kappungsgrenze, während diese Begrenzung der Mietanhebung im Verfahren nach § 559 BGB nicht greift. Ein Verstoß gegen die Kappungsgrenze hat nicht die Unwirksamkeit des Mieterhöhungsverlangens zur Folge, vielmehr reduziert sich das angestrebte Entgelt auf das zulässige Maß. Der Vermieter ist berechtigt, ein Erhöhungsverlangen vor Ablauf der Dreijahresfrist mit Wirkung zum Fristablauf zu stellen.[212]

Im Erhöhungsverlangen muss der Vermieter die Voraussetzungen der Kappungsgrenze nicht nachweisen. In § 558a BGB wird dies nicht verlangt. Es handelt sich um konkrete Tatsachen, die dem Mieter in der Regel bekannt sind. In einer Klage auf Zustimmung zur Mieterhöhung hat der Vermieter die Einhaltung der Kappungsgrenze als Zulässigkeitsvoraussetzung des Mieterhöhungsverlangens darzulegen.

4.5 Ausschluss der Mieterhöhung

Dem Vermieter steht das Recht, die Zustimmung zu einer Erhöhung der Miete zu verlangen, nicht zu, soweit und solange eine Erhöhung durch Vereinbarung ausgeschlossen ist oder der Ausschluss sich aus den Umständen ergibt (§ 557 Abs. 3 BGB).

Die frühere gesetzliche Bestimmung vor Einführung des Mietrechtsreformgesetzes enthielt in § 1 Satz 3 MHG den Ausschlusstatbestand eines Mietvertrags für eine

---

211 OLG Hamm, RE v. 30.12.1992, WuM 1993, 106
212 BayObLG, RE v. 10.3.1988, WuM 1988,117

bestimmte Zeit zu einer festen Miete (Zeitmietvertrag). Hieraus wurde gefolgert, dass eine Mieterhöhung dann nicht möglich war, wenn im Mietvertrag Mietzeit und Miete ohne einen sogenannten Erhöhungsvorbehalt vereinbart wurden. Da diese Regelung nunmehr entfallen ist, kann die Neubestimmung dahin gehend ausgelegt werden, dass künftig auch bei Zeitmietverträgen ohne Erhöhungsvorbehalt eine Mieterhöhung gemäß § 558 BGB möglich ist. In der amtlichen Begründung wird allerdings darauf hingewiesen, dass mit der Neufassung keine inhaltliche Änderung verbunden sein soll. Nach wie vor wird es daher streitig sein, ob allein die Vereinbarung eines Zeitmietvertrags bereits zum Mieterhöhungsausschluss führt oder ob zusätzlich die ausdrückliche Vereinbarung einer festen Miete erforderlich ist. Die amtliche Begründung des Mietrechtsreformgesetzes verweist auf die Umstände des Einzelfalls, was nicht sehr hilfreich ist. Nach Ansicht des Gerichts[213] ist bei Vereinbarung eines Wohnraummietverhältnisses auf bestimmte Zeit der Mietvertrag mangels eines entsprechenden entgegenstehenden Hinweises nicht so auszulegen, dass sich bereits aus der festen Laufzeit des Mietverhältnisses ergibt, dass die vereinbarte Miete für die vereinbarte Mietzeit gilt. Die Nennung einer bestimmten Miete gehört nämlich zu den wesentlichen Vertragsbestandteilen eines Mietvertrags und stellt somit nicht automatisch zugleich eine Vereinbarung einer festen, für die gesamte Mietdauer nicht änderbaren Miete dar. Der Ausschluss einer Mieterhöhung während der festen Mietzeit bedarf einer ausdrücklichen Vereinbarung der Parteien. Fehlt eine solche Vereinbarung, wird hierdurch die Mieterhöhung nicht ausgeschlossen. Dieser Rechtsentscheid ist durch die Neufassung nicht überholt und daher weiterhin zu beachten.

Einfacher ist es natürlich, diesen Streit zu umgehen und eine Erhöhungsklausel im Mietvertrag zu vereinbaren, z. B.:

ARBEITSHILFE
ONLINE

Mustertext für eine Erhöhungsklausel im Mietvertrag

Die gesetzlichen Rechte des Vermieters, nämlich Verlangen der Zustimmung zu einer Mieterhöhung (§ 558 BGB), Mieterhöhung bei Modernisierung (§ 559 BGB) und wegen Veränderung von Betriebskosten (§ 560 BGB) bleiben auch dann bestehen, wenn der Mietvertrag auf bestimmte Zeit abgeschlossen ist.

!   **Wichtig**

Solche Erhöhungsklauseln können auch formularmäßig vereinbart werden. Zulässig sind bei Wohnraum aber nur Klauseln, die klarstellen, dass auch bei einem Mietvertrag auf feste Zeit eine Mieterhöhung zulässig ist.

---

213 OLG Stuttgart vom 31.5.1994, 8 RE-Miet 5/93, WuM 1994, 420

Während des Zeitraums einer Staffelmiete ist eine Mieterhöhung bis zur ortsüblichen Vergleichsmiete nach § 558 oder nach Modernisierungen gemäß § 559 BGB ausgeschlossen (§ 557a Abs. 2 BGB).

4.6   Form und Begründung der Mieterhöhung (§ 558a BGB)

Der Anspruch des Vermieters, gerichtet auf die Zustimmung zu einer Mieterhöhung, ist allen Mietern gegenüber in **Textform** geltend zu machen und zu begründen. »Textform« bedeutet, dass die Erklärung nicht unterschrieben sein muss. Außerdem kann sie u. a. per Telefax oder per E-Mail versandt werden. Allerdings trägt der Vermieter die Beweislast des Zugangs.

Gemäß § 126b BGB muss die Erklärung einem anderen gegenüber so abgegeben werden, dass sie in Schriftzeichen lesbar, die Person des Erklärenden angegeben und der Abschluss der Erklärung in geeigneter Weise erkennbar gemacht ist.

Nach § 126b BGB muss dem Mieterhöhungsverlangen entnommen werden können, welche natürliche Person sie in eigener Verantwortung abgegeben hat, welcher Person das Mieterhöhungsverlangen damit zuzurechnen ist. Nur dann kann der Mieter überprüfen, ob der Absender tatsächlich sein Vermieter ist bzw. ob die handelnde Person berechtigt ist, den tatsächlichen Vermieter zu vertreten. Insbesondere bei juristischen Personen muss erkennbar sein, ob der Absender das vertretungsberechtigte Organ (Geschäftsführer, Vorstand) ist oder ob der Mieter ggf. die Möglichkeit hat, das Erhöhungsverlangen nach § 174 BGB zurückzuweisen.[214]

Dieser Ansicht folgt der BGH[215] nicht: Bei der von einer juristischen Person nach § 10 Abs. 1 Satz 5 WoBindG abgegebenen Erklärung mithilfe automatischer Einrichtungen genügt die Angabe des Namens der juristischen Person. Der Name der Person, die die Erklärung veranlasst oder abgefasst hat, muss nicht genannt werden.

4.6.1   Stellvertretung/Bevollmächtigung

Wird das Mieterhöhungsverlangen gemäß § 164 BGB durch einen Bevollmächtigten abgegeben, muss aus ihm hervorgehen, dass es in fremdem Namen abgegeben wird.

---

214 LG Hamburg v. 15.1.2004, 333 S 82/03, NZM 2005, 255
215 BGH v. 7.7.2010, VIII ZR 321/09, NZM 2010, 734

Dieser Grundsatz wird durch die Rechtsprechung des BGH aufgeweicht: Bei einem Mieterhöhungsverlangen genügt es, wenn sich die Vertretung des Vermieters durch einen Bevollmächtigten (hier: Hausverwaltung) aus den Umständen ergibt. Die ausdrückliche Offenlegung der Vertretung und die namentliche Benennung des Vermieters sind entbehrlich.[216] Der BGH erleichtert auch die Mieterhöhung durch einen noch nicht im Grundbuch eingetragenen Grundstückserwerber. Der Verkäufer kann den Käufer einer vermieteten Wohnung ermächtigen, noch vor der Eigentumsumschreibung ins Grundbuch im eigenen Namen eine Mieterhöhung durchzuführen. Die Wirksamkeit des Mieterhöhungsverlangens hängt nicht davon ab, dass die Ermächtigung dem Mieter gegenüber offengelegt wurde.[217]

Bei mehreren Mietern muss das Erhöhungsverlangen an alle gerichtet sein. Haben mehrere Mieter gemeinsam gemietet und wird die Mieterhöhung nur gegenüber einem Mieter abgegeben und hat nur dieser allein zugestimmt, so bleibt es für alle Mieter bei der ursprünglichen Miete, da die Erhöhungserklärung insgesamt unwirksam ist.[218] Die Mieterhöhung muss allen Mietern zugestellt werden, es sei denn, im Mietvertrag ist eine auch formularmäßig mögliche Empfangsbevollmächtigung der Mieter enthalten. Aber auch in diesem Fall muss die Mieterhöhung an alle Mieter adressiert sein.

Hiervon hat die Rechtsprechung Ausnahmen zugelassen: So ist es rechtsmissbräuchlich, wenn sich ein Mieter deshalb auf die Unwirksamkeit des Erhöhungsverlangens beruft, weil es nicht auch an den mit Einverständnis des Vermieters ausgezogenen Mitmieter und Ehegatten des verbleibenden Mieters gerichtet war. Dieser nutzte die Wohnung allein und zahlte auch allein die Miete.[219]

4.6.2   Textform

Der Vermieter muss sein Erhöhungsverlangen, soll es wirksam sein, in Textform begründen. Dadurch soll dem Mieter die Möglichkeit geschaffen werden, sich darüber schlüssig zu werden, ob er dem Verlangen des Vermieters zustimmen oder es ablehnen möchte. Aus dem Mieterhöhungsverlangen muss sich ergeben, auf welchen Betrag die Miete erhöht werden soll. Dazu gehören nach allgemeiner Ansicht die Angabe der Wohnfläche der Wohnung in Quadratmetern und der neu verlangte Quadratmeterpreis. Die Wohnungsgröße muss den tatsächlichen Verhältnissen entsprechen.

---

216 BGH v. 2.4.2014, VIII ZR 231/13, NZM 2014, 431
217 BGH v. 19.3.2014, VIII ZR 203/13, GE 2014, 663
218 LG Hamburg v. 30.12.1976, 16 S 97/76, ZMR 1978, 311
219 BGH v. 3.3.2004, VIII ZR 124/03, WuM 2004, 280

Dem Erhöhungsverlangen ist die **tatsächliche Wohnfläche** zugrunde zu legen. Gibt der Vermieter im Erhöhungsverlangen eine zu große Wohnfläche an, hat dies erhebliche Auswirkungen. Übersteigt nämlich die in einem Mieterhöhungsverlangen angegebene und der Berechnung zugrunde gelegte Wohnfläche die tatsächliche Wohnfläche, kann der Mieter unter dem Gesichtspunkt der ungerechtfertigten Bereicherung die Rückzahlung der in der Folgezeit aufgrund der fehlerhaften Berechnung überzahlten Miete verlangen, wenn die Abweichung der tatsächlichen von der angegebenen Wohnfläche mehr als 10 % beträgt.[220]

Für die Mieterhöhung hat der BGH aber entschieden, dass nicht die im Mietvertrag angegebene Wohnfläche, sondern die **tatsächliche Wohnfläche** zugrunde zu legen ist.[221]

Der Vermieter ist an seine Angaben im Erhöhungsverlangen gebunden.

> BEISPIEL
>
> Der Vermieter verlangt die Zustimmung zu einer Mieterhöhung auf 8,00 Euro / m² × 100 m² = 800,00 Euro. Im Verfahren stellt sich heraus, dass die Wohnung nur eine Fläche von 85 m² hat. Der Vermieter kann keine höhere Miete als 8,00 Euro/m² × 85 m² = 680,00 Euro verlangen, auch wenn eine Miete von 800,00 Euro noch ortsüblich ist. Der Vermieter ist an den im Erhöhungsschreiben genannten Quadratmeterpreis gebunden. Der Zustimmungsanspruch ist nämlich auf die im Erhöhungsverlangen gemachten Angaben begrenzt.[222]

Zu beachten ist, dass mit der Erhöhung keine Änderung der vertraglich vereinbarten Mietstruktur verbunden werden darf (z. B. Übergang von einer Bruttokalt- in eine Nettomiete).

Gemäß § 558 Abs. 1 Satz 1 BGB kann der Vermieter die Zustimmung zu einer Mieterhöhung verlangen. Darunter ist eine einseitige, empfangsbedürftige Willenserklärung zu verstehen. Der Vermieter kann also die Miete nicht einseitig festsetzen. So hat der Vermieter in einem vom LG Mannheim[223] entschiedenen Fall dem Mieter mitgeteilt, dass er »die Miete zum ... anpassen werde. Die Erhöhung beträgt ... Euro« Dies stellt kein wirksames Erhöhungsverlangen dar. Nach Ansicht des Gerichts ist damit auch keine konkludente Erhöhungsvereinbarung zustande gekommen. Obwohl der Mieter die erhöhte Miete jahrelang bezahlt hatte, konnte er diese Beträge zurückverlangen. Das Gericht hat darauf hingewiesen, dass auch bei großzügiger Interpretation die Formu-

---

220   BGH v. 7.7.2004, VIII ZR 192/03, NZM 2004, 699
221   BGH v. 18.11.2015, VIII ZR 266/14, WuM 2016, 34
222   LG München I v. 4.2.1998, 14 S 15028/97, WuM 1998, 230
223   LG Mannheim v. 5.4.2000, 4 S 166/99, WuM 2000, 308

lierung des Vermieters nicht mehr als Antrag im Sinne des § 145 BGB verstanden werden kann. Ein Antrag kann angenommen werden, wenn der Vermieter den Mieter zur Zustimmung auffordert, ggf. auch, wenn er zum Ausdruck bringt, dass er eine Mieterhöhung wünscht oder verlangt. Es empfehlen sich eindeutige Formulierungen wie z. B.: »… bitte ich um Ihre Zustimmung zu einer Mieterhöhung …«.

Der BGH hat diese Rechtsprechung bestätigt. In einem Mietvertrag war vereinbart, dass sich der Vermieter vorbehält, die Miete alle zwei Jahre zu überprüfen und eventuell neu festzulegen. Aufgrund dieser Vertragsbestimmung hatte der Vermieter vom Mieter mehrfach Mieterhöhungen gefordert, die vom Mieter auch jeweils bezahlt wurden. Der Mieter hat vom Vermieter die nicht verjährten Erhöhungsbeträge für die vergangenen Jahre verlangt.

Der BGH[224] hat der Klage stattgegeben und dies folgendermaßen begründet: Hat sich der Vermieter im Mietvertrag eine einseitige Neufestsetzung der Miete vorbehalten und hat er in seinem an die Mieter gerichteten Mieterhöhungsschreiben erkennbar auf der Grundlage dieser unwirksamen vertraglichen Regelung sein einseitiges Bestimmungsrecht ausüben wollen, liegt darin, vom Empfängerhorizont des Mieters aus gesehen, kein Angebot zum Abschluss einer Erhöhungsvereinbarung. Schon deshalb kann in der Zahlung der erhöhten Miete vonseiten des Mieters keine stillschweigende Zustimmung gesehen werden.

Im Falle der konkludenten Zustimmung des Mieters durch Zahlung ist nicht entscheidend, ob das Erhöhungsverlangen des Vermieters den gesetzlichen Vorschriften entspricht oder nicht. Der Mieter kann auch einer unwirksamen Mieterhöhung zustimmen.[225] Entscheidend ist aus Sicht des Erklärungsempfängers, dass der Vermieter vom Mieter eine Zustimmung zur Mieterhöhung begehrt und nicht die Miete einseitig neu festsetzt.

4.6.3   Zustellung

Besondere Zugangsvorschriften gelten für das Mieterhöhungsverlangen nicht, aber der Vermieter ist beweispflichtig dafür, ob und wann der Zugang erfolgt ist.[226] Der Zeitpunkt des Zugangs ist im Hinblick auf den Lauf der Zustimmungsfrist nach § 558b BGB von Bedeutung. Aus diesem Grund ist dem Vermieter anzuraten, die Zustellung der Mieterhöhung entweder per Einschreiben mit Rückschein oder per Boten durchzuführen.

---

224 BGB v. 20.7.2005, VIII ZR 199/04, WuM 2005, 581
225 BGH v. 29.6.2005, VIII ZR 182/04, WuM 2005, 518
226 AG München v. 19.9.2013, 423 C 16401/13, ZMR 2014, 550

Ein nicht abgeholtes Einschreiben gilt nicht als zugegangen.[227] Soweit der Zugang am Verhalten des Mieters scheitert, wenn er beispielsweise die Annahme des Einschreibens unberechtigt verweigert, muss der Mieter sich so behandeln lassen, wie wenn das Erhöhungsschreiben rechtzeitig zugegangen wäre.[228]

Muster für Mieterhöhungsverlangen nach § 558 BGB

Absender (Vermieter) ....

Zustimmung zur Erhöhung der Miete bis zur ortsüblichen Vergleichsmiete

Sehr geehrte Frau ....,
sehr geehrter Herr ....,

gemäß § 558 BGB kann der Vermieter die Zustimmung zu einer Erhöhung der Miete bis zur ortsüblichen Vergleichsmiete verlangen, wenn die Miete in dem Zeitpunkt, zu dem die Erhöhung eintreten soll, seit 15 Monaten unverändert ist. Mieterhöhungen wegen Modernisierungsmaßnahmen (§ 559 BGB) sowie gestiegenen Betriebskosten (§ 560 BGB) werden nicht berücksichtigt. Die Miete darf sich innerhalb von drei Jahren, von Erhöhungen nach den §§ 559 bis 560 BGB abgesehen, nicht um mehr als 20 % erhöhen. Die Kappungsgrenze beträgt in bestimmten Gebieten 15 %. Die Kappungsgrenze gilt nicht, wenn eine Verpflichtung des Mieters zur Zahlung einer Fehlbelegungsabgabe wegen des Wegfalls der öffentlichen Bindung erloschen ist und soweit die Erhöhung den Betrag der zuletzt zu entrichtenden Fehlbelegungsabgabe nicht übersteigt.

Die Wohnung ist im Jahr ... fertiggestellt worden.

Ihre Miete, von Erhöhungen nach §§ 559 bis 560 BGB abgesehen, ist in dem Zeitpunkt, zu dem die Erhöhung eintreten soll, seit mindestens 15 Monaten unverändert. Die Erhöhungsbegrenzung, falls erforderlich, ist eingehalten. Die übrigen Voraussetzungen sind erfüllt, wie Sie den Merkmalen der unten aufgeführten Wohnungen, die mit Ihrer Wohnung vergleichbar sind/der anliegenden Berechnung der Miete nach dem Mietspiegel der Gemeinde ... entnehmen können *(Nichtzutreffendes ist zu streichen)*.

Ich/wir bitte(n) deshalb um Zustimmung zur Erhöhung Ihrer Miete bis spätestens zum Ablauf des zweiten Kalendermonats nach Zugang dieses Verlangens

auf monatlich ... Euro/m² Wohnfläche × ... m² Wohnfläche = ... Euro
zuzüglich Betriebskosten – wie bisher – ... Euro
zuzüglich Kosten für Heizung und Warmwasser – wie bisher – ... Euro
zuzüglich Kosten für Garage/Stellplatz ... Euro

ARBEITSHILFE ONLINE

---

227 AG München a. a. O.
228 Palandt/Heinrichs, BGH § 130 Rn 16

Neue Gesamtmiete … Euro

Nach erteilter Zustimmung ist die neue Gesamtmiete mit Beginn des dritten Kalendermonats nach Zugang dieses Erhöhungsverlangens zu zahlen.

Mit freundlichen Grüßen

(Anlage: Berechnung der Miete nach dem Mietspiegel)
Vergleichswohnungen

	1. Wohnung	2. Wohnung	3. Wohnung
Adresse			
Stockwerk			
EFH,DHH, RH			
Baujahr			
Zimmer, Bad, Küche, Balkon			
Zentralheizung, Lift			
Wohnfläche			
Nettomiete			
EUR/m²			

4.7   Begründung der Mieterhöhung

Der Anspruch des Vermieters auf Zustimmung zur Mieterhöhung muss gemäß § 558a Abs. 1 BGB begründet werden. So muss der Vermieter dem Mieter erläutern, dass die bisher von ihm bezahlte Miete geringer ist als die ortsübliche Vergleichsmiete. Die Vorschrift des § 558a Abs. 2 BGB zählt vier verschiedene Begründungsmittel auf.

4.7.1   Mietspiegel

Seit dem Mietrechtsreformgesetz (1.9.2001) wird zwischen einem einfachen Mietspiegel (§ 558c BGB) und einem qualifizierten Mietspiegel (§ 558d BGB) unterschieden.

Ein einfacher Mietspiegel ist eine Übersicht über die ortsübliche Vergleichsmiete, soweit die Übersicht von der Gemeinde oder von Interessenvertretern der Vermieter

und der Mieter gemeinsam erstellt oder ausgehandelt[229] oder anerkannt worden ist
(§ 558c Abs. 1 BGB). Es ist nicht erforderlich, dass der Mietspiegel von allen örtlichen
Interessenvertretern der Mieter oder Vermieter erstellt sein muss. Es ist nicht einmal
notwendig, dass die größte Gruppe der Interessenvertreter beider Seiten dem Mietspiegel zustimmt.[230]

Mietspiegel können gemäß § 558c Abs. 2 BGB auch für das Gebiet einer Gemeinde oder
mehrerer Gemeinden oder für Teile von Gemeinden erstellt werden.

Nach § 558c Abs. 3 BGB sollen die Mietspiegel im Abstand von zwei Jahren aktualisiert
werden. Eine Pflicht hierzu besteht jedoch nicht. Für die Fortschreibung sind keine
bestimmten Methoden vorgeschrieben. Diese kann durch Stichproben unter Bezugnahme auf den Lebenshaltungskostenindex oder auf andere Indizes erfolgen.

Preisübersichten von Maklerverbänden, Finanzämtern u. Ä. sind keine Mietspiegel.
Für das Mieterhöhungsverfahren sind sie untauglich und unzulässig.

Die Gemeinden sollen Mietspiegel erstellen, wenn hierfür ein Bedürfnis besteht und
dies mit einem vertretbaren Aufwand möglich ist. Die Mietspiegel und ihre Änderungen sollen gemäß § 558c Abs. 4 BGB veröffentlicht werden. Eine Verpflichtung der
Gemeinden zur Erstellung eines Mietspiegels besteht aber nicht.

Die Bundesregierung wird ermächtigt, durch Rechtsverordnung mit Zustimmung des
Bundesrats Vorschriften über den näheren Inhalt und das Verfahren zur Aufstellung
und Anpassung von Mietspiegeln zu erlassen (§ 558c Abs. 5 BGB). Eine solche Verordnung ist bisher nicht erlassen worden.

Allgemeine Hinweise zum Mietspiegel

Entspricht ein Mietspiegel den formalen Anforderungen des einfachen oder des qualifizierten Mietspiegels, kommt es auf seine inhaltliche Richtigkeit bei der Bezugnahme
im Mieterhöhungsverlangen nach § 558a Abs. 2 BGB nicht an. Es ist beispielsweise
unerheblich, ob die Tabellenwerte tatsächlich richtig sind oder ob die statistische
Auswertung der erhobenen Daten fachgerecht erfolgt ist. Qualitätsanforderungen an
einen Mietspiegel hat der Gesetzgeber nämlich bis auf die Anforderungen an den qualifizierten Mietspiegel nach § 558d Abs. 1 BGB nicht gestellt.

---

229 Einfache Mietspiegel sind oft ausgehandelt, Börstinghaus nennt diese einfachen Mietspiegel deshalb
   »Beaujolais-Mietspiegel«, DWW 2014, 202
230 OLG Hamm v. 11.10.1990, 30 RE-Miet 4/90, WuM 1990, 538

Maßgeblich ist der Mietspiegel, der zum Zeitpunkt des Erhöhungsverlangens gültig war, auch wenn später im Verfahren ein neuer Mietspiegel veröffentlicht wird.[231] Es gilt grundsätzlich der aktuelle Mietspiegel. Wenn aber kurz vor Abgabe des Mieterhöhungsverlangens ein neuer Mietspiegel veröffentlicht wird, ist die Mieterhöhung nicht unwirksam, wenn sie auf den bisherigen Mietspiegel gestützt wird. Im gerichtlichen Verfahren ist die Miete nach dem neuen Mietspiegel zu ermitteln.[232] In § 558a Abs. 4 Satz 2 BGB ist geregelt, wie zu verfahren ist, wenn

- zum Zeitpunkt der Abgabe der Mieterhöhungserklärung kein Mietspiegel besteht, der gemäß § 558c Abs. 3 BGB im Abstand von zwei Jahren fortgeschrieben wurde, oder
- kein qualifizierter Mietspiegel besteht, der im Abstand von zwei Jahren der Mietentwicklung angepasst wurde.

In diesem Fall kann der Vermieter auch einen anderen, insbesondere einen veralteten Mietspiegel oder einen Mietspiegel einer vergleichbaren Gemeinde verwenden. Ein pauschaler Zuschlag auf die Werte alter oder veralteter Mietspiegel durch den Vermieter in seinem Erhöhungsverlangen ist allerdings unzulässig.[233]

Eine Ausnahme gilt für das Gericht bei der Prüfung, ob das Erhöhungsverlangen begründet ist. Das Gericht darf wegen einer Steigerung der ortsüblichen Vergleichsmiete zwischen der Datenerhebung zum Mietspiegel und dem Zugang des Erhöhungsverlangens einen Zuschlag zu den Mietspiegelwerten vornehmen.[234]

Anwendungsbereich

Der Mietspiegel muss überhaupt anwendbar sein. Mietspiegel sind in der Regel nur auf Wohnungen anwendbar. Schließt der Mietspiegel seinen Anwendungsbereich auf bestimmte Gebäude oder Wohnungen aus, kann mit ihm ein Mieterhöhungsverlangen nicht wirksam begründet werden.[235] Nur ausnahmsweise kann der Vermieter zur Begründung eines Mieterhöhungsverlangens für ein Einfamilienhaus auf einen Mietspiegel, der keine Angaben zu Einfamilienhäusern enthält, Bezug nehmen: nämlich dann, wenn die geforderte Miete innerhalb der Mietpreisspanne für Wohnungen in Mehrfamilienhäusern liegt.[236] Ein Mietspiegel ist nie auf preisgebundene Wohnungen anwendbar.

---

231 KG v. 25.10.2007, 8 W 71/07, GE 2007, 1629
232 BGH v. 6.7.2011, VIII ZR 337/10, NZM 2011, 743
233 OLG Stuttgart, RE v. 2.2.1981, 8 RE-Miet 4/81, WuM 1982,108; OLG Hamburg v. 21.11.1982, 4 U 174/82, ZMR 1983, 136
234 OLG Stuttgart v. 15.12.1993, 8 RE-Miet 4/93, WuM 1994, 58
235 BGH v. 17.8.2008, VIII ZR 58/08, WuM 2008, 729
236 BGH v. 11.2.2014, VIII ZR 220/13, NZM 2014, 349

Qualifizierter Mietspiegel

Ein qualifizierter Mietspiegel ist ein Mietspiegel, der nach anerkannten wissenschaftlichen Grundsätzen erstellt und von der Gemeinde oder von Interessenvertretern der Vermieter und der Mieter anerkannt worden ist (§ 558d Abs. 1 BGB). Dieser Mietspiegel unterscheidet sich vom einfachen Mietspiegel durch eine erhöhte Gewähr der Richtigkeit und Aktualität der Angaben zur ortsüblichen Vergleichsmiete. Deshalb können an ihn weitergehende Rechtsfolgen geknüpft werden, nämlich

- die Festlegung als zwingendes Begründungsmittel (§ 558a Abs. 3 BGB) und
- die prozessuale Vermutungswirkung im gerichtlichen Mieterhöhungsrechtsstreit (§ 558d Abs. 3 BGB).

Dieser Mietspiegel muss nach anerkannten statistischen Methoden erstellt werden, die gewährleisten, dass er ein realistisches Abbild des Wohnungsmarktes liefert. Sowohl bei der Tabellenmethode, eine reine Datensammlung, als auch bei der Regressionsmethode, eine komplizierte statistischen Umrechnung weniger repräsentativer Daten, handelt es sich um anerkannte Methoden. Wegen der erheblichen Rechtsfolgen muss die Anwendung wissenschaftlich anerkannter statistischer Methoden dokumentiert und damit nachvollziehbar und überprüfbar sein. Der qualifizierte Mietspiegel ist im Abstand von zwei Jahren der Marktentwicklung anzupassen. Dabei können eine Stichprobe und die Entwicklung des vom Statistischen Bundesamt ermittelten Preisindex für die Lebenshaltung aller privaten Haushalte in Deutschland zugrunde gelegt werden. Nach vier Jahren ist der qualifizierte Mietspiegel neu zu erstellen (§ 558d Abs. 2 BGB). Hierdurch soll gewährleistet sein, dass der Mietspiegel die ortsübliche Vergleichsmiete auf dem Wohnungsmarkt zeitnah widerspiegelt.

Ist die Vorschrift des § 558d Abs. 2 BGB eingehalten, so wird vermutet, dass die im qualifizierten Mietspiegel bezeichneten Entgelte die ortsübliche Vergleichsmiete wiedergeben (§ 558d Abs. 3 BGB). Diesem qualifizierten Mietspiegel kommt somit eine Vermutungswirkung im Prozess zu. Es handelt sich um eine widerlegliche Vermutung; der Beweis des Gegenteils bleibt gemäß § 292 ZPO deshalb für beide Prozessparteien zulässig.

Wichtig

Hinweispflicht: Gibt es in der Gemeinde einen qualifizierten Mietspiegel, hat der Vermieter in seinem Mieterhöhungsverlangen diese Angaben auch dann mitzuteilen, wenn er die Mieterhöhung auf ein anderes Begründungsmittel (Mietdatenbank, Sachverständigengutachten oder Vergleichsmieten) stützt.

Dies bedeutet im Klartext, dass der Vermieter in der Mieterhöhung dem Mieter vorrechnen muss, wie hoch die Miete nach dem qualifizierten Mietspiegel ist, auch wenn er das Erhöhungsverlangen mit drei Vergleichsmieten begründet, die höher liegen. Die mit Vergleichsmieten oder Sachverständigengutachten begründete neue Miete darf über dem Mietspiegelwert liegen.

Wie das LG München I[237] entschieden hat, muss die Mitteilung der Angaben des qualifizierten Mietspiegels für die Wohnung in dem mit Vergleichsobjekten begründeten Zustimmungsverlangen zur Mieterhöhung aus sich selbst heraus verständlich sein und darf nicht lückenhaft sein. Diese Mitteilung der Mietspiegelwerte gemäß § 558a Abs. 3 BGB unterliegt zwar nicht den gleichen Anforderungen wie bei einer Begründung der ortsüblichen Vergleichsmiete durch den Mietspiegel gemäß § 558a Abs. 1 Nr. 1 BGB. Um kein Risiko einzugehen, empfiehlt es sich, eine vollständige Berechnung nach dem Mietspiegel beizufügen.

Nachdem kein Mieter einer solchen Mieterhöhung zustimmen wird, muss der Vermieter im anschließenden Prozess die Vermutungswirkung des qualifizierten Mietspiegels widerlegen, um eine höhere Miete zu erhalten. Nachdem ein solcher qualifizierter Mietspiegel die widerlegliche Vermutung hat, dass die in ihm angegebenen Werte die ortsübliche Vergleichsmiete wiedergeben (§ 558d Abs. 3 BGB), muss der Vermieter im Prozess den Beweis dafür erbringen, dass dieser Mietspiegel die ortsübliche Vergleichsmiete für die streitbefangene Wohnung tatsächlich nicht wiedergibt. Unterlässt der Vermieter diese Angaben, ist das Erhöhungsverlangen unzulässig. Der qualifizierte Mietspiegel ist daher ein zwingendes Begründungsmittel.[238]

Auch bei Vorliegen eines qualifizierten Mietspiegels darf das Gericht ein Sachverständigengutachten zur ortsüblichen Vergleichsmiete einholen.[239]

Nach § 558a Abs. 4 Satz 1 BGB ist es ausreichend, wenn bei einem Mietspiegel mit Spannen die verlangte Miete innerhalb der Spanne liegt. In diesem Fall, so die amtliche Begründung, bedarf es unabhängig davon, ob der Mittelwert oder ein Wert am oberen oder unteren Rand gewählt wird, keiner besonderen Begründung. Dies bedeutet allerdings nur, dass ein solches Erhöhungsverlangen formell zulässig ist. Ob die Mieterhöhung materiell begründet ist, hat das Gericht zu ermitteln, indem es die konkrete Wohnung innerhalb der Spannen einordnet.

Für den Münchner Mietspiegel 2013 hat das LG München I entschieden, dass der Vermieter bei Ansatz der halben oberen Spanne auf jeden Fall eine Begründung geben muss.

Falls der Vermieter die Wohnung nicht in das richtige Rasterfeld des Mietspiegels eingruppiert hat, ist die Mieterhöhung formell unwirksam.[240]

---

237 LG München I v. 8.5.2002, 14 S 20654/01, WuM 2002, 496
238 BGH v. 21.11.2012, VIII ZR 46/12, NZM 2013, 139
239 LG Berlin v. 8.12.2003, 67 S 288/03, GE 2004, 180
240 LG Berlin v. 14.7.2005, 62 S 120/05, GE 2005, 1063

Mietspiegel der Nachbargemeinde

Gemäß § 558 Abs. 4 Satz 2 BGB kann der Vermieter dann, wenn kein Mietspiegel für die Gemeinde vorhanden ist, in der die Wohnung liegt, auf den Mietspiegel einer Nachbargemeinde Bezug nehmen.[241] Ist die Gemeinde vergleichbar, ist deren Mietspiegel ohne Einschränkungen anwendbar.[242] Die vergleichbare Gemeinde muss aber in ihrer Gesamtheit mit der Wohngemeinde vergleichbar sein.[243] Außerdem darf der Mietspiegel der vergleichbaren Gemeinde nur angewendet werden, wenn in der eigenen Gemeinde kein aktueller Mietspiegel vorhanden ist.[244]

Eine Gemeinde mit rd. 4.500 Einwohnern ist mit einer Großstadt von rd. 500.000 Einwohnern nicht vergleichbar, auch wenn die Wohnqualität in den ruhigeren Randgebieten der Großstadt der Qualität der eigenen Gemeinde ähnelt. So ist die Stadt Flensburg (Einwohnerzahl ca. 94.000) mit der Großstadt Kiel (Einwohnerzahl 250.000) nicht vergleichbar.[245]

Kriterien der Vergleichbarkeit sind

- die Infrastruktur,
- der Grad der Industrialisierung,
- die verkehrstechnische Erschließung,
- die Anbindung an Versorgungszentren[246] und
- ob die Mietpreisbremse in beiden Gemeinden gilt.[247]

Sogar die Lage zu Seen bzw. Bergen und die Sozialstruktur können ein Kriterium für die Vergleichbarkeit von Gemeinden darstellen. Außerdem ist die Frage der Offensichtlichkeit der Nichtvergleichbarkeit eine Rechtsfrage und somit einem Sachverständigenbeweis nicht zugänglich.[248]

Zuschlag

Ein Zuschlag ist auch dann gerechtfertigt, wenn die Mieten des Mietspiegels Mietverträge betreffen, nach denen der Mieter zur Durchführung der Schönheitsreparaturen

---

241 BGH v. 16.6.2010 , VIII ZR 99/09, NZM 2010, 665
242 AG Darmstadt v. 12.1.1988, 33 C 2393/87, WuM 1988, 129
243 OLG Stuttgart v. 2.2.1982, 8 RE-Miet 4/81, NJW 1982, 945; LG München II v. 14.11.1985, 8 S 1394/85, WuM 1986, 259
244 BGH v. 13.11.2013, VIII ZR 413/12, NZM 2014, 236
245 LG Flensburg v. 12.7.2018, 1 S 1/18
246 LG Potsdam v. 14.3.2014, 13 S 86/13, ZMR 2014, 797, das die Anwendung des Potsdamer Mietspiegels auf die Nachbargemeinde Michendorf ablehnt.
247 LG Flensburg a. a. O.
248 AG Fürstenfeldbruck v. 6.12.2013, 3 C 1662/13, NZM 2014, 352, das die Gemeinden Puchheim und Germering nicht für vergleichbar hält.

verpflichtet ist, während im Vertrag, der dem Mieterhöhungsverlangen zugrunde liegt, der Vermieter vereinbarungsgemäß diese Verpflichtung hat.[249]

Der BGH[250] hat entschieden, dass der Vermieter bei der Unwirksamkeit einer Schönheitsreparaturklausel keinen Zuschlag zur ortsüblichen Vergleichsmiete vom Mieter verlangen kann.

Bruttomiete und Mietspiegel

Will der Vermieter eine Bruttokaltmiete erhöhen, muss er wegen der in der Gesamtmiete enthaltenen Betriebskosten Folgendes beachten: Begründet er die Mieterhöhung mit einem Mietspiegel, der Nettomieten ausweist, muss der Vermieter die auf die Wohnung entfallenden tatsächlichen Betriebskosten angeben und hinzurechnen. Dies hat der BGH für den Berliner Mietspiegel entschieden. Die dort angegebenen Durchschnittswerte für die Betriebskosten sind nach der Vorstellung der Mietspiegelverfasser nicht zur Ermittlung fiktiver Bruttovergleichsmieten bestimmt. Vielmehr sind die konkret zur Zeit des Zugangs des Erhöhungsverlangens auf die Wohnung entfallenden Betriebskosten, sofern sie den Rahmen des Üblichen nicht überschreiten, zu der im Mietspiegel ausgewiesenen Nettokaltmiete hinzuzurechnen.[251] Ob dies auch für Mietspiegel gilt, die zur Ermittlung der Bruttokaltmiete ausschließlich auf eine Betriebskostentabelle verweisen (wie der Münchner Mietspiegel), bleibt abzuwarten.

Allerdings hat der BGH[252] nochmals ausdrücklich entschieden, dass es zur schlüssigen Darlegung des Anspruchs des Vermieters auf Zustimmung zur Erhöhung der Bruttokaltmiete, den der Vermieter mit einem Mietspiegel begründet, der Nettomieten aufweist, der Angabe der auf die Wohnung tatsächlich entfallenden Betriebskosten bedarf. Die Angabe eines statistischen Durchschnittswerts für Betriebskosten ist demnach nicht ausreichend.

Obwohl diese Entscheidung des BGH zum Berliner Mietspiegel ergangen ist, ist der Wortlaut des BGH eindeutig: Ein Mieterhöhungsverlangen, das nicht die tatsächlichen Betriebskosten, sondern die durchschnittlichen Betriebskosten nach dem Mietspiegel ausweist, ist nicht formell unwirksam. Im Prozess muss der Vermieter auf einen entsprechenden Hinweis des Gerichts hin die tatsächlich auf die Wohnung entfallenden Betriebskosten angeben.

---

249 OLG Koblenz RE v. 8.11.1984, 4-W-RE 571/84, WuM 1985, 15
250 BGH v. 9.7.2008, VIII ZR 83/07, WuM 2008, 487
251 BGH v. 26.10.2005, VIII ZR 41/05, NZM 2006, 101
252 BGH v. 12.7.2006, VIII ZR 215/05, NZM 2006, 864

Mietspiegel beifügen?

Begründet der Vermieter sein Erhöhungsverlangen mithilfe des Mietspiegels, muss er diesen seinem Schreiben nicht beifügen, sofern der Mietspiegel allgemein zugänglich ist.[253] In den Fällen, in denen dies ausnahmsweise nicht der Fall ist, muss der Mietspiegel beigefügt werden.

Es genügt auch, wenn der örtliche Mietspiegel durch die Interessenverbände der Mieter und Vermieter gegen Zahlung eines geringen Entgelts[254] abgegeben und er zudem im Internet veröffentlicht wird.[255] Nimmt der Vermieter auf den Mietspiegel Bezug und verweist den Mieter dabei auf die Einsichtnahme des Mietspiegels in den Räumen seines Kundencenters am Wohnort des Mieters, muss der Mietspiegel nicht beigefügt werden.[256]

Der Vermieter muss aber immer angeben, unter welche Rubrik des Mietspiegels er die Wohnung des Mieters einreiht (z. B. Baualter, Größe, Ausstattung, Wohnlage). Nach dem Sinn und Zweck von § 558a BGB soll dem Mieter die Möglichkeit der Information und der Nachprüfung gegeben werden, damit er sich anhand der ihm mitgeteilten Daten schlüssig werden kann, ob er zustimmen will oder nicht. Demgemäß muss der Vermieter bei einer Bezugnahme auf einen Mietspiegel dem Mieter die Bezugspunkte für die Einstufung im Mietspiegel nennen, die der Mieter braucht, um die Berechnung nachvollziehen zu können.

Enthält der qualifizierte Mietspiegel ein Raster von Feldern, in denen für Wohnungen einer bestimmten Kategorie jeweils eine bestimmte Mietspanne ausgewiesen ist, so ist im Erhöhungsverlangen nur die genaue Angabe des für die Wohnung einschlägigen Mietspiegelfeldes erforderlich, um den Mieter auf die im Mietspiegel für die Wohnung vorgesehene Spanne hinzuweisen.[257] Einer darüber hinausgehenden ausdrücklichen Mitteilung der Spanne bedarf es dazu nicht.

Dies gilt auch für den Fall, dass zwischen den Mietvertragsparteien die Einordnung der Wohnung in das Mietspiegelfeld umstritten ist. Die richtige Einordnung ist keine Frage der Wirksamkeit, sondern der materiellen Begründetheit der Mieterhöhung. Es reicht also aus, dass im Erhöhungsverlangen die Koordinaten angegeben werden, aus denen sich das einschlägige Rasterfeld des Mietspiegels ermitteln lässt; das Mietspiegelfeld selbst muss nicht ausdrücklich gekennzeichnet werden.[258]

---

253 BGH v. 12.12.2007, VIII ZR 110/07, WuM 2008, 88
254 LG Karlsruhe v. 11.4.2014, 9 S 17/14, ZMR 2014, 989: Eine Gebühr von 6,00 Euro ist dem Mieter zumutbar.
255 BGH v. 28.4.2009, VIII ZR 7/08, WuM 2009, 352 und v. 30.09.2009, VIII ZR 276/08, WuM 2009, 747
256 BGH v. 11.3.2009, VIII ZR 74/08, WuM 2009, 293
257 BGH v. 12.12.2007, VIII ZR 11/07, WuM 2008, 88
258 BGH v. 11.3.2009, VIII ZR 316/07, GE 2009, 512

Ein formell wirksames Mieterhöhungsverlangen ist dann gegeben, wenn der Vermieter
- die Wohnung des Mieters in die entsprechende Kategorie des Mietspiegels zutreffend einordnet,
- die dort vorgesehene Mietspanne richtig nennt und
- die erhöhte Miete angibt.

Wenn die erhöhte Miete oberhalb der Spanne liegt, ist das Verlangen gleichwohl formell wirksam, jedoch insoweit unbegründet, als es über den Höchstbetrag des Mietspiegels hinausgeht.

Problematisch ist es allerdings, wenn der Mieter die Angaben des Vermieters nicht anhand des Mietspiegels auf Richtigkeit überprüfen kann, z. B. bei Angabe des Baualters. An die Begründung dürfen keine überhöhten Anforderungen gestellt werden.[259] In formeller Hinsicht ist es ausreichend, wenn das Erhöhungsverlangen Angaben über die Tatsachen enthält, aus denen der Vermieter die Berechtigung der geforderten Mieterhöhung herleitet, und zwar in dem Umfang, wie der Mieter solche Angaben benötigt, um dies nachprüfen zu können.[260]

Nach dem BGH[261] darf der Vermieter die Miete bis zum oberen Wert der Bandbreite der konkreten ortsüblichen Vergleichsmiete anheben, wenn die Einzelvergleichsmiete unter Heranziehung des Sachverständigengutachtens vom Gericht ermittelt wurde.

Bei der Ermittlung der Einzelvergleichsmiete müssen in der Regel Merkmale der Wohnung vorliegen, die dazu führen, dass der obere Wert einer im qualifizierten Mietspiegel ausgewiesenen Spanne angesetzt werden darf.[262]

Wird die Erhöhung auf einen einfachen Mietspiegel gestützt und trägt der Mieter keine Einwendungen vor, darf das Gericht auch einer auf einen einfachen Mietspiegel gestützten Zustimmungsklage stattgeben.[263]

---

259 BGH v. 12.11.2003, VIII ZR 52/03, WuM 2004, 93
260 BGH v. 12.12.2007, VIII ZR 11/07, WuM 2008, 88
261 BGH v. 21.10.2009, VIII ZR 30/09, WuM 2009, 746
262 BGH v. 4.5.2011, VIII ZR 227/10, WuM 2011, 421
263 BGH v. 16.6.2010, VIII ZR 99/09, WuM 2010, 505

4.7.2   Mietdatenbank

Das Begründungsmittel »Mietdatenbank« (§ 558e BGB) ist eine zur Ermittlung der orts-üblichen Vergleichsmiete fortlaufend geführte Sammlung von Mieten,

- die von der Gemeinde oder von Interessenvertretern der Vermieter und der Mieter gemeinsam geführt oder anerkannt wird und
- aus der Auskünfte gegeben werden, die für einzelne Wohnungen einen Schluss auf die ortsübliche Vergleichsmiete zulassen.

Diese Sammlung muss also fortlaufend geführt werden. Ihre Funktion besteht darin,

- Angaben zu Mietvereinbarungen und Mietänderungen bereitzustellen, aus denen Erkenntnisse über ortsübliche Vergleichsmieten gewonnen werden können,
- diese fortlaufend zu sammeln,
- strukturiert aufzuarbeiten und
- sie auszuwerten.

Damit auf die ortsübliche Vergleichsmiete geschlossen werden kann, sind bei der Aus-wahl von Mietdaten zur Ermittlung der Vergleichsmiete für eine bestimmte Wohnung die gesetzlichen Vorgaben zur Ermittlung der ortsüblichen Vergleichsmiete gemäß § 558 Abs. 2 BGB einzuhalten.

Mit der Mietdatenbank als Begründungsmittel soll der Entwicklung der Informations-technik Rechnung getragen werden, die es ermöglicht, große Mengen an Daten zu speichern, zu verarbeiten und aufzubereiten. Der wesentliche Unterschied zu einem Mietspiegel, der immer nur eine Momentaufnahme des Wohnungsmarktes bieten kann, liegt in der fortlaufenden Erfassung von Daten. Damit ermöglicht eine Daten-bank grundsätzlich eine hohe Aktualität, weist aber geringere Repräsentativität auf.

Eine solche Datenbank existiert derzeit nur in Hannover. Die praktischen Auswirkun-gen sind also gering, denn sogar in Hannover gibt es seit 2013 einen qualifizierten Mietspiegel.

Aus dem Gesetz ergibt sich insbesondere nicht, wie die Auskunft auszusehen hat und in welcher Form der Vermieter sie dem Mieter bekannt geben muss. Hier muss abge-wartet werden, bis dieses Begründungsmittel ausreichend verbreitet ist und die ers-ten Urteile vorliegen.

4.7.3   Sachverständigengutachten

Der Sachverständige

Wenn der Vermieter seine Mieterhöhung mit einem Sachverständigengutachten begründen will, muss er gemäß § 558a Abs. 2 Nr. 3 BGB einen öffentlich bestellten und vereidigten Sachverständigen damit beauftragen. Gutachten anderer Stellen oder nicht öffentlich bestellter und vereidigter Sachverständiger genügen dem Begründungszwang nicht. Auch das Gutachten einer Universität oder eines wissenschaftlichen Instituts dürfte nicht ausreichend sein, auch wenn es entsprechend fundiert ist.[264]

Zur Person des Sachverständigen ist außerdem zu beachten, dass es nicht ausreicht, wenn er für das Bauhandwerk, nicht aber für die Mietzinsbewertung bestellt ist.[265] Ausreichend ist aber, wenn er für Grundstücks- oder Gebäudeschätzungen bestellt und vereidigt ist.[266] Im Übrigen muss er nicht von der Industrie- und Handelskammer bestellt sein, in deren Bereich die Wohnung liegt.[267] Es ist gleichfalls unschädlich, wenn der Sachverständige, der für Mietbewertungen bestellt ist, in dem zu beurteilenden Wohngebiet oder einer angrenzenden Gemeinde maßgeblich als Grundstücksmakler tätig ist.[268] Der Gutachter kann deswegen nicht als ungeeignet oder befangen angesehen werden, es sei denn, er hat sich in seiner Eigenschaft als Makler gerade mit der zu bewertenden Wohnung oder Wohnanlage befasst.

Ein Gutachten ist dagegen nicht verwertbar, wenn überwiegend Vergleichsobjekte aus dem Bestand der Hausverwaltung herangezogen werden, die auch die streitgegenständliche Mietwohnung verwaltet.[269]

Ist ein Mietspiegel vorhanden, kann der Sachverständige auch hierauf Bezug nehmen, wobei er als neutraler Gutachter grundsätzlich in der Wahl seines Vergleichsmaterials frei sein muss, wenn nur die gesetzlichen Anforderungen, dass das Gutachten mit Gründen versehen ist, eingehalten sind (§ 558a Abs. 2 Nr. 3 BGB).

Bezugnahme auf das Gutachten

Das Gutachten muss in vollem Wortlaut der Mieterhöhung beigefügt werden.[270] Eine Kopie ist ausreichend.[271] Es genügt nicht, den Mieter darauf zu verweisen, dass er das Gutachten beim Vermieter einsehen könne. Ohne Gutachten ist das Mieterhöhungs-

---

264 Sternel, Mietrecht III Rn 672
265 OLG Oldenburg v. 22.12.1987, 5 UH 1/80, ZMR 1981, 184
266 BGH v. 21.4.1982, VIII SRZ 2/82, NJW 1982, 1701
267 BayObLG v. 23.7.1987, RE-Miet 2/87, ZMR 1987, 426
268 OLG Oldenburg v. 19.12.1980, 5 UH 13/80, WuM 1981, 150
269 LG Berlin v. 4.9.2014, 18 S 362/13, GE 2014, 1338
270 OLG Braunschweig v. 19.4.1982, 1 UH 1/81, WuM 1982, 272
271 LG Berlin v. 23.5.1985, 61 S 383/84, ZMR 1985, 341

verlangen unwirksam und kann auch durch Nachreichung des Gutachtens nicht geheilt werden. Es muss unter Beifügung des Gutachtens ein neues Mieterhöhungsverlangen mit neuen Fristen gestellt werde.

Alter des Gutachtens

Nicht verwendbar ist ein veraltetes Gutachten.[272] Das Gutachten darf keinesfalls älter als zwei Jahre sein, andernfalls ist die Mieterhöhung unwirksam.[273]

Form und Inhalt

Das Gutachten muss schriftlich vorliegen und ist zu begründen. Es reicht aber aus, wenn in verständlicher Weise dargestellt wird, warum die neue Miete ortsüblich ist.[274] Das Gutachten muss erkennen lassen, dass in ihm die ortsübliche Vergleichsmiete als Maßstab zugrunde gelegt worden ist.[275] Es ist allerdings nicht erforderlich, dass der Sachverständige einzelne vergleichbare Wohnungen konkret benennt, wenn er sich bei der Mietpreisermittlung auf ihm bekannte Vergleichswohnungen bezieht.[276] Er muss ausführen, dass ihm aus seiner beruflichen Tätigkeit ausreichend viele Vergleichswohnungen in dem jeweiligen örtlichen Bereich bekannt sind.[277]

Das Gutachten ist dagegen nicht ausreichend begründet, wenn sowohl keine konkreten Vergleichswohnungen benannt sind, als auch nicht zu erkennen ist, dass dem Sachverständigen Vergleichswohnungen in hinreichender Anzahl bekannt sind, in deren Gefüge die Wohnung eingeordnet wurde.[278] Tatsächliche Angaben über die für vergleichbar erklärten Mietobjekte müssen nicht im Gutachten enthalten sein.[279] Der Sachverständige kann sich insoweit auf seine Verschwiegenheitspflicht und auf Datenschutz berufen.[280]

> **Achtung**
>
> Existiert ein qualifizierter Mietspiegel, muss dem Mieterhöhungsverlangen trotz Begründung mittels Gutachten eine Berechnung nach dem Mietspiegel beigefügt werden (§ 558a Abs. 3 BGB).

Die Mieterhöhung darf auch mit einem generalisierenden oder Typengutachten, das nicht nur für eine Wohnung erstellt worden ist, begründet werden. Bei Wohnanlagen

---

272 AG München v. 4.4.2002, 452 C 19613/00, NZM 2002, 822 für ein Gutachten, dessen Stichtag 26 Monate zurückliegt.
273 LG Berlin v. 3.2.1998, 63 S 364/97, WuM 1998, 229
274 BVerfG v. 14.5.1986, 1 BvR 494/85, WuM 1986, 237
275 LG Hof v. 19.7.1976, 3 S 39/76, WuM 1977, 232
276 OLG Oldenburg v. 19.12.1980, 5 UH 13/80, WuM 1981, 150
277 OLG Karlsruhe v. 20.7.1982, 3 RE-Miet 2/82, ZMR 1983, 243
278 OLG Karlsruhe v. 29.12.1983, 9 RE-Miet 2/82, WuM 1983, 133
279 OLG Frankfurt/M. v. 5.10.1981, 20 RE-Miet 2/81, NJW 1981, 2820
280 AG Lübeck v. 8.2.1989, 23 C 188/89, WuM 1989, 259

genügt die Besichtigung einer Wohnung gleichen Typs wie die gegenständliche.[281] Es kann auch die Besichtigung einer genügenden Anzahl anderer Wohnungen von nahezu gleicher Art, Größe, Ausstattung und Beschaffenheit innerhalb derselben Wohnanlage genügen.[282] Es ist zudem ausreichend, wenn der Sachverständige Wohnungen aus dem eigenen Bestand des Vermieters zugrunde gelegt und die gegenständliche Wohnung nicht besichtigt hat.[283] Das Mieterhöhungsverlangen des Vermieters ist nicht schon aus formellen Gründen unwirksam mit der Folge, dass die Klage auf Zustimmung zur Mieterhöhung als unzulässig abzuweisen wäre, weil der Sachverständige die betreffende Wohnung zur Ermittlung der ortsüblichen Vergleichsmiete nicht besichtigt hat.[284]

Der Mieter ist grundsätzlich verpflichtet, den Zutritt zu seiner Wohnung zur Erstellung des Gutachtens zu dulden.

Gutachten im Prozess
Im Prozess hat das Gutachten lediglich die Bedeutung eines Parteigutachtens. Es unterliegt damit der freien Beweiswürdigung. Es ist ein Begründungsmittel und kein Beweismittel. Der Vermieter hat die Kosten für das vorprozessuale Sachverständigengutachten zu tragen. Selbst wenn er den Prozess auf Zustimmung zur Mieterhöhung gewinnt, bekommt er die Kosten für ein Gutachten, mit dem er seine Mieterhöhung begründet hat, von der Gegenseite nicht erstattet.[285]

4.7.4   Vergleichbare Wohnungen

Begründet der Vermieter seinen Anspruch durch Benennung von Vergleichsobjekten, so sind drei anzuführen. Die Vergleichsobjekte können anderen Vermietern oder dem Vermieter selbst gehören (§ 558 Abs. 2 Nr. 4 BGB).

Der Vermieter darf alle drei zu benennenden Vergleichswohnungen oder einen Teil davon seinem eigenen Wohnungsbestand entnehmen. Die Vergleichsobjekte können auch aus einem Haus und auch aus demselben Haus stammen, in dem der Mieter selbst wohnt.[286]

Für das vorprozessuale Erhöhungsverlangen ist der Zeitpunkt des Zustandekommens der Mietvereinbarung der Vergleichswohnungen ohne Bedeutung. Die Vergleichsmieten müssen also nicht innerhalb der letzten vier Jahre zustande gekommen oder

---

281 OLG Oldenburg v. 2.1.1981, 5 UH 2/81, WuM 1981, 150
282 OLG Celle v. 27.4.1982, 2 UH 2/81 ZMR 1982, 341
283 BGH v. 19.5.2010, VIII ZR 122/09, NZM 2010, 576
284 BGH v. 11.7.2018, VIII ZR 136/17, GE 2018, 991
285 LG Heidelberg v. 8.1.1979, 5 T 53/78, WuM 1980, 32
286 BVerfG v. 12.5.1993, 1 BvR 442/93, WuM 1994, 139

abgeändert worden sein. Die Miete der Vergleichswohnungen muss aber mindestens so hoch sein wie die neu verlangte Miete. Andernfalls ist das Mieterhöhungsverlangen nur teilweise wirksam, und zwar bis zur Höhe der dritthöchsten Vergleichsmiete.[287]

> BEISPIEL
>
> Der Vermieter richtet an seinen Mieter ein Mieterhöhungsverlangen auf 6,50 Euro/m². Der Vermieter begründet seine Mieterhöhung mit drei Vergleichswohnungen in Höhe von 7,00 Euro/m², 6,25 Euro/m² und 6,50 Euro/m². Das Erhöhungsverlangen ist also nur bis zu einer Miete von 6,25 Euro/m² wirksam, nicht bis zum Mittelwert der drei Wohnungen.

Wenn der Vermieter mehr als die drei geforderten Vergleichsmieten benennt, die die Voraussetzungen des § 558a Abs. 2 Nr. 4 BGB nicht erfüllen (der Mietpreis der weiteren Vergleichswohnungen liegt zwischen der bisherigen und der geforderten Miete), so ist das Mieterhöhungsverlangen weder insgesamt noch teilweise unwirksam.[288]

Entscheidend ist, dass mindestens drei Vergleichsmieten genauso hoch sind, wie die gewünschte Miete.

Die Vergleichsobjekte müssen so bezeichnet sein, dass der Mieter die Wohnung, beispielsweise in einem Hochhaus, auffinden kann. Das ist möglich, wenn Straße, Hausnummer, Stockwerk und, sofern sich in einem Stockwerk mehrere Wohnungen befinden, die Lage innerhalb des Stockwerkes (z. B. 2. OG rechts, 3. OG links oder 7. OG Mitte) angegeben sind. Die Angabe des Namens des Vermieters oder Mieters ist in der Regel nicht erforderlich.[289]

Hingegen sind weitere Angaben erforderlich, wenn die Wohnung durch diese Angaben nicht eindeutig identifizierbar ist. Wenn nämlich unter der Lagebezeichnung mehr als eine Wohnung aufzufinden ist, muss der Name des Mieters der Vergleichswohnung mit angegeben werden.[290] Der Angabe des Namens des Vermieters genügt nicht, da anhand seines Namens die Wohnung nicht aufgefunden werden kann.[291] Aber auch wenn der Vermieter den Namen des Mieters der Vergleichswohnung nicht angibt, kann der Mieter anhand der angegebenen Adresse und Lage der Wohnung den Mieter der Vergleichswohnung ausfindig machen. Damit handelt es sich bei der Miethöhe der Vergleichswohnung um personenbezogene Daten des Mieters dieser Wohnung. Dennoch

287 OLG Karlsruhe, RE v. 15.12.1983,9 RE-Miet 2/83, WuM 1984, 21
288 BGH v. 28.3.2012, VIII ZR 79/11, WuM 2012, 283
289 BGH, RE v. 20.9.1982, VIII ARZ 1/82, WuM 1982, 324
290 LG München I v. 12.6.2002, 14 S 21762/01, WuM 2002, 427; BGH v. 18.12.2002, VIII Z R 72/02, WuM 2003, 149, 150
291 LG Berlin v. 10.6.1985,61 S 6/85, GE 1985, 1257

ist die Mitteilung der Vergleichswohnung auch nach der Datenschutz-Grundverordnung zulässig, weil der Vermieter dies tun muss, um seine Rechte zu wahren (berechtigtes Interesse gemäß Art. 6 Abs. 1f DSGVO). Möglicherweise ist der Vermieter verpflichtet, dem Mieter der Vergleichswohnung mitzuteilen, dass und wem er die Höhe der Miete seiner Wohnung mitgeteilt hat.

Die Angabe der Größe der Vergleichswohnung ist in einem Erhöhungsverlangen nur dann wesentliche Voraussetzung für die Zulässigkeit der Mieterhöhungsklage, wenn sich allein aus der Größenangabe in Verbindung mit dem Gesamtmietpreis der Quadratmeterpreis für die vom Vermieter bezeichneten Vergleichswohnungen errechnen lässt.[292]

Flächenabweichungen der Vergleichswohnungen von der Wohnung des Mieters nach oben oder unten beeinträchtigen die verfahrensrechtliche Wirksamkeit der Mieterhöhungserklärung nicht.[293] Flächenabweichungen von mehr als 50 % führen dagegen zu einer Unwirksamkeit der Mieterhöhung, weil starke Flächenunterschiede meistens mit einer Änderung des Wohnungstyps verbunden sind.[294]

Abweichungen können sich bei 1-Zimmer-Wohnungen (Appartementzuschlag) ergeben. Sie weisen nämlich in der Regel einen höheren Quadratmeterpreis auf als Mehrzimmerwohnungen, sodass beide Wohnungstypen im Allgemeinen nicht vergleichbar sind. Es empfiehlt sich daher, die Zimmerzahl der Vergleichswohnungen anzugeben. Die Rechtsprechung lässt die Begründung eines Mieterhöhungsverlangens mit Wohnungen aus einer anderen vergleichbaren Gemeinde nicht oder nur dann zu, wenn in der Gemeinde, in der die vermietete Wohnung liegt, keine Vergleichswohnungen vorhanden sind.[295] Falls trotz Bemühungen Vergleichsmieten aus derselben Gemeinde nicht zur Verfügung stehen, obwohl es dort solche in genügender Anzahl gibt, wird zur Ermittlung der ortsüblichen Vergleichsmiete auf ein Sachverständigengutachten verwiesen.[296] Die dagegen eingelegte Verfassungsbeschwerde war erfolglos.[297]

Ein gewisser Aufwand an Zeit und Mühe kann allerdings vom Vermieter bei der Ermittlung der Vergleichsmieten verlangt werden. Wann die Zumutbarkeitsschwelle überschritten wird, ist allerdings eine Frage des Einzelfalles.

---

292 BayObLG vom 1.4.1982, Allg. Reg. 68/81, WuM 1982, 154
293 OLG Schleswig, RE v. 3.10.1986, 6 RE-Miet 1/86, WuM 1987, 140
294 Barthelmess, WKSchG, 5. Aufl., § 2 MHG, Rn. 112
295 LG München II v. 9.4.1981, 6 S 1813/80, WuM 1982, 131
296 LG München II v. 21.1.1993, 8 S 5849/92
297 BVerfG v. 19.12.1993, 1 BvR 361/93, WuM 1994, 136

Achtung

Der Vermieter darf auf keinen Fall seine Vergleichswohnungen aus Inseraten der Zeitungen oder dem Internet entnehmen, da die Mieten der Vergleichswohnungen zum Zeitpunkt des Zugangs des Erhöhungsverlangens bereits fällig sein müssen.[298]

Die Benennung von drei Vergleichswohnungen dient nur der Zulässigkeit des Erhöhungsverlangens. Bei der Benennung von Vergleichswohnungen im Rahmen einer Mieterhöhung dürfen daher keine überhöhten Anforderungen an die Begründungspflicht des Vermieters gestellt werden.[299] Es reicht aus, dass der Mieter Informationen über Namen des Wohnungsinhabers, Adresse, Geschoss und Quadratmeterpreis erhält.[300] In der Mitteilung dieser Daten liegt zugleich die stillschweigende Erklärung des Vermieters, dass er die benannten Wohnungen hinsichtlich sämtlicher vom Gesetz aufgeführter Merkmale (Art, Größe, Ausstattung, Beschaffenheit und Lage) für vergleichbar hält.

Etwas anderes gilt jedoch dann, wenn die fragliche Wohnung eine so ins Auge fallende Besonderheit aufweist, dass der Mieter an der Vergleichbarkeit der benannten Wohnungen zweifeln und schriftlichen Aufschluss über das Vorhandensein dieses ganz speziellen wertbestimmenden Faktors erwarten kann, der über die Angabe von Lage und Quadratmeterpreis hinausgeht. Im vorliegenden Fall wurde die Wohnung über einen einzigen Außenwandgasofen beheizt. Dementsprechende inhaltliche Anforderungen an die Erhöhungserklärung sind nach Ansicht des Gerichts nicht unverhältnismäßig und verstoßen nicht gegen das Gebot zur grundrechtskonformen Auslegung und Anwendung der gesetzlichen Bestimmungen. Nach wie vor stellen die Gerichte jedoch teilweise höhere Anforderungen. Es sollte daher darauf geachtet werden, dass die wesentlichen Ausstattungsmerkmale der Vergleichswohnungen mit der Bezugswohnung übereinstimmen. Im Allgemeinen unterscheidet man zwischen

- Einfachwohnungen (ohne Bad und Zentralheizung),
- mittleren Wohnungen (in der Regel mit Bad, aber ohne Zentralheizung) und
- Komfortwohnungen (mit Bad und Zentralheizung, eventuell Lift).

Bezugswohnung und Vergleichswohnungen sollten auch aus derselben Baualtersklasse stammen, wobei ein Unterschied von ca. 10 Jahren unschädlich ist.[301] Wenn der Ausstattungs- und Modernisierungszustand in etwa gleich ist, wird man aber auch bei verschiedenen Baualtersklassen noch von Vergleichbarkeit ausgehen können.

---

298 AG Hamburg v. 29.3.1989, 37b C 2647/88, WuM 1989, 306; AG München v. 7.3.2018, 472 C 23258/17, WuM 2018, 773

299 BVerfG v. 14.7.1981, 1 BvR 107/890, WuM 1982, 146

300 BVerfG v. 8.11.1988, 1 BvR 1527/87, WuM 1989, 62

301 LG Düsseldorf v. 9.6.1992, 24 S 35/92, DWW 1992, 284

Etwas anderes kann sich nur ergeben, wenn vom Mieter das Vorhandensein der Wohnung überhaupt oder das Vorhandensein von Merkmalen bestritten wird, bei deren Wegfall eine Vergleichbarkeit zweifelsfrei nicht mehr gegeben ist.

Es kommt auch nicht darauf an, ob die »Vergleichsmieter« die Besichtigung ihrer Wohnung gestatten oder Auskünfte erteilen.[302] Ausreichend ist auch, wenn dem Mieterhöhungsverlangen eine nicht unterschriebene Liste von Vergleichswohnungen beiliegt.[303]

Die Benennung von Vergleichswohnungen ist nicht auf eine bestimmte Höchstzahl beschränkt. Ein Erhöhungsverlangen ist also auch dann nicht unwirksam, wenn der Vermieter dem Mieter eine mittels elektronischer Datenverarbeitung angefertigte Aufstellung von 80 Vergleichswohnungen übermittelt.[304] Entscheidend ist, dass drei Vergleichswohnungen über der neu verlangten Miete liegen. Wenn diese Aufstellung allerdings eine nicht nur unerhebliche Anzahl nicht vergleichbarer Wohnungen enthält, ist die Mieterhöhung dennoch formell wirksam.[305]

Der Vermieter kann zur Begründung Vergleichswohnungen heranziehen, deren Mietstruktur von der Wohnung, für die die Miete erhöht werden soll, abweicht.[306] Allerdings hat er durch einfache Rechenoperationen die Vergleichbarkeit herzustellen: Bei der Begründung eines Mieterhöhungsverlangens für eine Bruttokaltmiete (inkl. Betriebskosten) mit Nettomieten hat der Vermieter zu den Nettomieten die tatsächlich anfallenden Betriebskosten hinzuzurechnen[307] oder einfacher, den Betriebskostenanteil aus der bisherigen Miete herauszurechnen.

Im umgekehrten Fall (Erhöhung einer Nettomiete unter Hinweis auf Vergleichswohnungen mit Bruttomiete) sind entweder bei den Mieten der Vergleichswohnungen die Betriebskosten abzuziehen oder bei der Miete der zu erhöhenden Wohnung die dort anfallenden Betriebskosten hinzuzuzählen, damit Vergleichbarkeit hergestellt ist. Es genügt sogar die Angabe von Adresse, Geschoss, Stockwerkslage und Quadratmeterpreis.[308] Die rechnerische Ermittlung einer geforderten Nettomiete ist nicht notwendig, solange dem Mieter mit den erhaltenen Angaben eine eigene Nachprüfung des Erhöhungsverlangens möglich ist. Wenn das Gericht diese Angaben nicht für ausreichend hält, muss es dem Vermieter Gelegenheit zur Ergänzung seines Sachvortrags geben.

---

302 OLG Schleswig, RE v. 31.10.1983, 6 RE-Miet 1/83, WuM 1984, 23
303 KG Berlin, RE v. 22.2.1984, 8 W RE-Miet 194/84, WuM 1984, 101
304 BayObLG, RE v. 25.9.1991, RE-Miet 3/91, WuM 1992, 52
305 BGH v. 28.3.2012, VIII ZR 79/11, NZM 2012, 415
306 BVerfG v. 8.9.1993, 1 BvR 1331/92, WuM 1994, 137
307 LG Karlsruhe v. 8.3.1985, 9 S 460/84, WuM 1985, 328
308 BVerfG a. a. O.

> **Achtung** !
>
> Eine Änderung der vertraglich vereinbarten Mietstruktur im Erhöhungsverlangen darf der Vermieter nicht vornehmen; dies würde das Verlangen unwirksam machen.

> **Achtung** !
>
> Liegt die Wohnung in einer Gemeinde, in der ein qualifizierter Mietspiegel existiert, muss der Vermieter in seinem Mieterhöhungsverlangen, das er mit Vergleichsmieten begründet, die ortsübliche Vergleichsmiete nach dem qualifizierten Mietspiegel vorrechnen (§ 558a Abs. 3 BGB).

4.8 Drittmittel

Gemäß § 558 Abs. 5 BGB sind von dem Jahresbetrag, der sich bei einer Erhöhung auf die ortsübliche Vergleichsmiete ergäbe, Drittmittel im Sinne des § 559a BGB abzuziehen – im Falle des § 559a Abs. 1 BGB mit 11 % des Zuschusses. Voraussetzung ist, dass der Vermieter eine bauliche Maßnahme durchführt, die eine Modernisierung nach § 559 BGB ist bzw. die der Vermieter nicht zu vertreten hat, und dass zu diesen Maßnahmen von der öffentlichen Hand Zuschüsse geleistet wurden.

Die Begründungspflicht gemäß § 558a Abs. 1 BGB bezieht sich auch auf die Anrechnung von Kürzungsbeträgen. Ein Erhöhungsverlangen ist daher aus formellen Gründen unwirksam, wenn der Vermieter in der Begründung auf die Inanspruchnahme einer öffentlichen Förderung für die Modernisierung der Wohnung und die dadurch veranlasste Kürzung der Mieterhöhung hinweist, den Kürzungsbetrag jedoch nicht nachvollziehbar erläutert.[309]

Dem Mieter müssen also die abzusetzenden Kürzungsbeträge und deren Berechnungsgrundlagen bekannt gegeben werden. Anzurechnen sind Zuschüsse zu Baumaßnahmen gemäß § 559 BGB (Modernisierung). Es muss sich also um solche Maßnahmen handeln, die den Vermieter auch zu einer Mieterhöhung gemäß § 559 BGB berechtigen würden.

> **BEISPIEL**
>
> Der Vermieter hat ein zinsverbilligtes Darlehen von 20.000,00 Euro zu einem Zinssatz von 3 % erhalten; der übliche Zinssatz für erstrangig abgesicherte Darlehen betrug 7 %.

---

309 BGH v. 25.2.2004, VIII ZR 116/03, WuM 2004, 283; BGH v. 12.5.2004, VIII ZR 234/03, WuM 2004, 405; BGH v. 1.4.2009, VIII ZR 179/08, GE 2009, 393

Der Kürzungsbetrag wird wie folgt ermittelt:

7% – 3% = 4%

4% von 20.000,00 Euro = 800,00 Euro jährlich

Die ortsübliche Vergleichsmiete beträgt 700,00 Euro monatlich, jährlich also 8.400,00 Euro. Hiervon ist der Kürzungsbetrag in Höhe von 800,00 Euro abzuziehen = 7.600,00 Euro, dies geteilt durch 12 Monate = 633,33 Euro. Diesen Betrag kann der Vermieter bei der Mieterhöhung fordern, wenn die übrigen Voraussetzungen erfüllt sind.

Die Anrechnungspflicht von Drittmitteln, die von öffentlichen Haushalten für Modernisierungsmaßnahmen gewährt werden, endet zwölf Jahre nach der mittleren Bezugsfertigkeit des geförderten Objekts.[310]

4.9   Zustimmung

Dem Mieter ist eine Überlegungsfrist eingeräumt, innerhalb derer er sich darüber schlüssig werden kann, ob er dem Erhöhungsverlangen zustimmt. Sie beginnt mit dem Zugang des Erhöhungsverlangens und endet mit dem Ablauf des 2. Kalendermonats, der auf den Zugang folgt (§ 558b Abs. 2 BGB).

> **BEISPIEL**
>
> Zugang des Mieterhöhungsverlangens ist der 15. Mai 2019.
> Die Überlegungsfrist des Mieters beträgt zwei Monate und endet am 31. Juli 2019.

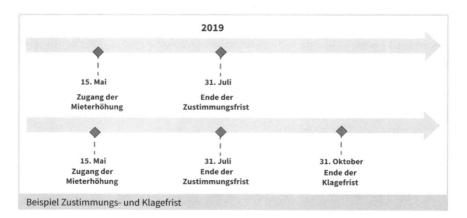

Beispiel Zustimmungs- und Klagefrist

---

310 BGH v. 13.6.2012, VIII ZR 311/11, NJW-Spezial 2012, 579

Die Zustimmung des Mieters zur Mieterhöhung ist eine einseitige empfangsbedürftige Willenserklärung, die an keine Form gebunden ist. Grundsätzlich ist die Zustimmung bei einer vertraglich vereinbarten Schriftformklausel schriftlich abzugeben. Die Parteien können sich aber über das Formerfordernis hinwegsetzen. Die Schriftform aufgrund des § 550 BGB ist bei Zustimmung zu einer nicht unwesentlichen Mieterhöhung (über 5 %) bei Mietverträgen für längere Zeit als ein Jahr einzuhalten. In diesem Fall hat der Vermieter auch bei konkludenter Zustimmung durch Zahlung der erhöhten Miete (s. unten) einen Anspruch auf schriftliche Zustimmung.[311]

4.9.1   Konkludente Zustimmung

Nach dem Beschluss des BGH[312] stellt die **dreimalige** vorbehaltlose Zahlung des Mieterhöhungsbetrags eine konkludente Zustimmung zur Mieterhöhung dar.

Auch einem unwirksamen Zustimmungsverlangen zur Mieterhöhung kann der Mieter durch Zahlung der erhöhten Miete konkludent zustimmen.[313]

Keine Zustimmung liegt vor, wenn der Vermieter aufgrund einer zur bisherigen Miethöhe erteilten Abbuchungsermächtigung die erhöhte Miete monatelang einzieht, aber keine Zustimmungsklage erhebt.[314]

4.9.2   Widerruf der Zustimmung

Stimmt der Mieter einer Wohnung einer vom Vermieter verlangten Anpassung der Miete an die ortsübliche Vergleichsmiete zu, so steht dem Mieter ein Recht, die erklärte Zustimmung nach Maßgabe der Bestimmungen über das Widerrufsrecht bei im Fernabsatz geschlossenen Verbraucherverträgen zu widerrufen (§§ 312 Abs. 1, 312c Abs. 1, 312g Abs. 1, 355 Abs. 1 BGB), nicht zu. Nach Ansicht des BGH[315] sei der Mieter nicht schutzbedürftig, weil ihm das Gesetz geraume Zeit zur Überlegung einräume, ob und gegebenenfalls in welchem Umfang er der Mieterhöhung zustimme, nämlich bis zum Ablauf des zweiten Kalendermonats nach dem Zugang des Mietererhöhungsverlangens (§ 558b Abs. 2 Satz 1 BGB). Dadurch habe das in Textform (§ 558a Abs. 1 BGB) zu erklärende Mieterhöhungsverlangen den Effekt, dass eine Druck- und Überrumpelungssituation zulasten des Mieters vermieden werde.

---

311 LG Wiesbaden v. 20.1.2000, 1 T 34/99, WuM 2000, 195
312 BGH v. 30.1.2018, VIII ZB 74/16, WuM 2018, 151
313 BGH v. 29.6.2005, VIII ZR 182/04, WuM 2005, 518
314 LG München I v. 19.8.1994, 14 S 5662/94, WuM 1996, 44
315 BGH v. 17.10.2018, VIII ZR 94/17, WuM 2018, 765

4.10   Klage

Verweigert der Mieter die Zustimmung oder gibt er keine Erklärung ab, was als Ablehnung zu werten ist, kann der Vermieter innerhalb weiterer drei Monate ab dem Ende der Überlegungsfrist Klage auf Zustimmung erheben (§ 558b Abs. 2 BGB).

> **BEISPIEL**
>
> Wenn die Überlegungsfrist am 31. Juli 2019 endet, läuft die Klagefrist am 31. Oktober 2019 ab.

Die Klagefrist ist eine Ausschlussfrist. Eine nach Fristablauf erhobene Klage ist unzulässig. In diesem Fall muss ein neues Erhöhungsverlangen gestellt werden, wobei neue Überlegungs- und Klagefristen anlaufen.

Die Klagefrist wird durch rechtzeitige Einreichung der Klage bei Gericht gewährt, wenn sie bald danach zugestellt wird (§§ 270 Abs. 3, 495 ZPO). Eine vor Ablauf der Überlegungsfrist des Mieters, im Beispiel vor dem 31.07., erhobene Klage ist unzulässig. Eine Ausnahme besteht, wenn der Mieter die Zustimmung endgültig und bestimmt abgelehnt hat. Im Übrigen wird die verfrüht erhobene Klage zulässig, wenn die Überlegungsfrist des Mieters bis zur Zeit des letzten Verhandlungstermins abgelaufen ist.[316]

Erteilt der Mieter nachträglich seine Zustimmung, was möglich ist, hat aber der Vermieter bereits Klage erhoben und ist die Klage vor Zustimmung zugestellt worden, ist der Rechtsstreit in der Hauptsache erledigt, und der Kläger muss ihn für erledigt erklären. Das Gericht entscheidet über die Kosten durch Beschluss.

In § 269 Abs. 3 Satz 3 ZPO ist nun auch geregelt, wer die Kosten zu tragen hat, wenn das zu erledigende Ereignis, also die Zustimmung des Mieters, zwischen Einreichung und Zustellung der Klage erfolgt: Im Falle der Klagerücknahme ist zwar grundsätzlich der Kläger verpflichtet, die Kosten des Rechtsstreits zu tragen. Ist aber der Anlass zur Einreichung der Klage vor Rechtshängigkeit weggefallen und wird die Klage darauf unverzüglich zurückgenommen, so bestimmt sich die Kostentragungspflicht unter Berücksichtigung des bisherigen Sach- und Streitstandes nach billigem Ermessen. Das Gericht kann in diesem Fall dem Mieter die Kosten auferlegen.[317]

Der Mieter kann auch teilweise, d. h. bis zu einem Betrag, der unter der vom Vermieter verlangten Miete liegt, zustimmen. In diesem Fall hat der Vermieter die Wahl, sich damit zufrieden zu geben oder auf Zustimmung zu einer Erhöhung der Miete auf den

---

316   KG Berlin, RE v. 12.1.1981, WuM 1981, 54
317   LG Berlin v. 17.3.2003, 65 T 2/03, GE 2003, 881

vollen Betrag zu klagen. Die teilweise Zustimmung hat dann allenfalls Bedeutung für den Streitwert des Prozesses.

Eine Zustimmung unter Bedingungen oder Vorbehalt ist als neues Angebot des Mieters anzusehen, auf das der Vermieter nicht eingehen muss. Der Vermieter muss hier, wenn er damit nicht einverstanden ist, innerhalb der Frist klagen.

Der Mieter kann sich gegenüber dem Anspruch des Vermieters auf Zustimmung zur Mieterhöhung nach § 558 BGB nicht auf ein Zurückbehaltungsrecht gemäß § 273 BGB wegen eines Gegenanspruchs auf Mängelbeseitigung gemäß § 536 BGB berufen.[318]

Die Klage auf Zustimmung ist unzulässig, wenn ihr kein wirksames Mieterhöhungsverlangen vorausgegangen ist.[319]

Ein Mieter kann aber auch einem unwirksamen Mieterhöhungsverlangen ganz oder teilweise zustimmen. Die Teilzustimmung ist rechtlich als Angebot auf Zustimmung zur Vertragsänderung zu werten.[320] Nimmt der Vermieter an, läuft die Jahresfrist.

Bei mehreren Mietern müssen alle zustimmen. Die Wirksamkeit von Formularklauseln, wonach ein Mieter mit Wirkung für alle Mieter zustimmen kann, ist umstritten, wird aber von der Rechtsprechung überwiegend als AGB-widrig abgelehnt. Auch eine Klage ist – trotz Bevollmächtigungsklausel – gegen alle Mieter zu richten.[321]

Wird die Zustimmungsklage nicht fristgemäß erhoben, gilt das Erhöhungsverlangen als nicht gestellt. Ein neues Erhöhungsverlangen kann jedoch jederzeit gestellt werden. Bei einer Teilzustimmung ist die Jahresfrist zu beachten.

Ist Klage erhoben worden, jedoch kein wirksames oder nur ein teilwirksames Erhöhungsverlangen vorausgegangen, kann der Vermieter das Erhöhungsverlangen im Rechtsstreit nachholen oder die Mängel beheben (§ 558b Abs. 3 S. 1 BGB).[322] Dem Mieter steht auch in diesem Fall die Zustimmungsfrist von zwei Monaten zu, die in diesem Fall erneut ausgelöst wird. Die überwiegende Meinung versteht unter »Nachholen« kein Nachbessern einzelner Formmängel, z. B. Angabe einer weiteren Vergleichsmiete, wenn die dritte Vergleichsmiete nicht zu berücksichtigen war, sondern eine Neuvornahme des Mieterhöhungsverlangens insgesamt.

---

318   OLG Frankfurt/Main, RE v. 29.7.1999, 20 RE-Miet 1196, WuM 1999, 629
319   BGH v. 13.11.2013, VIII ZR 413/12, WuM 2014, 33
320   LG Berlin v. 25.10.1996, 65 S 211/96, WuM 1997, 51
321   KG Berlin, RE v. 5.12.1985, 8 RE-Miet 5205/85, WuM 1986, 106
322   BayObLG, RE v. 30.6.1989, RE-Miet 4/88 WuM 1989, 484

Nunmehr ist dem Vermieter aber auch gestattet, einzelne Mängel des Erhöhungsverlangens während des Rechtsstreits nachzubessern, z. B. die Begründung zu ergänzen, eine fehlende Unterschrift vorzunehmen oder das nicht beigefügte Gutachten eines Sachverständigen nachzureichen, so die amtliche Begründung.

Die Auswirkungen zugunsten der Vermieter werden sich gleichwohl in Grenzen halten. Prozessual stellt ein neues Erhöhungsverlangen eine Klageänderung dar, die dem Sinn des Gesetzes nach als sachdienlich anzusehen ist (§§ 263, 267 ZPO). Das Gericht ist jedoch – jedenfalls nach bisheriger Rechtsprechung – nicht verpflichtet, den Rechtsstreit zu vertagen (§ 227 Abs. 1 Satz 1 ZPO), bis die Überlegungsfrist für das neue oder nachgebesserte Erhöhungsverlangen abgelaufen ist. Entscheidet das Gericht vorher, kann es nach wie vor die Klage als unzulässig abweisen. Es bleibt abzuwarten, ob die Gerichte hier in Zukunft großzügiger verfahren werden.

Ein Nachholen ist auch in einem prozessualen Schriftsatz, z. B. einer Klagebegründung, möglich, wenn darin eindeutig zum Ausdruck gebracht wird, dass auch eine materiell-rechtliche Erklärung abgegeben wird. Der BGH hat entschieden, dass die zur Verteidigung gegenüber einem Mieterhöhungsverlangen erteilte Prozessvollmacht auch zum Empfang eines während des Verfahrens abgegebenen weiteren Mieterhöhungsverlangens ermächtigt. Der Prozessbevollmächtigte des Mieters kann also ein erneutes Erhöhungsverlangen nicht mit der Begründung zurückweisen, er sei nicht zustellungsbevollmächtigt. Ferner hat der BGH in diesem Urteil entschieden, dass § 174 BGB auf eine von einem Rechtsanwalt im Rahmen des gesetzlichen Umfangs seiner Prozessvollmacht abgegebenen Erklärung keine Anwendung findet. Der Rechtsanwalt des Vermieters hatte im vorliegenden Fall das nachgeholte Erhöhungsverlangen ohne Beifügen einer Vollmacht gestellt. Dies ist nach Ansicht des BGH auch nicht erforderlich. Ein Recht des Prozessbevollmächtigten des Mieters zur Zurückweisung des Erhöhungsverlangens bestand daher nicht.[323] Dieses Nachschieben von Gründen setzt erneut die zweimonatige Überlegungsfrist in Lauf. Erteilt der Mieter daraufhin seine Zustimmung oder erkennt er den Klageanspruch sofort an, können die Kosten des Rechtsstreits dem Vermieter auferlegt werden.

4.11   Auswirkungen auf das Kündigungsrecht

4.11.1   Sonderkündigungsrecht des Mieters (§ 561 Abs. 1 BGB)

Macht der Vermieter eine Mieterhöhung nach den §§ 558 BGB (bis zur ortsüblichen Vergleichsmiete) oder 559 BGB (bei Modernisierung) geltend, so kann der Mieter bis

---

323   BGH v. 18.12.2002, VIII ZR 72/02, NZM 2003, 229

zum Ablauf des zweiten Monats nach dem Zugang der Erklärung des Vermieters das Mietverhältnis außerordentlich zum Ablauf des übernächsten Monats kündigen.

BEISPIEL

Das Zustimmungsverlangen geht dem Mieter am 15. Mai 2019 zu.
Der Mieter hat die Möglichkeit, bis zum 31. Juli 2019 zu kündigen.
Kündigt der Mieter fristgerecht, endet das Mietverhältnis zum 30. September 2019.

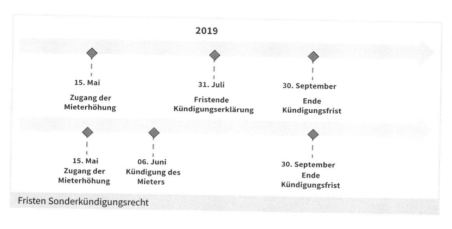

Fristen Sonderkündigungsrecht

Dieser Endtermin gilt auch dann, wenn der Mieter im Beispiel die Kündigung schon im März ausspricht. Das Mietverhältnis endet nämlich mit Ablauf des zweiten Monats ab Ende der Frist, bis zu der spätestens die Kündigung erklärt werden kann, nicht zwei Monate ab Kündigungserklärung.

Für das Kündigungsrecht genügt es, dass dem Mieter ein schriftliches Erhöhungsverlangen zugeht. Ob es formell wirksam oder materiell gerechtfertigt ist, spielt keine Rolle. Hat der Mieter die Zustimmung zur Mieterhöhung erteilt, ist die Ausübung des Sonderkündigungsrechts nicht mehr möglich. Erteilt der Mieter nur teilweise seine Zustimmung und hält der Vermieter sein darüber hinausgehendes Erhöhungsverlangen aufrecht, so steht dem Mieter das Sonderkündigungsrecht zu. Dieses Recht besteht auch, wenn der Vermieter dem Mieter den Abschluss eines neuen Mietvertrags mit einer höheren Miete vorschlägt.[324] Eine Ausnahme besteht nur, wenn der Mieter nachweisbar weiß, dass das Erhöhungsverlangen unwirksam ist. Die Beweislast für die Wirksamkeit trägt der Vermieter.

---

324 LG Gießen v. 2.9.1998, 1 S 592/97, WuM 2000, 423

Macht der Mieter von seinem Sonderkündigungsrecht Gebrauch, tritt die Mieterhöhung nicht ein (§ 561 Abs. 1 Satz 2 BGB). Es kann somit bei Kündigung durch den Mieter weder die ortsübliche Vergleichsmiete noch die wegen baulicher Änderungen erhöhte Miete verlangt werden. Erhöht der Vermieter die Betriebskostenpauschale gemäß § 560 Abs. 1 BGB, besteht kein Sonderkündigungsrecht des Mieters.

4.11.2   Schonfrist bei Zahlungsverzug (§ 569 Abs. 3 Nr. 3 BGB)

Ist der Mieter rechtskräftig zur Zahlung einer erhöhten Miete nach den §§ 558 bis 560 BGB (Erhöhung auf die ortsübliche Vergleichsmiete, wegen Modernisierung oder Betriebskostenerhöhung) verurteilt worden, kann der Vermieter das Mietverhältnis wegen des Zahlungsverzugs des Mieters nicht vor Ablauf von zwei Monaten nach der rechtskräftigen Verurteilung kündigen, wenn nicht das Recht zur fristlosen Kündigung schon wegen der bisher geschuldeten Miete gegeben ist.

Nach dem Gesetzeswortlaut bedarf es also auch bei einer Verurteilung zur Zustimmung nach § 558 BGB zusätzlich noch einer Zahlungsklage, bevor gekündigt werden kann. Hierbei handelt es sich jedoch um ein Redaktionsversehen. Eine Klage auf Zahlung der erhöhten Miete ist nach rechtskräftigem Abschluss des Verfahrens auf Zustimmung zur Mieterhöhung nicht erforderlich.[325]

Die Kündigungssperre gilt auch dann, wenn der Mieter rechtskräftig verurteilt worden ist, einer rückwirkenden Mieterhöhung zuzustimmen.[326] Dies bedeutet jedoch nicht, dass die Frist erst mit einem späteren Zahlungsurteil zu laufen beginnt. Eine fristlose Kündigung, die vor Ablauf von zwei Monaten nach der Verurteilung zur Zahlung erfolgt, ist gemäß § 134 BGB nichtig.

Die Möglichkeit, eine nach Ablauf der Frist des § 569 Abs. 3 Nr. 3 BGB ausgesprochene fristlose Kündigung des Vermieters innerhalb der weiteren Frist des § 569 Abs. 3 Nr. 2 BGB unwirksam machen zu können, bleibt dem Mieter erhalten.

Prozessvergleich
Haben sich Vermieter und Mieter in einem Prozessvergleich auf eine höhere Miete geeinigt, gilt die Zweimonatsfrist des § 569 Abs. 3 Nr. 3 BGB ebenfalls nicht. Grund hierfür ist, dass der Mieter sich bei Vergleichsabschluss auf die alsbaldige Nachzahlung einstellen konnte und diese z. B. durch Vereinbarung von Ratenzahlung berücksichtigen konnte.[327]

---

325 Schmidt-Futterer, § 569 BGB Rn 62; BGH v. 4.5.2005, VIII ZR 94/04, WuM 2005, 396
326 BGH v. 4.5.2005, VIII ZR 5/04, WuM 2005, 458
327 OLG Hamm v. 27.12. 1991, 30 RE-Miet /91, WuM 1992, 54

5 Modernisierungsmaßnahmen

Das Mietrechtsanpassungsgesetz (MietAnpG) vom 18. Dezember 2018 ist zum 1. Januar 2019 in Kraft getreten. Neben umfangreichen Neuerungen in Bezug auf die Höhe von Neuvertragsmieten (s. Teil 1 Kap. 3.2) wurden auch bei der Mieterhöhung nach Modernisierungsmaßnahmen (§ 559 ff. BGB) Neuregelungen eingeführt.

Überblick über die wesentlichen Änderungen bei Modernisierungsmieterhöhungen:
* **Senkung** der Modernisierungsmieterhöhung von bisher 11 % auf **8 %** (§ 559 Abs. 1 BGB)
* Einführung einer **Kappungsgrenze** bei Modernisierungsmieterhöhungen **innerhalb von sechs Jahren** (§ 559 Abs. 3a BGB):
  – **3 Euro** pro Quadratmeter je Wohnfläche
  – **2 Euro** pro Quadratmeter Wohnfläche, wenn die Miete weniger als 7 Euro vor Mieterhöhung beträgt
* kleine Modernisierung: für Maßnahmen, die nicht mehr als **10.000 Euro** pro Wohnung betragen, gibt es ein **vereinfachtes Verfahren** (§ 559c BGB).

Nach den §§ 559 ff. BGB ist der Vermieter berechtigt, die für Modernisierungsmaßnahmen aufgewandten Kosten im Rahmen einer Mieterhöhung zu berücksichtigen. Die jährliche Miete kann demnach nur noch um **8 %** (vorher 11 %) der für die Wohnung aufgewendeten Kosten erhöht werden. Dies gilt auch für eine Modernisierungsmieterhöhung im vereinfachten Verfahren (s. Teil 2 Kap. 6.3.4). Voraussetzung für die Geltendmachung einer Modernisierungsmieterhöhung ist zunächst, dass eine Modernisierungsmaßnahme i. S. d. § 555b BGB durchgeführt wurde. Des Weiteren muss es sich um eine Maßnahme i. S. d. § 555b Nr. 1, 3, 4, 5 oder 6 BGB handeln. Werden dagegen Maßnahmen nach § 555b Nr. 2 und Nr. 7 BGB durchgeführt, kann eine Mieterhöhung wegen Modernisierung nicht erfolgen. Bei Maßnahmen, die lediglich der **Erhaltung der Mietsache** dienen, ist eine Mieterhöhung ebenfalls nicht möglich.

Zunächst ist daher zwischen Maßnahmen, die der Erhaltung, und solchen, die der Modernisierung dienen, zu unterscheiden, denn nur Letztere können den Vermieter zur Durchführung einer Mieterhöhung berechtigen (§§ 559 Abs. 1, 559c Abs. 1 BGB).

5.1 Erhaltungsmaßnahmen

Nach § 535 BGB trifft den Vermieter die Pflicht, die Mietsache dem Mieter in einem zum vertragsgemäßen Gebrauch geeigneten Zustand zu überlassen und sie während der Mietzeit in diesem Zustand zu erhalten (§ 535 Abs. 1 Satz 2 BGB).

Unter Maßnahmen, die zur Erhaltung der Mietsache erforderlich sind, fallen solche, die der Instandsetzung bzw. Instandhaltung der Mietsache dienen (§ 555a Abs. 1 BGB). Dazu zählen Erneuerungen und Auswechseln schadhafter Teile, des Weiteren die Behebung von Schäden, die durch Abnützung, Alterung oder Witterungseinflüsse entstanden sind.

BEISPIELE FÜR ERHALTUNG/INSTANDSETZUNG EINER MIETSACHE

- Erneuerung eines 20 Jahre alten Teppichbodens
- Austausch einer 30 Jahre alten Badewanne
- Reparaturen an Fenstern und Haustür oder an der Heizungsanlage

Die Erhaltungspflicht des Vermieters umfasst nicht nur die Durchführung von Reparaturen oder die Beseitigung von Schäden (Instandsetzung), sondern auch Maßnahmen der Überprüfung in Bezug auf das Mietobjekt. So hat der Vermieter Heizungs- und Warmwasseranlagen sowie Aufzugsanlagen regelmäßig zu warten. Es handelt sich hierbei nicht um eine Instandsetzung, sondern um eine Instandhaltung – das sind vorsorgliche Maßnahmen, die der Vermeidung von Schäden oder Gefahren dienen.

§ 555a BGB regelt die Duldungspflicht des Mieters sowie die Rechte und Pflichten der Vertragsparteien bei Erhaltungsmaßnahmen des Vermieters. Während der Mieter Maßnahmen, die der Erhaltung der Mietsache dienen, uneingeschränkt zu dulden hat (§ 555a Abs. 1 BGB), ist die Duldungspflicht bei Modernisierungsmaßnahmen eingeschränkt, sofern der Mieter Härtegründe geltend machen kann (§ 555d Abs. 2 BGB) (s. unten).

Beabsichtigt der Vermieter, Erhaltungsmaßnahmen durchzuführen, hat er diese dem Mieter rechtzeitig anzukündigen (§ 555a Abs. 2 BGB). Bei der Beurteilung der »Rechtzeitigkeit« kommt es immer auf die Umstände des Einzelfalls an[328]. In der Regel wird die Einhaltung einer zweiwöchigen Frist ausreichend und rechtzeitig sein. Je nachdem, ob Handwerker die Wohnung betreten müssen oder der Mieter wegen der geplanten Arbeiten evtl. Vorsorgemaßnahmen treffen muss, kann die Ankündigungsfrist auch länger sein.

Nur bei einer unerheblichen Einwirkung auf die Mietsache oder bei sofortiger zwingender Durchführung der Maßnahme entfällt die Ankündigungspflicht.

BEISPIELE FÜR UNERHEBLICHE EINWIRKUNG

- Reparatur an der Fernsehantenne
- Austausch von Beleuchtungskörpern
- Reparatur der Haustür

---

328 s. Hinz in NZM 2012, 780

BEISPIELE FÜR NOTMASSNAHMEN

- Reparatur der Heizungsanlage im Winter
- Beseitigung von Sturmschäden
- Behebung von Rohrverstopfung
- Behebung von Wasserschäden

Einer Zustimmung des Mieters zur Durchführung der Erhaltungsmaßnahme bedarf es nicht.

Tipp

Gleichwohl sollte der Mieter aufgefordert werden, den geplanten Arbeiten zuzustimmen, wenn der Zutritt zu den Mieträumen erforderlich ist, damit der Vermieter eine gewisse Planungssicherheit erhält.

!

Verhindert der Mieter unberechtigt die Mangelbeseitigung durch den Vermieter, so folgt aus den Grundsätzen von Treu und Glauben, dass er sich in der Folge nicht mehr auf eine Mietminderung wegen des Mangels berufen kann.[329] Eine unberechtigte Behinderung kann zum Beispiel dann vorliegen, wenn der Mieter den Zutritt zu den Mieträumen von ungerechtfertigten Forderungen abhängig macht. Sofern der Zutritt zu den Mieträumen erforderlich ist, hat der Mieter auf Verlangen des Vermieters auch entsprechend angebotene Termine zu bestätigen bzw. Gründe für deren Absage zu benennen.[330]

Muster: Ankündigung einer Erhaltungsmaßnahme

Absender (Vermieter) ....

Herrn/Frau ....

München, 1.6.2019

Sehr geehrte Mieter,

aufgrund der extremen Witterungsverhältnisse der letzten Tage (orkanartige Böen, Platzregen) wurden zahlreiche Dachziegel beschädigt und abgedeckt, weshalb es zur Durchfeuchtung der Fassade und des Dachgeschosses kam. Zur Durchführung dringender Reparaturarbeiten am Dach müsste den Handwerkern Zutritt in die von Ihnen bewohnte Dachgeschosswohnung gewährt werden.

ARBEITSHILFE ONLINE

---

329 BGH v. 13.5.2015, XII ZR 65/14, WuM 2015, S. 619 f.
330 LG Berlin v. 30.7.2018, 65 T 73/18, GE 2018, 997

Die Arbeiten werden am 12.6.2019, ca. 8.00 Uhr beginnen und voraussichtlich bis 15.6.2019 dauern. Gemäß § 555a Abs. 1 BGB sind Sie verpflichtet, Erhaltungsmaßnahmen zu dulden. Wir haben Sie daher aufzufordern, bis spätestens 6.6.2019 mitzuteilen, ob Sie den Zutritt zu Ihrer Wohnung zur Durchführung der Arbeiten dulden. Andernfalls müssten wir Sie auf Duldung der Maßnahmen verklagen.

Sollten Ihnen durch diese Arbeiten Aufwendungen entstehen, werden wir Ihnen diese in angemessenem Umfang ersetzen.

Mit freundlichen Grüßen

....
Unterschrift Vermieter

5.2 Modernisierungsmaßnahmen

Was man unter »Modernisierungsmaßnahmen« versteht, wie der Vermieter diese anzukündigen hat und welche weiteren Rechte und Pflichten sich hieraus ergeben, regeln die §§ 555b ff. BGB.

Gemäß § 555b BGB sind Modernisierungsmaßnahmen bauliche Veränderungen,
1. durch die in Bezug auf die Mietsache Endenergie nachhaltig eingespart wird (energetische Modernisierung),
2. durch die nicht erneuerbare Primärenergie nachhaltig eingespart oder das Klima nachhaltig geschützt wird,
3. durch die der Wasserverbrauch nachhaltig reduziert wird,
4. durch die der Gebrauchswert der Mietsache nachhaltig erhöht wird,
5. durch die die allgemeinen Wohnverhältnisses auf Dauer verbessert werden,
6. die aufgrund von Umständen durchgeführt werden, die der Vermieter nicht zu vertreten hat, und die keine Erhaltungsmaßnahmen nach § 555a sind, oder
7. durch die neuer Wohnraum geschaffen wird.

5.2.1 Energetische Modernisierung (§ 555b Nr. 1 und Nr. 2 BGB)

Einen wesentlichen Schwerpunkt der Mietrechtsreform 2013 stellte die energetische Modernisierung dar. Es handelt sich hierbei um bauliche Maßnahmen, durch die Endenergie (Nr. 1) oder nicht erneuerbare Energien eingespart werden oder das Klima nachhaltig geschützt wird (Nr. 2).

> **Wichtig**
>
> - **Endenergie** ist diejenige Energie, die dem Gebäude zugeführt wird. Maßgeblich ist hierbei die Übergabe an der Schnittstelle zur Gebäudehülle.[331]
> - **Primärenergie** ist diejenige Energie, die durch vorgelagerte Prozesse (z. B. Gewinnung, Transport, Aufbereitung) zur Endenergie hinzukommt.
> - **Erneuerbare Energie** ist Energie, die aus erneuerbaren Rohstoffen gewonnen wird, z. B. Sonne, Wind, Holz, Biomasse. Im Gegensatz dazu handelt es sich bei den fossilen Brennstoffen, wie Kohle, Gas, Erdöl um **nicht erneuerbare Energieträger**.

§ 555b Nr. 1 BGB stellt auf die Einsparung im Hinblick auf die Mietsache ab (Endenergie), d. h. die Maßnahme muss der Mietsache in irgendeiner Weise nützen[332], wohingegen eine Einsparung von Primärenergie gemäß § 555 b Nr. 2 BGB nicht auf die Mietsache abzielt. Die Unterscheidung dieser beiden energetischen Modernisierungstatbestände ist deshalb von großer Bedeutung, da nur eine Maßnahme zur Einsparung von Endenergie (§ 555b Nr. 1 BGB) den Vermieter zu einer Mieterhöhung gemäß § 559 Abs. 1 BGB berechtigt. Eine Maßnahme, die lediglich zur Einsparung von Primärenergie führt oder das Klima schützt (§ 555b Nr. 2 BGB), berechtigt dagegen nicht zum Ausspruch einer Mieterhöhung.

> BEISPIELE FÜR EINSPARUNG VON ENDENERGIE (§ 555B NR. 1 BGB)
>
> - Ausstattung der Mietsache mit Thermostatventilen
> - Wärmedämmung des Daches, der Fassaden, der Kellerdecke
> - Einbau wärmedämmender Fenster oder Rollläden
> - Austausch einer Heizungsanlage durch eine effizientere Anlage bzw. Erneuerung eines Heizkessels
> - Maßnahmen zur Verbesserung des Jahresnutzungsgrades bzw. Wirkungsgrades einer Heizanlage
> - Einbau von Lüftungsanlagen mit Wärmerückgewinnung
> - Installation von Solar- oder Fotovoltaikanlagen, die der Mietsache zugutekommen, d. h. dass die so gewonnene Energie in das Hausnetz eingespeist wird

Aber: Gewinnt der Vermieter durch die Installation einer Fotovoltaikanlage Energie in Form von Strom, wird dieser aber nicht in die Hausanlage eingespeist, sondern vom Vermieter durch anderweitige Einspeisung, z. B. in das allgemeine Stromnetz, verkauft, handelt es sich um eine Maßnahme zur Einsparung von Primärenergie (§ 555b Nr. 2 BGB) und nicht um eine Einsparung von Endenergie, da in Bezug auf die Mietsache gerade keine Ersparnis vorliegt.

---

331 vgl. Fleindl, NZM 2012, S. 59
332 Eisenschmid in Schmidt-Futterer, § 555b Rn 27

Der Anschluss einer mit Gasetagenheizung ausgestatteten Wohnung an das aus Anlagen der Kraft-Wärme-Kopplung gespeiste Fernwärmenetz ist ebenfalls eine Maßnahme zur Einsparung von Primärenergie. Der Anschluss an die Fernwärmeversorgung bzw. die Umstellung einer Heizanlage auf einen erneuerbaren Energieträger (z. B. von Heizöl auf Holzpellets) stellt regelmäßig keine Einsparung von Endenergie oder eine Wohnwertverbesserung dar, wenn die Räume bereits mit Gasetagenheizung ausgestattet sind – jedoch wird dadurch Primärenergie eingespart.[333] Hier liegt zwar eine duldungspflichtige Modernisierung vor, die jedoch nicht zur Mieterhöhung berechtigt (§ 555b Nr. 2 i. V. m. § 559 Abs. 1 BGB).

Als Maßnahmen des nachhaltigen Klimaschutzes (§ 555b Nr. 2, 2. Alt. BGB) gilt z. B. die Nutzung von Windenergie- oder Solaranlagen.[334]

Eine weitere Voraussetzung für das Vorliegen einer energetischen Maßnahme i. S. d. § 555b Nr. 1 und Nr. 2, ist deren Nachhaltigkeit, d. h. die Einsparung muss von Dauer sein, wobei eine bestimmte Quote der Einsparung nicht erforderlich ist.

5.2.2   Modernisierungen gemäß § 555b Nr. 3 bis 5 und Nr. 7 BGB

Es handelt sich hierbei um Maßnahmen, die z. B. nachhaltig bzw. auf Dauer zur Verbesserung
- der Einsparung von Wasser (Nr. 3), z. B. Einbau von Wasserzählern,
- des Zuschnitts der Wohnung,
- des Schallschutzes,
- der Belichtung und Belüftung,
- des Schutzes vor Einbruch, Diebstahl oder Gewalt,
- der Beheizung,
- der sanitären Einrichtungen,
- der Kochmöglichkeiten oder
- zur Schaffung von Wohnraum

dienen.

---

333 BGH, Urteil v. 24.9.2008, VIII ZR 275/07, WuM 08/667
334 Eisenschmid in Schmidt-Futterer, § 555b Rn 67

Beispiele

Der Anschluss einer Wohnung an ein **Breitbandkabelnetz**, die bisher über eine Gemeinschaftsantenne versorgt wurde, stellt eine Modernisierungsmaßnahme (§ 555b Nr. 4) dar.[335] Wird ein **Lift** in das Anwesen eingebaut, eine Gegensprechanlage installiert oder werden Balkone neu errichtet, so liegt regelmäßig eine Gebrauchswerterhöhung der Mietsache vor (§ 555b Nr. 4).[336]

Aber: Der Einbau eines Lifts, der das Kellergeschoss nicht erschließt und nur auf Höhe der Zwischenpodeste hält, stellt keine zur Mieterhöhung berechtigende Maßnahme für einen Mieter dar, der im ersten Obergeschoss wohnt.[337]

Nach einer Entscheidung des BGH[338] liegen zu duldende Modernisierungsmaßnahmen nicht vor, wenn die beabsichtigten Maßnahmen so weitreichend sind, dass der Charakter der Mietsache dadurch grundlegend verändert würde (hier: Anbau eines Wintergartens/Ausbau des Spitzbodens).

Die Ausstattung einer Wohnung mit **Rauchwarnmeldern** führt grundsätzlich zu einer Verbesserung der Sicherheit, insbesondere bei einem Mehrfamilienhaus.[339]

§ 555b Nr. 6 BGB bezieht sich auf Maßnahmen, die der Vermieter, ohne dass er diese zu vertreten hat, aufgrund gesetzlicher Anordnung durchzuführen hat, wobei es sich nicht um Erhaltungsmaßnahmen handeln darf. Als Beispiel können die unbedingten Anforderungen oder Nachrüstpflichten im Gebäudebestand gemäß den Bestimmungen der ENEV, § 10, genannt werden.[340] Die gemäß § 9 Abs. 2 HeizKV seit 31.12.2013 vorgeschriebene Einbaupflicht von Wärmezählern fällt ebenfalls unter den Tatbestand der Nr. 6.

Sofern der Einbau von Rauchwarnmeldern nach landesrechtlichen Bestimmungen vorgeschrieben ist, liegt eine Maßnahme nach § 555b Nr. 6 BGB vor. Hat ein Vermieter dagegen freiwillig Rauchwarnmelder eingebaut, ohne hierzu verpflichtet zu sein, wird dadurch die Sicherheit der Bewohner erhöht und es liegt dann eine Maßnahme gemäß § 555b Nr. 4 BGB vor.

Bei Maßnahmen i. S. d. § 555b Nr. 6 BGB muss der Vermieter selbst Bauherr sein. Er muss daher im eigenen Namen den Auftrag erteilen. Dies ist dann nicht der Fall, wenn der Vermieter die von der Gemeinde oder Stadt durchgeführten Kanalarbeiten, zu deren Bezahlung er nach den jeweiligen Kommunalabgabegesetzen verpflichtet ist, als Modernisierung gegenüber dem Mieter geltend machen will.[341] Ebenso wenig sind

---

335 BGH v. 20.7.2005, VIII ZR 253/04, NZM 05, 697
336 s. a. Vermieterlexikon S. 801 mit weiteren Beispielen
337 LG Berlin v. 16.5.2017, 67 S 81/17, GE 2017, 1020 f.
338 BGH v. 21.11.2017, VIII ZR 28/17, WuM 2018, 28
339 BGH v. 17.6.2015 ZR VIII 216/14; WuM 2015, 497
340 s. hierzu Hopfensperger/Onischke 3.1.5
341 BayObLG, RE v. 24.6.1981, NJW 1981, 2259

Erschließungsbeitragskosten, die der Grundstückseigentümer zu zahlen hat, auf den Mieter umlegbar, da der Vermieter auch hier nicht als Bauherr auftritt.[342]

> **! Wichtig**
>
> Wird eine Maßnahme zur Einsparung von Endenergie i. S. d. § 555b Nr. 1 BGB durchgeführt, so führt dies zu einem dreimonatigem Minderungsausschluss des Mieters (§ 536 Abs. 1a BGB). Andere Modernisierungsmaßnahmen haben dagegen keinen Minderungsausschluss zur Folge.

5.2.3 Gemischte Maßnahmen

Die Abgrenzung zwischen Erhaltungs- und Modernisierungsmaßnahme kann im Einzelfall schwierig sein. In Anlehnung an den aufgehobenen § 3 Abs. 4 ModEnG ist als Instandsetzung jede Maßnahme zu verstehen, die die Behebung von baulichen Mängeln vorsieht, insbesondere solcher Mängel, die durch Abnutzung, Witterungseinflüsse oder Einwirkungen Dritter entstanden sind. Ebenso fallen hierunter Maßnahmen, die den zum bestimmungsgemäßen Gebrauch geeigneten Zustand in den Wohnungen wiederherstellen.

Andererseits liegt eine Modernisierung vor, wenn der Substanz- oder Gebrauchswert der Mieträume oder des Gebäudes erhöht und dadurch eine komfortablere oder bessere Nutzung ermöglicht wird. Ob eine Verbesserung in diesem Sinne vorliegt, beurteilt sich nicht nach subjektiven, sondern nach objektiven Kriterien.[343]

Problematisch ist in diesem Zusammenhang die Bewertung der Baumaßnahmen, bei denen Erhaltungsmaßnahmen mit Modernisierungen einhergehen – sog. gemischte Baumaßnahmen. Bei einer sog. modernisierenden Instandsetzung wird im Rahmen der Instandsetzung zugleich eine Verbesserung erreicht. Eine exakte Trennung der einzelnen Arbeiten ist dann oft nicht möglich.

> **BEISPIELE FÜR EINE MODERNISIERENDE INSTANDSETZUNG**
>
> Es sollen alte reparaturbedürftige Holzkastenfenster durch neue, isolierverglaste Kunststofffenster ersetzt werden. Einerseits müssen die alten Fenster erneuert werden, weil sie kaputt sind, andererseits werden durch den Einbau moderner Kunststofffenster ein besserer Lärmschutz und eine bessere Isolierung erreicht.

---

342 OLG Hamm, RE v. 30.5.1983, 4 REMiet 2/83, WuM 1983, 287
343 BGH, Urteil v. 20.7.2005, VIII ZR 253/04, NZM 05, 697

Wird an eine sanierungsbedürftige Fassade eine Wärmeisolierung ange-bracht, so sind einerseits Instandsetzungsarbeiten erforderlich. Zusätzlich bewirkt das Anbringen der Dämmung Einsparung von Heizenergie.

Vorgehensweise

Die unbedingte Duldungspflicht des Mieters betrifft lediglich Erhaltungsmaßnahmen (§ 555a Abs. 1 BGB). Werden jedoch zugleich Verbesserungsmaßnahmen durchge-führt, so würde das dazu führen, dass der Vermieter die erhöhten Anforderungen an die Ankündigung einer Modernisierung umgehen könnte.[344] Eine Zweiteilung der Mit-teilung, einmal für die Erhaltungsmaßnahme und zum anderen für die Modernisierung ist jedoch nicht sinnvoll und in der Praxis kaum durchführbar.

> **Tipp**
>
> Jedem sanierungswilligen Vermieter ist unbedingt zu raten, bei gemischten Baumaßnahmen (modernisierende Instandsetzung), die eine eindeutige Trennung und Zuordnung der einzel-nen Maßnahmen nicht zulassen, die erhöhten Anforderungen des § 555c BGB (Ankündigung von Modernisierungsmaßnahmen s. u.) zu beachten.

Duldungspflicht von Modernisierungsmaßnahmen

Beabsichtigt der Vermieter, eine Modernisierungsmaßnahme durchzuführen, so ist der Mieter grundsätzlich zur Duldung verpflichtet (§ 555d Abs. 1 BGB).

5.3 Ankündigung von Modernisierungsmaßnahmen

Wie der Vermieter eine form-und fristgerechte Ankündigung von Maßnahmen, die der Modernisierung dienen, zu erklären hat, regelt § 555c BGB.

5.3.1 Form und Frist der Ankündigung (§ 555c Abs. 1 Satz 1 BGB)

Nach § 555c Abs. 1 Satz 1 BGB hat der Vermieter dem Mieter spätestens **drei Monate vor Beginn** der Maßnahme deren Art sowie den voraussichtlichen Umfang, den Beginn, die voraussichtliche Dauer und die zu erwartende Mieterhöhung sowie die voraussichtlichen künftigen Betriebskosten in **Textform** mitzuteilen.

---

344 Eisenschmid in Schmidt-Futterer§ 555b Rn. 84

»Textform« bedeutet, dass die Erklärung, die einem anderen gegenüber abgegeben wird, in Schriftzeichen lesbar, die Person des Erklärenden angegeben und der Abschluss der Erklärung in geeigneter Weise erkennbar gemacht wird (§ 126b BGB). Im Unterschied zur Schriftform bedarf es bei der Textform nicht der eigenhändigen Unterschrift des Erklärenden. Hauptanwendungsfall der Textform ist die Übermittlung per Fax oder die Übersendung von Fotokopien. Ob auch eine Übermittlung durch E-Mail ausreichend ist, ist noch nicht abschließend geklärt.

5.3.2 Inhalt der Ankündigung (§ 555c Abs. 1 Satz 2 BGB)

Zwingende Angaben, die eine Modernisierungsankündigung enthalten sollte, sind folgende:
- Art und voraussichtlicher Umfang der Modernisierungsmaßnahme
- voraussichtlicher Beginn und voraussichtliche Dauer der Modernisierungsmaßnahme
- Betrag der zu erwartenden Mieterhöhung, sofern eine Erhöhung nach § 559 BGB verlangt werden soll
- voraussichtliche künftige Betriebskosten

Nicht zwingend, aber empfehlenswert ist der Hinweis an den Mieter über Form und Frist des Härteeinwands gemäß § 555c Abs. 2 BGB (§ 555d Abs. 3 Satz 1 BGB, siehe Teil 2 Kap. 5.4).

Art und Umfang der Maßnahme
Die Rechtsprechung stellt zum Teil sehr hohe inhaltliche Anforderungen an die Ankündigung von Modernisierungsmaßnahmen. Nach einer Entscheidung des BGH vom 28.9.2011[345] sind jedoch keine überzogenen Anforderungen an den Inhalt der Modernisierungsmitteilung des Vermieters zu stellen. Allerdings muss die Mitteilung so konkret wie möglich sein – allgemeine bzw. pauschale Angaben reichen daher nicht aus.

Der Gesetzgeber hat im Rahmen des Mietrechtsänderungsgesetzes von 2013 die Anforderungen an die Ankündigung von Modernisierungsmaßnahmen vereinfacht: Es genügt nun, wenn Art und voraussichtlicher Umfang der Maßnahme **in wesentlichen Zügen** mitgeteilt werden. Bei der Beschreibung von energetischen Maßnahmen im Sinne des § 555b Nr. 1 BGB hat der Vermieter die Einsparung von Endenergie darzulegen. Gemäß § 555c Abs. 3 ist es bei Maßnahmen des § 555b Nr. 1 und Nr. 2 aber ausreichend, wenn der Vermieter auf allgemein anerkannte Pauschalwerte Bezug nimmt (§ 555c Abs. 3 BGB). Solche Werte finden sich z. B. in der »Bekanntmachung der Regeln zur Datenaufnahme und Datenverwendung im Wohngebäudebestand« des Bundes-

---

345 BGH v. 28.9.2011, VIII ZR 242/10, WuM 2011, 677

ministeriums für Wirtschaft und Energie vom 7. April 2015. Handelt es sich allerdings um Maßnahmen, die vom Standard abweichen, muss der Vermieter evtl. einen Energieausweis heranziehen, der den energetischen Zustand des Hauses vor Modernisierung mitteilt.[346] Erforderliche Werte können z. B. folgenden Tabellen entnommen werden:

Bauteil	Konstruktion	Baualtersklasse[347]							
		bis 1918	1919 bis 1948	1949 bis 1957	1958 bis 1968	1969 bis 1978	1979 bis 1983	1984 bis 1994	ab 1995
		Pauschalwerte für den Wärmedurchgangskoeffizienten in W/(m²·K)							
Dach (auch Wände zwischen beheiztem und unbeheiztem Dachgeschoss)	massive Konstruktion	2,1	2,1	2,1	1,3	1,3	0,6	0,4	0,3
	Holzkonstruktion	2,6	1,4	1,4	1,4	0,8	0,7	0,5	0,3
oberste Geschossdecke (auch Geschossdecke nach unten gegen Außenluft, z. B. über Durchfahrten)	massive Decke	2,1	2,1	2,1	2,1	0,6	0,6	0,3	0,3
	Holzbalkendecke	1,0	1,0	0,8	0,7	0,6	0,4	0,3	0,3
Außenwand massive Konstruktion (auch Wände zum Erdreich oder zu unbeheizten (Keller-) Räumen	Zweischalige Wandaufbauten ohne Dämmschicht	1,3	1,3	1,3	1,4	1,0	0,8	0,6	0,5

---

346 Eisenschmid in Schmidt-Futterer, § 555c Rn. 57
347 Baualtersklasse des Gebäudes (bzw. des Bauteils bei neu eingebauten Bauteilen). Maßgebend für die Einordnung ist in Zweifelsfällen das Jahr der Fertigstellung des Gebäudes oder des Gebäudeteils, zu dem das Bauteil gehört. Die Baualtersklasse 1984 bis 1994 betrifft Gebäude, die nach der Wärmeschutzverordnung vom 24. Februar 1982 (Inkrafttreten 1.1.1984) errichtet wurden.

Bauteil	Konstruktion	Baualtersklasse[347]							
		bis 1918	1919 bis 1948	1949 bis 1957	1958 bis 1968	1969 bis 1978	1979 bis 1983	1984 bis 1994	ab 1995
		Pauschalwerte für den Wärmedurchgangskoeffizienten in W/(m²·K)							
	Massivwand aus Vollziegeln, wenig oder nicht porösem Naturstein, Kalksandstein, Bimsbetonvollsteinen oder vergleichbaren Materialien bis 20 cm Wandstärke (ggfs. einschl. Putz)	2,8	2,8	2,8					
	wie vorstehend, jedoch 20 bis 30 cm Wandstärke (ggf. einschl. Putz)	1,8	1,8	1,8					
	wie vorstehend, jedoch über 30 cm Wandstärke (ggf. einschl. Putz)	1,5	1,5	1,5					
	Massivwand aus Hochlochziegeln, Bimsbeton-Hohlsteinen oder vergleichbaren porösen oder stark gelochten Materialien	1,4	1,4	1,4	1,4	1,0	0,8	0,6	0,5
	Sonstige massive Wandaufbauten bis 20 cm Wandstärke über alle Schichten	3,0	3,0	3,0	1,4	1,0	0,8	0,7	0,7
	Sonstige Wandaufbauten über 20 cm Wandstärke über alle Schichten, ggf. mit ursprünglicher Dämmung	2,2	2,2	2,2	1,4	1,0	0,8	0,6	0,5

Bauteil	Konstruktion	Baualtersklasse[347]							
		bis 1918	1919 bis 1948	1949 bis 1957	1958 bis 1968	1969 bis 1978	1979 bis 1983	1984 bis 1994	ab 1995
		Pauschalwerte für den Wärmedurchgangskoeffizienten in W/(m²·K)							
Außenwand Holzkonstruktion (Fachwerk, Fertighaus oder ähnlich)	Massivholzwand (z.B. Blockhaus), Holzrahmen oder Holztafelwand mit dämmender Füllung	0,5	0,5	0,5	0,5	0,5	0,5	0,4	0,4
	Fachwerkwand mit Lehm-/Lehmziegelausfachung bis 25 cm Wandstärke einschl. Putz	1,5	1,5	1,5					
	Fachwerkwand mit Vollziegel oder massiver Natursteinausfachung bis 25 cm Wandstärke einschl. Putz	2,0	2,0	2,0					
	sonstige Holzkonstruktion	2,0	2,0	1,5	1,4	0,6	0,5	0,4	0,4
sonstige Bauteile gegen Erdreich oder zu unbeheizten (Keller-) Räumen	Kellerdecke Stahlbeton massiv	1,6	1,6	2,3	1,0	1,0	0,8	0,6	0,6
	Kellerdecke als Holzbalkendecke	1,0	1,0	1,0	0,8	0,6	0,6	0,4	0,4
	Kellerdecke als Ziegel- oder Hohlsteinkonstruktion	1,2	1,2	1,5	1,0	1,0	0,8	0,6	0,6
	Boden gegen Erdreich, Stahlbeton massiv	1,6	1,6	2,3	1,2	1,2	0,8	0,6	0,6
	Boden gegen Erdreich als Ziegelod. Hohlsteinkonstruktion	1,2	1,2	1,5	1,0	1,0	0,8	0,6	0,6
	Boden gegen Erdreich / Hohlraum als Holzkonstruktion	1,8	1,8	1,0	0,8	0,6	0,6	0,4	0,4

Bauteil	Konstruktion	Baualtersklasse[347]							
		bis 1918	1919 bis 1948	1949 bis 1957	1958 bis 1968	1969 bis 1978	1979 bis 1983	1984 bis 1994	ab 1995
		Pauschalwerte für den Wärmedurchgangskoeffizienten in $W/(m^2 \cdot K)$							
Rollladen-kasten[348]	gedämmt	1,8							
	ungedämmt	3,0							
Türen[349]	im Wesentlichen aus Metall	4,0							
	im Wesentlichen aus Holz, Holzwerkstoffen oder Kunststoff	2,9							
Pauschalwerte für Energieeinsparung nach Modernisierung									

---

348 bei der Baualtersklasse ab 1995 kann auch ohne nähere Feststellung von einer gedämmten Ausführung
  ausgegangen werden
349 siehe im Übrigen auch DIN 4108-4: 2013-02

Bauteil	Konstruktion	Eigenschaft	Baualtersklasse[350]			
			bis 1978	1979 bis 1983	1984 bis 1994	ab 1995
			Pauschalwerte für Wärmedurchgangskoeffizienten U in W/(m²·K) sowie Verglasungstyp nach DIN V 18599-2, Tab. 7			
Fenster, Fenstertüren	Holzfenster, einfach verglast	U_w	5,0			
		Glas	einfach			
		U_g	5,8			
	Holzfenster, zwei Scheiben[351]	U_w	2,7	2,7	2,7	1,6
		Glas	zweifach	zweifach	zweifach	MSIV 2
		U_g	2,9	2,9	2,9	1,4
	Kunststofffenster, Isolierverglasung	U_w	3,0	3,0	3,0	1,9
		Glas	zweifach	zweifach	zweifach	MSIV 2
		U_g	2,9	2,9	2,9	1,4
	Aluminium oder Stahlfenster, Isolierverglasung	U_w	4,3	4,3	3,2	1,9
		Glas	zweifach	zweifach	zweifach	MSIV 2
		U_g	2,9	2,9	2,9	1,4
Pauschalwerte für den Wärmedurchgangskoeffizienten transparenter Bauteile sowie für Fassaden im Ausgangszustand (grau hinterlegte Felder: keine Angabe für diese Baualtersklasse)						

---

350   Siehe Fußnote 1
351   Isolierverglasung, Kastenfenster oder Verbundfenster

Prozessbereich Verteilung Warmwasser			Kennwerte bezogen auf die Gebäudenutzfläche A_N								
			Wärmeverluste			Heizwärme-gutschrift			Hilfsenergie-bedarf		
			[kWh/(m²·a)]			[kWh/(m²·a)]			[kWh/(m²·a)]		
Nr.	Bezeichnung	Baualters-klasse	Nutzfläche [m²]			Nutzfläche [m²]			Nutzfläche [m²]		
			150	500	2500	150	500	2500	150	500	2500
1.1	zentrale Verteilung mit Zirkulation[352]	bis 1978[353]	68,6	47,4	38,9	12,4	14,6	15,9	1,4	0,8	0,6
1.2		bis 1978,[354] nachträglich gedämmt	41,9	35,4	33,2	12,4	14,6	15,9	1,4	0,8	0,6
1.3		Ab 1979 bis 1994	27,3	22,6	21,0	8,2	9,3	9,9	1,4	0,8	0,6
1.4		Ab 1995	11,6	7,6	6,6	1,7	1,9	2,2	0,8	0,3	0,1
2.1	zentrale Verteilung ohne Zirkulation[352]	bis 1978[353]	17,0	10,4	8,1	3,5	3,5	3,5	0	0	0
2.2		bis 1978,[354] nachträglich gedämmt	12,6	8,8	7,4	3,5	3,5	3,5	0	0	0
2.3		Ab 1979 bis 1994	10,8	8,3	7,5	3,7	3,7	3,7	0	0	0
2.4		Ab 1995	5,4	3,4	2,8	1,0	1,0	1,0	0	0	0
3.1	dezentrales System	bis 1994	3,8	3,8	3,8	2,0	2,0	2,0	0	0	0
3.2		Ab 1995	1,5	1,5	1,5	0,7	0,7	0,7	0	0	0

352 Kann nicht beurteilt werden, ob eine Zirkulation vorhanden ist, so ist bei einer zentralen Anlage vom Vorhandensein einer Zirkulation auszugehen.

353 Bestehende Unterschiede bezüglich der Verlegung ungedämmter Rohrleitungen – z. B. in gedämmten Außenwänden – können mit Hilfe von PAS 1027 berücksichtigt werden

354 nachträglich gedämmt = Kellerverteilung nachträglich mit Dämmung gemäß jeweils gültiger Verordnung versehen

Prozessbereich Speicherung Warmwasser			Kennwerte bezogen auf die Gebäudenutzfläche A_N								
			Wärmeverluste			Heizwärme-gutschrift			Hilfsenergie-bedarf		
			[kWh/(m²·a)]			[kWh/(m²·a)]			[kWh/(m²·a)]		
Nr.	Bezeichnung	Baualters-klasse	Nutzfläche [m²]			Nutzfläche [m²]			Nutzfläche [m²]		
			150	500	2500	150	500	2500	150	500	2500
4	zentrale Warmwasser-Speicher außerhalb thermischer Hülle	alle	5,1	1,8	0,5	0	0	0	0,2	0,2	0,3
5	zentrale Warmwasser-Speicher innerhalb thermischer Hülle		4,2	1,4	0,4	2,2	0,8	0,2	0,2	0,2	0,3
6	gasbefeuerter Speicher[355]		18,0	11,9	[356]	0	0		0	0	
7.1	Elektro-Klein-speicher[357]		1,5	1,5	1,5	0,8	0,8	0,8	0	0	0
7.2	Wohnungs-weise Nacht-stromspeicher		2,4	2,4	2,4	1,3	1,3	1,3	0	0	0

355 die angegebenen Aufwandszahlen gehen von einer Aufstellung des befeuerten Speichers außerhalb der wärmeübertragenden Umfassungsfläche aus
356 graue Tabellenfelder = keine Angaben für diese Ausführung
357 Gilt für das Gesamtgebäude bei Vorhandensein von Kleinspeichern in der Mehrzahl der Wohnungen; Werte können für alle elektrischen Speicher verwendet werden, die innerhalb der beheizten Hülle einzelne Entnahmestellen bis ganze Wohnungen versorgen und ganztags nachheizen,

Prozessbereich Wärmeerzeugung Warmwasser			Kennwerte bezogen auf die Gebäudenutzfläche A$_N$								
			Erzeuger-Aufwandszahl			Heizwärme-gutschrift			Hilfsenergie-bedarf		
			[-]			[kWh/(m²·a)]			[kWh/(m²·a)]		
Nr.	Bezeichnung	Baualters-klasse	Nutzfläche [m²]			Nutzfläche [m²]			Nutzfläche [m²]		
			150	500	2500	150	500	2500	150	500	2500
	zentrale Wärmeerzeugung[358]										
8.1	Konstanttem-peratur-Kessel	bis 1986	2,05	1,64	1,33	0	0	0	0,1	0,1	0,1
8.2		Ab 1987 bis 1994	1,90	1,57	1,31	0	0	0	0,2	0,1	0,1
8.3		Ab 1995	1,71	1,46	1,26	0	0	0	0,2	0,1	0,1
9.1	NT-Kessel	bis 1986	1,30	1,23	1,18	0	0	0	0,1	0,1	0,1
9.2		Ab 1987 bis 1994	1,31	1,23	1,17	0	0	0	0,2	0,1	0,1
9.3		Ab 1995	1,19	1,15	1,12	0	0	0	0,2	0,1	0,1
10.1	Brennwert-Kessel	bis 1986	1,24	1,17	1,13	0	0	0	0,1	0,1	0,1
10.2		Ab 1987 bis 1994	1,25	1,17	1,12	0	0	0	0,2	0,1	0,1
10.3		Ab 1995	1,15	1,12	1,09	0	0	0	0,2	0,1	0,1
11	Brennwert-kessel verbes-sert[359]	Ab 1999	1,13	1,10	1,07	0	0	0	0,2	0,1	0,1
11.1	Elektro-Wärmepumpe (Außenluft; mit Heizstab)	Ab 1979 bis 1994	0,44	0,44	0,44	0	0	0	0	0	0
11.2		Ab 1995	0,41	0,41	0,41	0	0	0	0	0	0

---

358 Kann anhand der verfügbaren Unterlagen (Schornsteinfeger-Protokoll, Betriebsanleitung, Typenschild, o.ä.) die Art des Kessels nicht beurteilt werden, so ist von einem NT-Kessel auszugehen. Kann nicht beurteilt werden, ob die Quelle einer Wärmepumpe Erdreich oder Grundwasser ist, ist von Erdreich auszugehen.

359 Bei Verwendung der Daten für "Brennwert verbessert" muss sichergestellt sein, dass der eingebaute Kessel die vorgegebenen Wirkungsgrade (DIN V 4701-10, Abschnitt 5.1.4.2.1) erfüllt. Zur Ermittlung des Kesselwir-kungsgrades bei 100% Leistung können die Angaben auf dem Typenschild herangezogen werden.

12.1	Elektro-Wärmepumpe (Erdreich; monovalent)	Ab 1979 bis 1994	0,38	0,38	0,38	0	0	0	0,3	0,3	0,2
12.2		Ab 1995	0,32	0,32	0,32	0	0	0	0,3	0,3	0,2
13.1	Elektro-Wärmepumpe (Grundwasser, monovalent)	Ab 1979 bis 1994	0,31	0,31	0,31	0	0	0	0,5	0,4	0,4
13.2		Ab 1995	0,28	0,28	0,28	0	0	0	0,5	0,4	0,4
14.1	Elektro-Wärmepumpe (Abluft)	Ab 1979 bis 1994	0,33	0,33	0,33	0	0	0	0	0	0
14.2		Ab 1995	0,30	0,30	0,30	0	0	0	0	0	0
15.1	Elektro-Wärmepumpe (Kellerluft)	Ab 1979 bis 1994	0,41	0,41	0,41	0	0	0	0	0	0
15.2		Ab 1995	0,38	0,38	0,38	0	0	0	0	0	0
16	Fernwärme-Übergabestation	alle	1,14	1,14	1,14	0	0	0	0,4	0,4	0,4
17	zentraler elektr. Speicher		1,00	1,00	1,00	0	0	0	0	0	0
18	gasbefeuerter Speicher		1,22	1,22		0	0		0	0	

Prozessbereich Wärmeerzeugung Warmwasser			Kennwerte bezogen auf die Gebäudenutzfläche A_N								
			Erzeuger-Aufwandszahl			Heizwärme-gutschrift			Hilfsenergie-bedarf		
			[-]			[kWh/(m²·a)]			[kWh/(m²·a)]		
Nr.	Bezeichnung	Baualters-klasse	Nutzfläche [m²]			Nutzfläche [m²]			Nutzfläche [m²]		
			150	500	2500	150	500	2500	150	500	2500
	wohnungsweise Warmwasserversorgung ohne Zirkulation										
17.1	Therme (Umlaufwasserheizer)	bis 1994	1,32	1,32		0	0		0,2	0,2	
17.2		Ab 1995	1,32	1,32		0	0		0,2	0,2	
18	Brennwert-Therme	Ab 1995	1,28	1,28		0	0		0,2	0,2	
19	dezentraler elektr. Kleinspeicher 12	alle	1,00	1,00	1,00	0	0	0	0	0	0
20	dezentraler elektr. Durchlauferhitzer		1,00	1,00	1,00	0	0	0	0	0	0
21.1	dezentraler Gas-Durchlauferhitzer	bis 1994	1,19	1,19	1,19	0	0	0	0	0	
21.2		Ab 1995	1,16	1,16	1,16	0	0	0	0	0	
	solargestützte Warmwasserbereitung		von der Solaranlage bereitgestellte Wärme						Hilfsenergie-bedarf		
			[kWh/(m²·a)]						[kWh/(m²·a)]		
22	thermische Solaranlage	alle	13,3	10,4	7,5				0,8	0,4	0,3
Pauschale Ansätze für die Anlagentechnik – Warmwasser nach Prozessbereichen											

Prozessbereich Übergabe Heizung				Kennwerte bezogen auf die Gebäudenutzfläche A_N					
				Wärmeverluste			Hilfsenergiebedarf		
				[kWh/(m²·a)]			[kWh/(m²·a)]		
Nr.	Bezeichnung	Heizkreis-temperatur[360]	Baualters-klasse	Nutzfläche [m²]			Nutzfläche [m²]		
				150	500	2500	150	500	2500
1	Zentralheizung, thermostatisch geregelt	alle	alle	3,3	3,3	3,3	0	0	0
2	Einzelfeuerstätte[361]	---		0	0	0	0	0	0

Prozessbereich Verteilung Heizung				Kennwerte bezogen auf die Gebäudenutzfläche A_N					
				Wärmeverluste			Hilfsenergiebedarf		
				[kWh/(m²·a)]			[kWh/(m²·a)]		
Nr.	Bezeichnung	Heizkreis-temperatur	Baualters-klasse	Nutzfläche [m²]			Nutzfläche [m²]		
				150	500	2500	150	500	2500
3.1	zentrale Verteilung	70/55 °C	bis 1978[353]	75,1	43,5	32,7	2,3	1,0	0,5
3.2			bis 1978,[362] nachträglich gedämmt	40,9	28,2	23,9	2,3	1,0	0,5
3.3			ab 1979 bis 1994	20,2	13,8	11,6	1,9	0,8	0,4
3.4			ab 1995	9,3	5,4	4,1	1,6	0,7	0,3
4.1	zentrale Verteilung	55/45 °C	bis 1978[353]	57,4	32,9	24,4	2,5	1,2	0,7
4.2			bis 1978,[362] nachträglich gedämmt	30,8	21,0	17,0	2,5	1,2	0,7
4.3			ab 1979 bis 1994	15,3	10,3	8,5	2,0	0,9	0,5
4.4			ab 1995	9,3	3,9	2,9	1,7	0,8	0,5

360 Kann die Heizkreisauslegungstemperatur nicht ermittelt werden, so ist von 70/55°C auszugehen.

361 Abweichend von der Norm wird bei Einzelöfen der Übergabeverlust zu Null gesetzt, weil davon ausgegangen wird, dass hier die mittlere Raumtemperatur auf einem niedrigeren Temperaturniveau gehalten wird.

362 nachträglich gedämmt = Kellerverteilung nachträglich mit Dämmung gemäß jeweils gültiger Verordnung versehen

5.1	Wohnungs-weise Vertei-lung[363]	alle	bis 1978	8,4	8,4	8,4	3,41	3,41	3,41
5.2			ab 1979 bis 1994	5,4	5,4	5,4	2,73	2,73	2,73
5.3			ab 1995	1,3	1,3	1,3	2,3	2,3	2,3
6	dezentrales System (ohne Verteilung)	---	alle	0	0	0	0	0	0

Prozessbereich Speicherung Heizung[364]				Kennwerte bezogen auf die Gebäudenutzfläche A_N		
Nr.	Bezeichnung	Heizkreis-temperatur	Baualters-klasse	Wärmeverluste[365] $[kWh/(m^2 \cdot a)]$	Hilfsenergiebedarf $[kWh/(m^2 \cdot a)]$	
7.1	El.-Zentral-speicher	70/55 °C	bis 1994	$(280+0{,}57 \cdot V_S)/A_N$	0,5	0,2	0,1
7.2			ab 1995	$(210+0{,}43 \cdot V_S)/A_N$	0,4	0,2	0,1
7.3		55/45 °C	bis 1994	$(196+0{,}40 \cdot V_S)/A_N$	0,5	0,2	0,1
7.4			ab 1995	$(147+0{,}30 \cdot V_S)/A_N$	0,4	0,2	0,1
8.1	Puffer-speicher El.-Wärme-pumpe	55/45 °C	bis 1994	$(196+0{,}40 \cdot V_S)/A_N$	0,5	0,2	0,1
8.2			ab 1995	$(147+0{,}30 \cdot V_S)/A_N$	0,4	0,2	0,1
9.1	Pufferspei-cher für Festbrenn-stoffkessel	70/55 °C	bis 1994	$(280+0{,}57 \cdot V_S)/A_N$	0,5	0,2	0,1
9.2			ab 1995	$(210+0{,}43 \cdot V_S)/A_N$	0,4	0,2	0,1
9.3		55/45 °C	bis 1994	$(280+0{,}57 \cdot V_S)/A_N$	0,5	0,2	0,1
9.4			ab 1995	$(147+0{,}30 \cdot V_S)/A_N$	0,4	0,2	0,1

363 Angaben gelten bei wohnungszentraler Heizung

364 Die nach den Näherungsformeln bestimmten Kennwerte gelten für direkt in den Heizkreis eingebundene Speicher mit Volumina von 400 bis 1200 Liter bei Betrieb ausschließlich während der Heizperiode. Bei Pufferspeichern, die auch im Sommerhalbjahr betrieben werden (Auskopplung von Wärme für die Warmwasserbereitung) sind die Kennwerte zu verdoppeln.

365 V_S = Speichervolumen laut Typschild des Speichers. Verteilt sich das Gesamtvolumen in einer Anlage auf mehrere Pufferspeicher, so sind die Wärmeverluste für jeden Speicher einzeln zu bestimmen und zu summieren.

Prozessbereich Wärmeerzeugung Heizung				Kennwerte bezogen auf die Gebäudenutzfläche A_N					
				Erzeuger-Auf-wandszahl			Hilfsenergiebedarf		
				[-]			[kWh/(m²·a)]		
Nr.	Bezeichnung	Heizkreis-temperatur	Baualters-klasse	Nutzfläche [m²]			Nutzfläche [m²]		
				150	500	2500	150	500	2500
	zentrale Wärmeerzeugung[366]								
10.1	Konstant-temperatur-Kessel		bis 1986	1,47	1,36	1,28	1,2	0,5	0,2
10.2			1987 – 1994	1,34	1,26	1,19	0,8	0,4	0,2
10.3			ab 1995	1,33	1,23	1,16	0,7	0,4	0,2
11.1	NT-Kessel	70/55 °C	bis 1986	1,24	1,21	1,18	1,2	0,5	0,2
11.2			1987 – 1994	1,19	1,15	1,13	0,8	0,4	0,2
11.3			ab 1995	1,14	1,11	1,09	0,7	0,4	0,2
12.1	Brennwert-Kessel		bis 1986	1,11	1,09	1,07	1,2	0,5	0,2
12.2			1987 - 1994	1,09	1,06	1,04	0,8	0,4	0,2
12.3			ab 1995	1,07	1,05	1,04	0,7	0,4	0,2
13	Brennwert-kessel ver-bessert[367]	55/45 °C	ab 1999	0,99	0,98	0,97	0,7	0,4	0,2
14	Fernwärme-Übergabesta-tion	alle	alle	1,02	1,02	1,02	0	0	0

366 Kann anhand der verfügbaren Unterlagen (Schornsteinfeger-Protokoll, Betriebsanleitung, Typenschild, o. ä.) die Art des Kessels nicht beurteilt werden, so ist von einem NT-Kessel auszugehen. Kann nicht beurteilt werden, ob die Quelle einer Wärmepumpe Erdreich oder Grundwasser ist, ist von Erdreich auszugehen.

367 Bei Verwendung der Daten für "Brennwert verbessert" muss sichergestellt sein, dass der eingebaute Kessel die vorgegebenen Wirkungsgrade (DIN V 4701-10, Abschnitt 5.4.2.1) erfüllt. Zur Ermittlung des Kesselwir-kungsgrades bei 100% Leistung können die Angaben auf dem Typenschild herangezogen werden.

15.1	Elektro-Wärmepumpe, Außenluft[369]	55/45 °C	1979 bis 1994	0,45	0,45	0,45	0	0	0
15.2			ab 1995	0,43	0,43	0,43	0	0	0
15.3		< 40 °C[368]	1979 bis 1994	0,40	0,40	0,40	0	0	0
15.4			ab 1995	0,38	0,38	0,38	0	0	0
16.1	Elektro-Wärmepumpe, Erdreich[368]	55/45 °C	1979 bis 1994	0,36	0,36	0,36	1,2	1,0	0,9
16.2			ab 1995	0,30	0,30	0,30	1,2	1,0	0,9
16.3		< 40 °C[369]	1979 bis 1994	0,32	0,32	0,32	1,2	1,0	0,9
16.4			ab 1995	0,27	0,27	0,27	1,2	1,0	0,9
17.1	Elektro-Wärmepumpe, Grundwasser[368]	55/45 °C	1979 bis 1994	0,30	0,30	0,30	1,9	1,7	1,5
17.2			ab 1995	0,25	0,25	0,25	1,9	1,7	1,5
17.3		< 40 °C[369]	1979 bis 1994	0,27	0,27	0,27	1,9	1,7	1,5
17.4			ab 1995	0,22	0,22	0,22	1,9	1,7	1,5
18.1	Elektro-Wärmepumpe, Abluft[370]	55/45 °C	1979 bis 1994	0,32	0,32	0,32	0	0	0
18.2			ab 1995	0,29	0,29	0,29	0	0	0
19	zentraler Elektro-Speicher (Blockspeicher)	alle	alle	1,02	1,02		0	0	

[368] Werden Elektro-Wärmepumpen mit Wärmequellen Außenluft, Erdreich und Grundwasser monoenergetisch (mit Zusatzheizeinsatz) betrieben, so erhöht sich die Aufwandszahl um 9%.

[369] typisch für Heizkreise mit ausschließlich Fußbodenheizungen

[370] Heizungsunterstützung aus Abluftanlage

Prozessbereich Wärmeerzeugung Heizung				Kennwerte bezogen auf die Gebäudenutzfläche A_N					
				Erzeuger-Aufwandszahl			Hilfsenergiebedarf		
				[–]			[kWh/(m²·a)]		
Nr.	Bezeichnung	Heizkreis-temperatur	Baualters-klasse	Nutzfläche [m²]			Nutzfläche [m²]		
				150	500	2500	150	500	2500
	wohnungszentrale Wärmeerzeuger								
20.1	Therme (Umlauf-wasserheizer)		bis 1994	1,24	1,24	1,24	1,2	1,2	1,2
20.2		alle	ab 1995	1,14	1,14	1,14	1,5	1,5	1,5
21	Brennwert-therme		ab 1995	1,07	1,07	1,07	1,5	1,5	1,5
	Einzelheizgeräte[371]								
22	Ölbefeuerte Einzelöfen mit Verdampfungsbrenner			1,40	1,40		0	0	
23	Kohle- oder Holzofen		alle	1,60	1,60		0	0	
24	Gasraumheizer			1,47	1,47		0	0	
25.1	Elektro-Nachtspeicherhei-zung		bis 1994	1,12	1,12		0	0	
25.2			ab 1995	1,05	1,05		0	0	
26	Elektro-Direktheizgerät		alle	1,02	1,02		0	0	
Pauschale Ansätze für die Anlagentechnik – Heizung nach Prozessbereichen									

Prozessbereich Übergabe Lüftung			Kennwerte bezogen auf die Gebäudenutzfläche A_N					
			Wärmeverluste			Hilfsenergiebedarf		
			[kWh/(m²·a)]			[kWh/(m²·a)]		
Nr.	Bezeichnung	Baualtersklasse	Nutzfläche [m²]			Nutzfläche [m²]		
			150	500	2500	150	500	2500
1	Wohnungslüftungsanlagen mit Zulufttemperaturen < 20 °C[372]	alle	0	0		0	0	

371 Übergabe, Verteilung und Erzeugung sind in einem Wert zusammmengefasst.
372 Wohnungslüftungsanlagen mit Ventilatoren ausschließlich im Zentralgerät (Berücksichtigung der Hilfsenergie im Prozessbereich „Wärmeerzeugung Lüftung")

Prozessbereich Verteilung Lüftung			Kennwerte bezogen auf die Gebäudenutzfläche A_N					
			Wärmeverluste			Hilfsenergiebedarf		
			[kWh/(m²·a)]			[kWh/(m²·a)]		
Nr.	Bezeichnung	Baualtersklasse	Nutzfläche [m²]			Nutzfläche [m²]		
			150	500	2500	150	500	2500
2.1	Abluftanlage ohne Wärmerückgewinnung	bis 1994	0,0	0,0	0,0	4,0	4,0	4,0
2.2		ab 1995	0,0	0,0	0,0	2,6	2,6	2,6
3	Zu- Abluftanlage mit Wärmerückgewinnung durch Wärmeübertrager (WÜT) $\eta_{WRG} \geq 60\,\%$							
3.1	• innerhalb der thermischen Hülle	alle	0,0	0,0		0	0	
3.21		bis 1989	5,2	2,5		0	0	
3.22	• außerhalb der thermischen Hülle im Dach	ab 1990 bis 1994	4,3	2,1		0	0	
3.23		ab 1995	3,5	1,7		0	0	
3.31		bis 1989	1,5	0,7		0	0	
3.32	• außerhalb der thermischen Hülle im Keller	ab 1990 bis 1994	1,2	0,6		0	0	
3.33		ab 1995	1,0	0,5		0	0	

Prozessbereich Wärmeerzeugung Lüftung			Kennwerte bezogen auf die Gebäudenutzfläche A_N					
			Wärmegut-schrift[373]			Hilfsenergiebedarf		
			[kWh/(m²·a)]			[kWh/(m²·a)]		
Nr.	Bezeichnung	Baualtersklasse	Nutzfläche [m²]			Nutzfläche [m²]		
			150	500	2500	150	500	2500
4.1	Abluftanlage ohne Wärme-rückgewinnung (Wärme-gutschrift aus n_x–0.05 h^{-1})	vor 1994		3,5		0	0	0
4.2		ab 1995		3,2		0	0	0
5.1	Zu- Abluftanlage mit Wär-merückgewinnung durch WÜT $\eta_{WRG} \geq 60\,\%$ (Wärmegutschrift aus n_a·(1–ηV) bei n_a=0,4 h–1)	bis 1989		16,7		5,3	5,3	
5.2		ab 1990 bis 1994		15,3		3,2	3,2	
5.3		ab 1995		13,5		2,2	2,2	
Pauschale Ansätze für die Anlagentechnik – Lüftung nach Prozessbereichen								

BEISPIEL WÄRMEDÄMMUNG

Beabsichtigt der Vermieter, eine Wärmedämmung am Anwesen anzubringen, kann er im Hinblick auf die Erläuterung zu Art und Umfang der Maßnahme auf entsprechende anerkannte Datensammlungen oder Gutachten Bezug neh-men, um unter anderem den alten und den neuen Wärmedurchgangskoeffiz-ient mitzuteilen.[374]

Wichtig

- Für die Darlegung des Energiespareffekts ist es erforderlich, den alten und neuen Zustand zu beschreiben, sodass ein Vergleich möglich ist.
- Die Erleichterung, sich auf Pauschalwerte berufen zu können, entbindet den Vermieter nicht davon, die geplante Maßnahme so genau wie möglich zu beschreiben, damit sich der Mieter auf die bauliche Maßnahme einstellen kann.[375]

!

---

373 Der Jahres-Heizwärmebedarf Qh ist bei einer entsprechend vorliegenden Anlagenkonfiguration für die wei-tere Berechnung um die angegebene Wärmegutschrift zu reduzieren.
374 AG Wedding, 19.3.2014, 6a C 281/13 GE 2014, 943
375 s. Hopfensperger/Onischke: Renovieren und Modernisieren, Kap. 3.2.7.

BEISPIEL GASZENTRALHEIZUNG

Sollen Einzelöfen durch eine Gaszentralheizung ausgetauscht werden, so genügt es nicht, diese Maßnahme mit einem Satz anzukündigen:
»Sehr geehrter Herr Schön, wir beabsichtigen die in Ihrer Wohnung befindlichen Einzelöfen auszubauen und Ihre Wohnung an die Zentralheizung anzuschließen.«
Vielmehr hat der Vermieter darzustellen, in welchen Räumen und an welcher Stelle (z. B. unterhalb der Fenster) die Heizkörper angebracht werden. Sonstige weitere Maßnahmen, z. B. Versetzen oder Durchbrechen von Wänden, Verlegen von Leitungssträngen etc., sind ebenfalls zu beschreiben. Es genügt nicht, wenn der Vermieter zur Erläuterung der Maßnahme lediglich auf ein in Anlage beigefügtes Kostenangebot eines Handwerkers verweist.

BEISPIEL EINBAU EINES BADEZIMMERS ODER WCS

Sollen ein Badezimmer oder WC geschaffen werden, ist die künftige Aufteilung und der künftige Zuschnitt der Wohnung, wie sie sich nach Durchführung der Arbeiten darstellen, zu beschreiben, ebenso die künftige Ausstattung des Bades. Unter Umständen sind Pläne vorzulegen, wenn sich durch die Maßnahmen Grundrissänderungen ergeben.
Nach Auffassung des BGH[376] geht es allerdings zu weit, vom Vermieter zu verlangen, dass er dem Ankündigungsschreiben einen exakten Bau- oder Bauzeitenplan beifügt. Es ist danach ausreichend, die Arbeiten stichpunktartig zu beschreiben, wenn dadurch dem Informationsinteresse des Mieters Rechnung getragen werden kann.

BEISPIEL: EINBAU VON ISOLIERGLASFENSTERN

Will der Vermieter Isolierglasfenster einbauen, hat er in der Ankündigung auch Angaben zur geplanten Zwangsbelüftung zu machen. Diese stellt nämlich ein wesentliches Element der Modernisierung im Hinblick auf Schimmel- und Feuchteschutz dar.[377] Selbstverständlich ist auch beim Fensteraustausch die Energieeinsparung darzulegen.

!   **Tipp**

Auch wenn nach Auffassung des BGH und dem Gesetzeswortlaut die Anforderungen an eine korrekte Ankündigung nicht überzogen sein dürfen, folgen die Instanzgerichte nicht zwingend dieser Auffassung. Um die Gefahr zu bannen, dass sich erst in einem Prozess auf Duldung von Modernisierungen oder auf Zahlung einer Mieterhöhung herausstellt, dass die Ankündigungserfordernisse nicht ausreichend eingehalten wurden, sollte ein Vermieter die Mitteilung daher eher umfangreicher und ausführlicher gestalten.

---

376 BGH v. 28.9.2011, VIII ZR 242/10, WuM 2011,677
377 LG Berlin v. 10.1.2018, 18 S 278/14, MM 2018 Nr. 5, 27

Beginn und Dauer der Maßnahme

Der voraussichtliche Umfang, der Beginn sowie die voraussichtliche Dauer der Arbeiten sollten so konkret wie möglich dargestellt werden. Da witterungsbedingt oder wegen Lieferschwierigkeiten durchaus eine Verschiebung des Beginns der Arbeiten erfolgen kann, ist nur der »voraussichtliche« Beginn mitzuteilen. Allerdings ist der Mieter über eine Verzögerung zu informieren.

Mieterhöhung/Betriebskosten

Beabsichtigt der Vermieter wegen der Modernisierung, eine Mieterhöhung zu verlangen (§ 559 BGB), hat er auch die zu erwartende Mieterhöhung mitzuteilen. Die Auflistung der jeweiligen Kosten für die Maßnahmen hat ggf. unter Bezugnahme auf die Kostenangebote getrennt zu erfolgen, auch ist der gewählte Verteilerschlüssel der Mietpartei darzulegen.

Die zu erwartende Mieterhöhung beträgt **8 %** im Jahr der für die Wohnung aufgewendeten Modernisierungskosten (§ 559 Abs. 1 BGB). Kosten für Erhaltungsmaßnahmen sind in Abzug zu bringen. Die Frage, ob der Vermieter Kosten für Erhaltungsmaßnahmen in Abzug gebracht hat bzw. ob er dies im richtigen Umfang getan hat, ist nach Auffassung des BGH erst im Rahmen der materiellen Begründetheit des Mieterhöhungsverlangens zu prüfen.[378] Werden durch die Maßnahme neue Betriebskosten verursacht oder wirkt sich die Maßnahme auf die Höhe der Betriebskosten aus, so hat der Vermieter auch deren voraussichtliche Höhe im Ankündigungsschreiben mitzuteilen. Dem Vermieter wird es in der Regel Probleme bereiten, voraussichtlich künftige (neue) Betriebskosten betragsmäßig zu bezeichnen, da die Höhe oftmals vom Verhalten der Mieter abhängt. Es sollte daher genügen, wenn der Vermieter auf pauschale Werte, wie z. B. in Mietspiegeln, zurückgreift. Greift der Vermieter auf Durchschnittswerte zurück, dann sollte er dies auch kenntlich machen.[379]

Betriebskosten können z. B. bei folgenden Modernisierungsmaßnahmen neu entstehen oder künftig höher bzw. niedriger ausfallen:
- Lifteinbau
- Umstellung von Einzelöfen auf Zentralheizung bzw. Fernwärme
- Einbau einer zentralen Warmwasserversorgung
- Kabelfernsehen
- Einbau von Rauchwarnmeldern

---

378 BGH v. 12.6.2018 und v. 25.9.2018, VIII ZR 121/17, WuM 2018, 723
379 Flatow, DWW 2007, 193 ff.

Achtung

Handelt es sich, wie so oft, um gemischte Baumaßnahmen, bei denen sowohl Erhaltungs- als auch Verbesserungsmaßnahmen vorgenommen werden, so können selbstverständlich nur die Kosten für die Verbesserungsmaßnahmen für die zu erwartende Mieterhöhung angesetzt werden. Die für die Erhaltungsarbeiten erforderlichen Kosten sind dagegen vom Vermieter zu tragen. Auch können Kosten, die für eine energetische Modernisierung gem. § 555b **Nr. 2** BGB aufgewendet wurden, nicht als Mieterhöhung geltend gemacht werden (§ 559 Abs. 1 BGB). Nach einer Entscheidung des BGH genügt es, wenn der Instandhaltungsaufwand betragsmäßig oder in Form einer Quote mitgeteilt wird.[380]

Beabsichtigt der Vermieter keine Modernisierungsmieterhöhung durchzuführen bzw. beabsichtigt er die Anpassung der Miete gemäß § 558 BGB (Mieterhöhung bis zur ortsüblichen Vergleichsmiete), hat er zwar keine Angaben zur erwarteten Erhöhung der Miete zu machen, gleichwohl sind die übrigen inhaltlichen Anforderungen an das Mitteilungsschreiben gemäß § 555c BGB einzuhalten.

Wichtig ist in diesem Zusammenhang die Pflicht des Vermieters gemäß § 555c Abs. 2 BGB, den Mieter auf Form und Frist des Härteeinwands nach § 555d Abs. 3 Satz 1 BGB hinzuweisen. Zwar ist diese Hinweispflicht **nicht zwingend**, der Hinweis hat aber zur Folge, dass der Mieter eventuelle Härteeinwände binnen einer Monatsfrist dem Vermieter gegenüber erklären muss. Versäumt der Vermieter diesen Hinweis in der Ankündigung der Modernisierungsmaßnahme, kann der Mieter die Einwände jederzeit – d. h. auch später – noch erheben.

Wichtig

Eine Modernisierungsankündigung, die den formellen Vorgaben des § 555c Abs. 1 BGB nicht gerecht wird, verpflichtet den Mieter auch nicht zur Duldung der Maßnahme.
Hat der Mieter die Maßnahme dennoch geduldet, obwohl die Ankündigung nicht form- und fristgerecht erfolgte, kann nach Auffassung des BGH gleichwohl eine Mieterhöhung erfolgen.[381]

Hat der Vermieter dem Mieter eine Modernisierungsankündigung unter Beachtung der gesetzlichen Vorgaben des § 555c BGB mitgeteilt und weigert sich der Mieter trotzdem, die Arbeiten zu dulden, muss der Vermieter seinen Duldungsanspruch gerichtlich durchsetzen. Umgekehrt hat der Mieter ein Rechtsschutzinteresse an der Erhebung einer Klage, mit der er die Feststellung begehrt, nicht zur Duldung einer Modernisierungsmaßnahme verpflichtet zu sein, wenn es an einer wirksamen Modernisierungsankündigung gemäß § 555c Abs. 1 Satz 1 fehlt.[382]

---

380 BGH v. 17.12.2014, VIII ZR 88/13, GE 2015, 245
381 BGH v. 2.3.2011, VIII ZR 164/10, WuM 2011, 225
382 AG Schöneberg v. 3.9.2014, 12 C 193/14, MM 2014, Nr. 11, 30

Es empfiehlt sich daher, den Mieter aufzufordern, eine schriftliche Zustimmung zur Duldung der Modernisierungsmaßnahmen zu erteilen. Auch wenn die Durchführung der Maßnahme nicht von der Zustimmung der Mietpartei abhängt, ist der Vermieter gleichwohl darauf angewiesen, dass die Maßnahme vom Mieter geduldet wird, sofern der Zutritt zur Wohnung erforderlich ist. Wenn sich erst bei Eintreffen der Handwerker herausstellt, dass der Mieter die Arbeiten nicht akzeptiert, verliert der Vermieter kostbare Zeit und muss unter Umständen erhebliche wirtschaftliche Nachteile hinnehmen.

Eine Duldung durch den Mieter ist jedenfalls gegeben, wenn er den Handwerkern den Zutritt zur Wohnung ermöglicht. Nach Auffassung des KG Berlin[383] bedeutet »Duldung« im Sinne des § 554 Abs. 2 BGB a. F. lediglich, dass sich der Mieter in Kenntnis der Modernisierungsabsicht des Vermieters passiv verhält.

Modernisierungsmaßnahmen muss der Mieter auch schon dann dulden, wenn sie im Fall des Verkaufs der Wohnung schon vor der Grundbuchumschreibung von dem hierzu durch die Vermieter ermächtigten Käufer angekündigt und durchgeführt werden.[384]

> **Wichtig**
>
> Wenn eine Modernisierungsankündigung lediglich keinen Hinweis auf die Möglichkeit enthält, Härteeinwände vorzutragen, im Übrigen aber form- und fristgerecht erfolgt ist, ist der Mieter grundsätzlich zur Duldung verpflichtet. Härteeinwände kann er dann bis zum Beginn der Maßnahme geltend machen (§ 555d Abs. 5 BGB).

5.3.3 Bagatellmaßnahme

Für Maßnahmen, die nur mit einer unerheblichen Einwirkung auf die Mietsache verbunden sind und nur zu einer unerheblichen Mieterhöhung führen, entfällt die Mitteilungspflicht (§ 555c Abs. 4 BGB). Bei sog. Bagatellmaßnahmen, für die der Vermieter auf die Geltendmachung einer Mieterhöhung verzichtet hat, bedürfen ebenfalls keiner Ankündigung i. S. d. § 555c Abs. 1 bis 3 BGB. Darüber hinaus kann der Mieter kein Sonderkündigungsrecht geltend machen (§ 555e Abs. 2 BGB).

Als unerhebliche Einwirkungen auf die Mietsache können solche angesehen werden, die den normalen Lebensablauf des Mieters nicht nennenswert beeinträchtigen und den Mieter nicht zu einer Mietminderung berechtigen würden (§ 536 Abs. 1 Satz 3 BGB)[385]. Ob

---

383 KG Berlin v. 16.7.1997, WuM 92, 514
384 BGH, Urteil v. 13.2.2008, VIII ZR 105/07, WuM 2008, 219
385 Sternel, Mietrecht 3. Aufl. II, Rn 339

die Mieterhöhung als unerheblich zu beurteilen ist, hängt nicht vom jeweiligen Einkommen des Mieters ab, sondern ist nach objektiven Kriterien zu bestimmen.[386]

Bagatellmaßnahmen können folgende sein:
- Einbau einer Gegensprechanlage oder einer Klingelanlage
- Anschluss an das Breitbandkabelnetz
- Anbringung von Thermostatventilen
- Anbringen von Rauchwarnmeldern[387]

! Praxis-Tipp

Bagatellmaßnahmen, für deren Durchführung der Zutritt zu den Mieträumen erforderlich ist, müssen dem Mieter gleichwohl unter Angabe des Zeitpunkts angezeigt werden, damit der Zutritt zu den Räumen auch gewährleistet ist.

Die Umstellung der Beheizung von Eigenversorgung auf gewerbliche Lieferung (Wärmecontracting) ist nun durch § 556c BGB geregelt. Fraglich ist insoweit, ob die Ankündigungsvoraussetzungen des § 555c BGB für eine energetische Maßnahme neben denjenigen des § 556c BGB zu beachten sind.

Zumeist wird der Anschluss an ein Fernwärmenetz durch einfache Maßnahmen im Keller bzw. im Heizungsraum des Anwesens erfolgen. Ein Zutritt zu den Mieträumen oder größere Umbauten sind in der Regel nicht erforderlich. Unter diesem Gesichtspunkt kann bei Umstellung auf Wärmecontracting das Vorliegen einer Bagatellmaßnahme bejaht werden. Allerdings ist weitere Voraussetzung für das Vorliegen einer Bagatellmaßnahme i. S. d. § 555c Abs. 4 BGB, dass diese zu einer unerheblichen Mieterhöhung führt. Die Umstellungsvoraussetzungen gemäß § 556c BGB i. V. m. der Wärmelieferverordnung vom 14.6.2013 sehen eine Kostenneutralität vor. Das bedeutet, dass die Umstellung für den Mieter nicht zu Mehrkosten führen darf, womit die Voraussetzungen des § 555c Abs. 4 BGB (Bagatellmaßnahme) erfüllt wären.[388]

5.3.4   Ankündigung im vereinfachten Verfahren

Eine wesentliche Neuerung zum 1.1.2019 stellt die Einführung eines vereinfachten Verfahrens für Modernisierungsmieterhöhungen bis zu einer Investitionssumme von 10.000 Euro dar. Die entsprechenden Regelungen finden sich in § 559c BGB. Voraussetzung ist, wie auch im »normalen« Verfahren gemäß § 559 BGB, dass eine **Modernisie-**

---

386 Eisenschmid in Schmidt-Futterer, § 555c Rn. 61
387 LG Halle v. 30.6.2014, 3 S 11/14, GE 2014, 1531
388 so auch Eisenschmid in Schmidt-Futterer, § 555c, Rn 60a

rungsmaßnahme gemäß § 555b BGB vorliegt, wobei hierunter auch modernisierende Instandsetzungen fallen können, nicht dagegen Erhaltungsmaßnahmen (§ 555a BGB).

Das vereinfachte Verfahren soll es dem Vermieter ermöglichen, bei einer Investition bis zu **10.000 Euro pro Wohnung** eine Mieterhöhung gegenüber dem Mieter einfacher durchzusetzen.

Da eine Modernisierungsmaßnahme durchgeführt werden soll, hat der Vermieter auch hier eine **ordnungsgemäße Ankündigung** (§ 555c BGB) durchzuführen. Eine Erleichterung für den Vermieter besteht jedoch darin, dass nicht alle Voraussetzungen des § 555c BGB zu beachten sind.

Der Vermieter muss **Form und Frist** der Ankündigung gemäß § 555c Abs. 1 einhalten: Er hat die Maßnahme **drei Monate vor deren Beginn** in Textform mitzuteilen (s. a. Teil 2 Kap. 5.3).

Die Ankündigung im vereinfachten Verfahren muss folgende Inhalte enthalten:
* Mitteilung, dass vom **vereinfachten Verfahren** gemäß § 559c BGB Gebrauch gemacht wird (§ 559c Abs. 5 Nr. 1).
* Mitteilung der Art und des voraussichtlichen Umfangs sowie des Beginns und der Dauer der Maßnahme (§ 555c BGB) (s. a. Teil 2 Kap. 5.3.2)
* Mitteilung der zu erwartenden Mieterhöhung. Die **Mieterhöhung beträgt 8 %**, der für die Wohnung aufgewandten Investitionskosten. Eine Erleichterung ergibt sich hier für den Vermieter, da er pauschal **30 %** vom Investitionsvolumen in Abzug bringen kann, ohne dass er die für die Erhaltung erforderlichen Kosten erläutern und gesondert berücksichtigen muss (§ 559 c Abs. 1 Satz 2 BGB).

BEISPIEL

Die nach der Modernisierungsmaßnahme zu erwartende Mieterhöhung beträgt:

Für die Wohnung aufgewandte Kosten	EUR 10.000
abzüglich 30 % (pauschaler Abzug für Erhaltungsaufwand gemäß § 559c Abs. 1 Satz 2 BGB), somit: 10.000 Euro – 3.000 Euro =	EUR 7.000
hieraus 8 % pro Jahr	EUR 580
monatlich zu erwartende Mieterhöhung somit	**EUR 46,67**

Die Mitteilung der **künftigen Betriebskosten** ist nicht erforderlich (§ 559c Abs. 5 Nr. 2).

Wie auch im normalen Verfahren ist auch hier der Hinweis auf den Härteeinwand nicht zwingend, jedoch empfehlenswert. Der Härteeinwand des Mieters ist allerdings im vereinfachten Verfahren nur im Hinblick auf die Duldungspflicht gem. § 555d BGB möglich (s. Teil 2 Kap. 5.4). Im vereinfachten Verfahren kann er sich nicht auf das Vorliegen **finanzieller Härte** im Rahmen der Modernisierungsmieterhöhung berufen (§ 559 Abs. 4 BGB).

> **! Wichtig**
>
> Da es im Rahmen einer Mieterhöhung wegen Modernisierungsmaßnahmen sehr oft zu Streitigkeiten über den Betrag der in Abzug zu bringenden (fiktiven) Erhaltungskosten kommt, erlangt der pauschale Abzug von 30 % gemäß § 559c Abs. 1 Satz 2 BGB vor allem im Rahmen des Mieterhöhungsverlangens durch den Vermieter Bedeutung (s. a. Teil 2 Kap. 6). Gleichwohl sollte der pauschale Abzug schon im Ankündigungsschreiben mitgeteilt werden.

5.3.5 Duldungspflicht

Der Mieter hat Modernisierungsmaßnahmen gemäß § 555b BGB zu dulden. Die Duldungspflicht besteht jedoch nicht, wenn der Vermieter es versäumt hat, eine den Vorgaben des § 555c BGB entsprechende Ankündigung mitzuteilen. Eine mangelhafte Ankündigung kann nicht durch Nachschieben von Gründen geheilt werden. Der Vermieter hat eine neue, vollständige und ordnungsgemäße Ankündigung vorzunehmen.[389]

Hat der Vermieter eine ordnungsgemäße Modernisierungsankündigung mitgeteilt, kann die Duldungspflicht gleichwohl entfallen, wenn für den Mieter eine Härte i. S. d. § 555d Abs. 2 BGB vorliegt.

Besteht die Duldungspflicht, so hat der Mieter alle Maßnahmen zu dulden, die zur Durchführung erforderlich sind. Dies beinhaltet auch den Zutritt von Handwerkern und des Vermieters schon während der Planungs- und Vorbereitungsphase. Allerdings ist der Mieter nicht verpflichtet, aktiv mitzuwirken.

5.4 Härteeinwand

Die Duldungspflicht des Mieters für Maßnahmen, die der Modernisierung dienen, unterliegt jedoch einer Einschränkung: Stellt nämlich die Maßnahme für den Mieter, seine Familie oder einen Angehörigen seines Hauhalts eine Härte dar, die auch unter

---

389 LG Bremen v. 31.8.2018, 2 S 107/18, WuM 2019, S. 30

Würdigung der berechtigten Interessen sowohl des Vermieters als auch anderer Mieter in dem Gebäude sowie von Belangen der Energieeinsparung und des Klimaschutzes nicht zu rechtfertigen ist (§ 555d Abs. 2 Satz 1 BGB), so ist der Mieter nicht zur Duldung der Modernisierungsmaßnahme verpflichtet.

Es hat eine Interessenabwägung stattzufinden – zwischen dem Interesse des Vermieters an der Durchführung der Maßnahme und demjenigen des Mieters am Unterlassen der Maßnahme. Nach dem Gesetzeswortlaut sind zugunsten des Mieters nur die Folgen der konkreten baulichen Maßnahme zu berücksichtigen. Hierbei können das Alter und der Gesundheitszustand des Mieters, seiner Familie oder anderer Haushaltsangehöriger eine Rolle spielen.

Werden durch die baulichen Maßnahmen Zuschnitt und Größe der Wohnung wesentlich verändert, z. B. bei Einbau eines Lifts, wenn hierdurch ein Zimmer der Wohnung wegfallen würde, so kann die Abwägung der gegenseitigen Interessen unter Umständen dazu führen, dass die Modernisierungsmaßnahme vom Mieter nicht zu dulden ist.

Auch können im Rahmen der Interessenabwägung vorangegangene Aufwendungen des Mieters von Bedeutung sein.

> **BEISPIEL FÜR VORANGEGANGENE AUFWENDUNGEN DES MIETERS**
> Hat der Mieter auf eigene Kosten eine Nachtstromspeicherheizung einbauen lassen, und der Vermieter möchte nun eine neue Gaszentralheizung installieren lassen, ist danach zu unterscheiden, ob der Vermieter dem Einbau durch den Mieter zugestimmt und der Mieter seine Investitionen bereits abgewohnt hat. Wusste der Vermieter nichts von den Baumaßnahmen des Mieters bzw. sind diese längst wirtschaftlich abgeschrieben, dann kann der Mieter seine Aufwendungen nicht als Härtegrund gegen das Modernisierungsbegehren des Vermieters vorbringen.

Aber: Soll die Wohnung oder das Anwesen durch die beabsichtigte Verbesserung überdurchschnittlich gut ausgestattet werden, so liegt eine **Luxusmodernisierung** vor, die der Mieter nicht dulden muss (z. B. Einbau von Hallenbad oder Sauna).

Nach Auffassung des BGH ist eine überdurchschnittliche Ausstattung der Wohnung vom Mieter jedoch dann zu dulden, wenn diese nicht zu unzumutbaren Mieten führt, so entschieden für die Umstellung von Antennenanschluss auf Breitbandkabel.[390]

---

390 BGH v. 20.7.2005, VIII ZR 253/04, NZM 2005, 697

!   **Achtung**

Die zu erwartende Mieterhöhung sowie die voraussichtlichen künftigen Betriebskosten bleiben bei der Abwägung im Rahmen der Duldungspflicht außer Betracht (§ 555d Abs. 2 Satz 2 BGB).
Dieser Einwand ist erst im Rahmen der Mieterhöhung (§ 559 BGB) zu überprüfen.

5.4.1   Frist für Härteeinwand

Gemäß § 555d Abs. 3 BGB kann sich der Mieter nur dann auf Härtegründe berufen, wenn er diese in Textform bis zum Ablauf des Monats, der auf den Zugang der Modernisierungsankündigung folgt, dem Vermieter mitteilt. Hierbei hat der Mieter nicht nur Härtegründe im Hinblick auf die Duldung, sondern auch im Hinblick auf die zu erwartende Mieterhöhung mitzuteilen.

Die Mitteilungspflicht des Mieters bezieht sich daher auch auf die Mieterhöhung. Hierdurch will der Gesetzgeber dem Vermieter Planungssicherheit für die Modernisierungsmaßnahmen geben. Der Vermieter weiß daher schon vor der Maßnahme, ob gegen die Mieterhöhung Härtegründe vorgetragen werden.

> BEISPIEL FÜR DIE FRIST FÜR HÄRTEEINWAND
>
> Eine form- und fristgerechte Modernisierungsankündigung des Vermieters erfolgt im Juli, der Mieter muss bis Ende August seine Härtegründe vortragen.

5.4.2   Folgen der Fristversäumnis

Versäumt es der Mieter, die Härtegründe innerhalb der Monatsfrist mitzuteilen, kann er diese nur noch dann geltend machen, wenn er ohne Verschulden an der Einhaltung der Frist gehindert war. In diesem Fall hat er dem Vermieter unverzüglich die Umstände und die Gründe der Verzögerung in Textform mitzuteilen (§ 555d Abs. 4 BGB).

Als Gründe für die verspätete Geltendmachung können z. B. Kur- oder Krankenhausaufenthalte bzw. die schwere Erkrankung des Mieters vorgetragen werden.

Gründe, die der Mieter gegen die Mieterhöhung vortragen will, muss er spätestens bis zum Beginn der Modernisierungsmaßnahme vortragen (§ 555d Abs. 4 Satz 2 BGB). Danach ist er mit dem Vortrag von Härtegründen ausgeschlossen.

Härtegründe, die der Mieter wegen der künftigen Betriebskosten erhebt, sind dagegen nicht zu berücksichtigen, da der Gesetzgeber nur Einwände gegen die »Mieterhöhung« zulässt.

Diese Monatsfrist für die Geltendmachung von Härtegründen gilt dann nicht, wenn der Vermieter in der Modernisierungsankündigung (siehe Teil 2 Kap. 5.3) keinen Hinweis auf die Form und die Frist des Härteeinwands erklärt hat (§ 555d Abs. 3 BGB). Nur in diesem Fall entfällt für den Mieter das Form- und Fristerfordernis.

> **Tipp**
>
> Der Vermieter sollte unbedingt in der Ankündigung der Modernisierungsmaßnahme den Mieter auf die form- und fristgerechte Mitteilungspflicht für Härtegründe hinweisen. Wirtschaftliche Gründe muss der Mieter nämlich bereits in seiner Reaktion auf die Modernisierungsankündigung des Vermieters erklären. Berücksichtigt werden diese Gründe allerdings erst bei der Mieterhöhung (siehe Teil 2 Kap. 6).

!

> **Wichtig**
>
> Bei berechtigten wirtschaftlichen Einwänden ist die Modernisierungsmaßnahme vom Mieter zu dulden, eine Mieterhöhung ist jedoch ausgeschlossen.

!

Die Bestimmungen der §§ 555a Abs. 1 bis 3, § 555d Abs. 1 bis 6 BGB über die Duldung von Erhaltungs- und Modernisierungsmaßnahmen gelten auch für Geschäftsraummietverträge (§ 578 Abs. 2 BGB).

Grundsätzlich gilt, dass sich der Mieter auch im **vereinfachten Verfahren** gegenüber der Duldungspflicht gem. § 555d BGB auf Härtegründe berufen kann.[391] **Wirtschaftliche Härtegründe** im Hinblick auf die Mieterhöhung oder voraussichtlichen Betriebskosten können gegen die Mieterhöhung jedoch nicht vorgebracht werden. § 559c Abs. 1 Satz 3 schließt insoweit die Anwendung von § 559 Abs. 4 BGB im vereinfachten Verfahren aus.

> **IN KÜRZE: INHALT EINER MODERNISIERUNGSANKÜNDIGUNG**
>
> - Art und voraussichtlicher Umfang der Maßnahme
> - bei mehreren Maßnahmen: getrennte Erläuterungen
> - bei energetischen Maßnahmen: Bezugnahme auf Pauschalwerte bzw. Gutachten
> - voraussichtlicher Beginn und voraussichtliche Dauer
> - Hinweis auf Form und Frist des Härteeinwands (§ 555d Abs. 3 Satz 1 BGB)
>
> Bei beabsichtigter Mieterhöhung zusätzlich:
>
> - Betrag der zu erwartenden Mieterhöhung; im vereinfachten Verfahren: Abzug der Pauschale für Erhaltungsmaßnahmen (30 %)
> - bei mehreren Maßnahmen: getrennte Darstellung

---

391 Arzt, Börstinghaus in NZM 1–2 2019, S. 20

- Benennung/Erläuterung des Verteilerschlüssels
- Darstellung der Ermittlung der Kosten für die jeweilige Wohnung
- Berechnung der zu erwartenden Mieterhöhung in Höhe von 8 % im Jahr
  (§ 559 Abs. 1 BGB), bei mehreren Maßnahmen jeweils getrennt
- voraussichtliche künftige Betriebskosten (nicht erforderlich, wenn die
  Mieterhöhung im vereinfachten Verfahren erfolgen soll)

In jedem Fall ist auch auf die Einhaltung der Ankündigungsfrist von (mindestens) drei Monaten zu achten.

5.5 Aufwendungsersatz

Der Vermieter hat dem Mieter Aufwendungen, die dieser infolge einer Erhaltungsmaßnahme machen musste, in angemessenem Umfang zu ersetzen. Der Vermieter ist auf Verlangen des Mieters auch zu Vorschusszahlungen verpflichtet (§ 555a Abs. 3 BGB). Gleiches gilt bei Modernisierungsmaßnahmen (§ 555d Abs. 6 BGB). Der Aufwendungsersatzanspruch des Mieters besteht daher nicht nur bei Erhaltungs-, sondern auch bei Modernisierungsmaßnahmen.

Beispiele für Aufwendungen
Bei den Aufwendungen des Mieters kann es sich um Kosten handeln, die für Reinigung, Einlagerung von Möbeln oder auch Schönheitsreparaturen, die infolge der Maßnahmen erforderlich geworden sind. Ist es dem Mieter nicht zumutbar, während der Modernisierungsarbeiten in der Wohnung zu wohnen – das ist dann der Fall, wenn Bad und WC komplett modernisiert werden –, kann er sogar Unterbringungskosten gegenüber dem Vermieter geltend machen.

Der Aufwendungsersatz besteht allerdings nur in angemessenem Umfang, das heißt, die vom Mieter geltend gemachten Kosten müssen tatsächlich objektiv erforderlich gewesen sein.

5.6 Sonderkündigungsrecht des Mieters

Dem Mieter steht gemäß § 555e BGB ein Sonderkündigungsrecht zu. Danach kann er nach Zugang der Modernisierungsankündigung das Mietverhältnis außerordentlich zum Ablauf des übernächsten Monats kündigen. Die Kündigung muss dann bis zum Ablauf des Monats erfolgen, der auf den Zugang der Modernisierungsankündigung folgt. Hat der Mieter von seinem Sonderkündigungsrecht Gebrauch gemacht, ist die Maßnahme bis zum Ablauf der Mietzeit zu unterlassen. Plant der Vermieter eine sog. Bagatellmaßnahme (§ 555c Abs. 4 BGB), so scheidet ein Sonderkündigungsrecht des Mieters aus.

BEISPIEL

Dem Mieter geht die Modernisierungsankündigung im März zu. Er muss bis spätestens Ende April kündigen. Kündigt der Mieter im April, wird das Mietverhältnis zum Ende Mai beendet.

Muster: Ankündigung einer Modernisierungsmaßnahme

ARBEITSHILFE ONLINE

Karla Schwarz

Andreas Schwarz

Menzingerstr. 18/EG

82325 München

Angela Percher

Simon Percher

Kreillerstr. 171/2. Stock

81825 München

München, 1.7.2019

Ankündigung von Modernisierungsmaßnahmen in Ihrer Wohnung/am Anwesen Kreillerstr. 171, 81825 München gemäß § 555 c BGB

Sehr geehrte Frau Percher,

sehr geehrter Herr Percher,

wir beabsichtigen Maßnahmen durchzuführen,

- durch die in Bezug auf die Mietsache Endendenergie nachhaltig eingespart wird (energetische Modernisierung),
- durch die nicht erneuerbare Primärenergie nachhaltig eingespart oder das Klima nachhaltig geschützt wird,
- durch die der Wasserverbrauch nachhaltig reduziert wird,
- durch die der Gebrauchswert der Mietsache nachhaltig erhöht wird,
- durch die die allgemeinen Wohnverhältnisse auf Dauer verbessert werden,
- die auf Grund von Umständen durchgeführt werden, die der Vermieter nicht zu vertreten hat, und die keine Erhaltungsmaßnahmen nach § 555a sind, oder
- durch die neuer Wohnraum geschaffen wird.

Im Einzelnen handelt es sich um folgende Maßnahmen:

1. Anbringung einer Wärmedämmung an der Vorder- und Rückseite des Gebäudes:
   Die Fassaden des Gebäudes sollen nach den Vorgaben der ENEV mit einem Wärmedämmverbundsystem verkleidet werden. An den Fassaden müssen folgende Arbeiten durchgeführt werden:
   (Beschreibung laut Kostenvoranschlag oder laut Architekt)
   Es handelt sich dabei um einen Vollwärmeschutz des Typs ..., mit einer Stärke von ... Der derzeitige Wärmedurchgangskoeffizient beträgt: ... Der neue Wärmedurchgangskoeffi-

zient, nach Anbringung der Wärmedämmung, beträgt: … (evtl. jeweils Bezugnahme auf Pauschalwerte)
Zur voraussichtlichen Einsparung von Energie wird auf das Gutachten des Energieberaters Schmidt verwiesen, das in Anlage beigefügt ist.

2. **Einbau eines Lifts vom Kellergeschoss bis zum 5. Stock:** Es ist beabsichtigt, an die rückwärtige Fassade, im Bereich des Treppenhauses, den Aufzug anzubauen. Es handelt sich um folgendes Fabrikat: … die Ausmaße betragen …*(ggf. Beschreibung ergänzen).* Die Haltestellen befinden sich in jedem Stockwerk. Hierzu wird jeweils die Außenfassade durchbrochen und mit einem Zugang über das jeweilige Stockwerk versehen. *(Beschreibung laut Kostenvoranschlag bzw. Erläuterungen eines Architekten oder Ingenieurs)*

3. **Errichtung eines Kinderspielplatzes:** Im Hofbereich wird an der Nordostecke auf der bestehenden Grünfläche ein Sandkasten mit den Maßen … errichtet. Daneben wird ein Schaukel- und Klettergestell errichtet. Die Maße betragen … Die Spielgeräte entsprechen den einschlägigen Anforderungen *(Zertifizierung mitteilen)*… und stammen vom Hersteller …

Mit den Arbeiten zu 1. wird voraussichtlich am 15.10.2019 begonnen.
Sie werden voraussichtlich am 15.11.2019 beendet sein.

Mit den Arbeiten zu 2. wird voraussichtlich am 15.10.2019 begonnen.
Sie werden voraussichtlich am 30.11.2019 beendet sein.

Mit den Arbeiten zu 3. wird voraussichtlich am 20.10.2019 begonnen.
Sie werden voraussichtlich am 31.10.2019 beendet sein.

Die zu erwartende Mieterhöhung berechnet sich nach vorliegenden Kostenangeboten und dem hieraus auf Ihre Wohnung entfallenden Gesamtaufwand.

Im Einzelnen:

1. **Dämmung:** voraussichtliche Kosten in Höhe von 20.000,00 Euro (Kostenvoranschlag der Firma Huber v. 1.4.2019)

Voraussichtliche Kosten für Ihre Wohnung:
20.000 Euro : 1.200 m² (Summe aller Wohnflächen des Anwesens) = 16,67 Euro/m² × 63 m² (Wohnfläche Ihrer Wohnung) = 1.050,21 Euro; hiervon 8 % = 84 Euro/Jahr = **7 Euro monatlich**

2. **Aufzug:** voraussichtliche Kosten in Höhe von 15.000,00 Euro (Kostenvoranschlag der Firma Pax v. 3.5.2019)

Da der Gebrauchswert des Aufzugs je nach Stockwerkslage unterschiedlich gewichtet ist, entspricht es billigem Ermessen, die Umlage der Kosten entsprechend zu verteilen. Da sich Wohnungen in den Stockwerken EG – 5. Stock befinden, werden die Kosten wie folgt verteilt:

EG: 10 %: 1.500,00 Euro
1. OG: 13 %: 1.950,00 Euro
2. OG: 15 %: 2.250,00 Euro
3. OG: 17 %: 2.550,00 Euro
4. OG: 20 %: 3.000,00 Euro
5. OG: 25 %: 3.750,00 Euro

Voraussichtliche Kosten für Ihre Wohnung:
Ihre Wohnung befindet sich im 3. OG, deshalb:
2.550 Euro : 200 m² (Summe der Wohnflächen des 3. OG) = 12,75 Euro/m² × 63 m² (Wohnfläche Ihrer Wohnung) = 803,25 Euro, 8 % von 803,25 Euro = 64,26 Euro/Jahr = **5,36 Euro monatlich.**

3. Spielplatz: voraussichtliche Kosten in Höhe von 2.000,00 Euro (Kostenvoranschlag der Firma Toll v. 2.6.2019)

Voraussichtliche Kosten für Ihre Wohnung: 2.000 Euro: 1.200 m² (Summe aller Wohnflächen des Anwesens) = 1,67 Euro/m² × 63 m² = 105,21 Euro, hiervon 8 % = 8,42 Euro/Jahr = **0,70 Euro monatlich**

Die zu erwartende monatliche Mieterhöhung für sämtliche Modernisierungsmaßnahmen beträgt:
7 Euro + 5,36 Euro + 0,70 Euro = **13,06 Euro**

Alternativ

Eine Mieterhöhung ist mit der Maßnahme zu … für Sie nicht verbunden.

Die Maßnahmen zu Nr. 2 (Lifteinbau) und Nr. 3 (Kinderspielplatz) verursachen künftig neue Betriebskosten. Diese können gem. § 2 Nr. 7 BetrKV (Aufzugskosten) und gem. § 2 Nr. 17 BetrKV (sonstige Betriebskosten: hier Pflege, Wartung und Sandaustausch des Kinderspielplatzes) auf die Mieter umgelegt werden. Im Rahmen der jährlichen Betriebskostenabrechnung werden wir daher künftig diese neuen Betriebskosten an Sie weitergeben.

Die voraussichtliche Höhe der künftigen Betriebskosten für den Aufzug betragen monatlich 0,20 Euro/m²;
Die voraussichtliche Höhe der künftigen Betriebskosten für den Kinderspielplatz betragen monatlich 0,08 Euro/m²
Bei einer Wohnfläche von 63 m² daher: 0,20 × 63 = 12,60 Euro/Monat
0,08 × 63 = 5,04 Euro/Monat

Gemäß § 555c Abs. 2 i. V. m. § 555d Abs. 3 Satz 1 BGB werden Sie darauf hingewiesen, dass Sie Härtegründe, die für Sie, Ihre Familie oder andere Angehörige Ihres Haushalts bestehen, die auch unter Würdigung der berechtigten Interessen sowohl des Vermieters als auch anderer Mieter in dem Gebäude sowie von Belangen der Energieeinsparung und des Klimaschutzes nicht zu rechtfertigen sind, bis zum Ablauf des Monats, der auf den Zugang der Modernisierungsankündigung folgt, in Textform mitzuteilen haben. Härtegründe, die gegen die Mieter-höhung bestehen, sind ebenfalls innerhalb dieser Frist in Textform mitzuteilen.

Zum Zeichen Ihres Einverständnisses mit der Duldung der Arbeiten bitten wir um Unterzeich-nung und alsbaldige Rückleitung beiliegender Zweitschrift.

Wir werden bemüht sein, die Störungen, die mit der Durchführung der Maßnahmen verbun-den sind, so gering wie möglich zu halten. Die genauen Termine werden Ihnen, sobald sie bekannt sind, mitgeteilt werden.

Mit freundlichen Grüßen

....

Karla Schwarz Andreas Schwarz

Kenntnis genommen und einverstanden.

....

(Unterschriften)

ARBEITSHILFE
ONLINE

Muster: Ankündigung einer Modernisierungsmaßnahme im vereinfachten Verfahren (§ 559c BGB)

Angela Percher
Simon Percher
Kreillerstr. 171/2. Stock
81825 München

München, 1.7.2019

**Ankündigung von Modernisierungsmaßnahmen am Anwesen Kreillerstr. 171,
81825 München gemäß §§ 555c in Verbindung mit § 559c BGB (vereinfachtes Verfahren)**

Sehr geehrte Frau Percher,
sehr geehrter Herr Percher,

wir beabsichtigen Maßnahmen durchzuführen,
* durch die in Bezug auf die Mietsache Endenergie nachhaltig eingespart wird (energetische Modernisierung),
* durch die nicht erneuerbare Primärenergie nachhaltig eingespart oder das Klima nachhaltig geschützt wird,
* durch die der Wasserverbrauch nachhaltig reduziert wird,
* durch die der Gebrauchswert der Mietsache nachhaltig erhöht wird,
* durch die die allgemeinen Wohnverhältnisse auf Dauer verbessert werden,
* die auf Grund von Umständen durchgeführt werden, die der Vermieter nicht zu vertreten hat und die keine Erhaltungsmaßnahmen nach § 555a sind, oder
* durch die neuer Wohnraum geschaffen wird.

Im Einzelnen handelt es sich um folgende Maßnahme:

Anbringung einer Wärmedämmung an der Vorder- und Rückseite des Gebäudes: Die Fassaden des Gebäudes sollen nach den Vorgaben der ENEV mit einem Wärmedämmverbundsystem verkleidet werden. An den Fassaden müssen folgende Arbeiten durchgeführt werden:
(Beschreibung laut Kostenvoranschlag oder laut Architekt)
Es handelt sich dabei um einen Vollwärmeschutz des Typs …, mit einer Stärke von … Der derzeitige Wärmedurchgangskoeffizient beträgt: … Der neue Wärmedurchgangskoeffizient, nach Anbringung der Wärmedämmung, beträgt: … (evtl. jeweils Bezugnahme auf Pauschalwerte).
Zur voraussichtlichen Einsparung von Energie wird auf das Gutachten des Energieberaters Schmidt verwiesen, das in Anlage beigefügt ist.

Mit den Arbeiten wird voraussichtlich am 15.10.2019 begonnen.
Sie werden voraussichtlich am 15.11.2019 beendet sein.

Die zu erwartende Mieterhöhung berechnet sich nach vorliegenden Kostenangeboten und dem hieraus auf Ihre Wohnung entfallenden Gesamtaufwand.

Im Einzelnen:

Dämmung: voraussichtliche Kosten in Höhe von 20.000,00 Euro (Kostenvoranschlag der Firma Huber v. 1.4.2019).
Der auf Ihre Wohnung entfallende Gesamtaufwand beträgt: 20.000,00 Euro : 1.200 m²
(Summe aller Wohnflächen des Anwesens) = 16,67 Euro/m²;
Ihre Wohnung hat eine Wohnfläche von 63 m²; somit: 16,67 Euro × 63 m² = 1050,21 Euro.

Die zu erwartende Mieterhöhung im vereinfachten Verfahren gemäß § 559c BGB beträgt:
Gesamtaufwand für Ihre Wohnung 1050,21 Euro abzüglich 30 % (315,06 Euro) = 735,15 Euro
 8 % aus 735,15 Euro = 58,81 Euro/Jahr = 4,90 Euro/Monat.

Gemäß § 555c Abs. 2 i. V. m. § 555d Abs. 3 Satz 1 BGB werden Sie darauf hingewiesen, dass Sie Härtegründe, die für Sie, Ihre Familie oder andere Angehörige Ihres Haushalts bestehen, die auch unter Würdigung der berechtigten Interessen sowohl des Vermieters als auch anderer Mieter in dem Gebäude sowie von Belangen der Energieeinsparung und des Klimaschutzes nicht zu rechtfertigen sind, bis zum Ablauf des Monats, der auf den Zugang der Modernisierungsankündigung folgt, in Textform mitzuteilen haben.

Zum Zeichen Ihres Einverständnisses mit der Duldung der Arbeiten bitten wir um Unterzeichnung und alsbaldige Rückleitung beiliegender Zweitschrift.

Wir werden bemüht sein, die Störungen, die mit der Durchführung der Maßnahmen verbunden sind, so gering wie möglich zu halten. Die genauen Termine werden Ihnen, sobald sie bekannt sind, mitgeteilt werden.

Mit freundlichen Grüßen

....

Karla Schwarz, Andreas Schwarz

Kenntnis genommen und einverstanden.

....

(Unterschriften)

6 Mieterhöhung bei Modernisierung nach § 559 BGB

Hat der Vermieter Modernisierungsmaßnahmen nach § 555b Nr. 1, 3, 4, 5 oder 6 BGB durchgeführt, kann er gemäß § 559 Abs. 1 BGB die jährliche Miete um **8 %** der für die Wohnung aufgewendeten Kosten erhöhen. Eine Mieterhöhung aufgrund von Maßnahmen, die zur Einsparung von Primärenergie oder zum Klimaschutz durchgeführt werden (§ 555b Nr. 2 BGB) oder durch die neuer Wohnraum geschaffen wird (§ 555b Nr. 7 BGB), ist dagegen nicht möglich. § 559 BGB findet nur Anwendung auf Wohnraummietverhältnisse. Wenn der Vermieter einer Gewerbeeinheit beabsichtigt, eine Mieterhöhung wegen Modernisierungsmaßnahmen geltend zu machen, so bedarf es einer ausdrücklichen Vereinbarung mit der Mietpartei.

> **Wichtig**
>
> Hat der Vermieter bis zum 31.12.2018 dem Mieter eine ordnungsgemäße Modernisierungsankündigung gemäß § 555c Abs. 1 BGB zugestellt, so gilt nach der Übergangsregelung des Art. 229 § 49 I EGBGB, dass eine Modernisierungsmieterhöhung noch in Höhe von 11 % geltend gemacht werden kann.

6.1 Ansatzfähige Kosten

Die Mieterhöhung beträgt 8 % der für die Wohnung aufgewendeten Kosten (§ 559 Abs. 1, 3 BGB).

Erhaltungskosten

Kosten, die für Erhaltungsmaßnahmen erforderlich waren, zählen nicht zu den Modernisierungskosten und sind daher abzuziehen bzw. nicht zu berücksichtigen. Erhaltungsmaßnahmen erhöhen nicht den Gebrauchswert der Mietsache, sondern versetzen diese nur in den vertraglich geschuldeten Zustand (§ 535 Abs. 1 BGB). Können die Erhaltungskosten nicht ermittelt werden, so sind sie zu schätzen (§ 559 Abs. 2 BGB).

Gleiches gilt auch für Instandsetzungsmaßnamen, die sich ein Vermieter deshalb erspart hat, weil er eine Modernisierung durchgeführt hat.

> BEISPIELE
>
> - Die alten Holzkastenfenster müssten geschliffen und neu lackiert werden. Durch Austausch dieser Fenster mit neuen isolierverglasten Kunststofffenstern erspart sich der Vermieter die Instandsetzung.

- Der Putz an der Fassade bröckelt und müsste ausgebessert werden, zudem wäre ein Neuanstrich erforderlich. Durch Anbringung einer Wärmedämmung erübrigt sich die Instandsetzung der Fassade.

Werden im Rahmen einer Modernisierungsmaßnahme erforderliche Maßnahmen zur Instandsetzung erspart, kann der Vermieter diese ersparten Kosten nicht auf den Wohnraummieter im Rahmen einer Modernisierungserhöhung umlegen. Er hat vielmehr in der Mieterhöhung den Umfang der durch die Modernisierung ersparten Kosten zu erläutern. Allerdings genügt es, wenn der ersparte Instandsetzungsaufwand durch Angabe einer Quote von den aufgewendeten Gesamtkosten nachvollziehbar dargelegt wird. Einer umfassenden Vergleichsrechnung zu den hypothetischen Kosten einer bloßen Instandsetzung bedarf es nicht.[392]

Aber: Werden durch die Modernisierung künftig fällig werdende Erhaltungsmaßnahmen eingespart, muss der Vermieter diese nicht berücksichtigen. Liegt also zum Zeitpunkt der Modernisierung kein konkreter Instandsetzungsbedarf vor, weil z. B. die auszutauschenden Fenster mängelfrei sind oder die auszutauschende Heizanlage voll funktionsfähig ist, besteht keine Kürzungspflicht.

Notwendige Kosten
Im Rahmen der Mieterhöhung sind diejenigen Kosten zu berücksichtigen, die für die Durchführung der Modernisierung notwendig waren.[393]

> BEISPIELE
>
> - Honorar von Architekt oder Ingenieur, wenn deren Zuziehung erforderlich war. Dies ist in der Regel nur bei größeren Baumaßnahmen der Fall wie bei Balkonanbau oder Lifteinbau.
> - Kosten für Baugenehmigung, Gerüst
> - Aufwendungsersatzansprüche von Mietern, die im Zusammenhang mit der Modernisierung erforderlich wurden, wie Unterbringung, Wiederherstellung eines vertragsgemäßen Zustandes der Wohnung (Anstrich nach Fenstereinbau, Reinigung)
> - Eigenleistungen des Vermieters, allerdings ohne Mehrwertsteuer[394]

---

392 BGH v. 17.12.2014, VIII ZR 88/13 WuM 2015, 165
393 BGH v. 17.12.2008, VIII ZR 41/08, WuM 09/124
394 Eisenschmid in Schmidt-Futterer § 559 Rn 58

> **Achtung** !
>
> Mietminderungen, die Mieter während Modernisierungsmaßnahmen zu Recht gemäß § 536 Abs. 1 BGB geltend machen, zählen nicht zu den ansatzfähigen Kosten. Es handelt sich hierbei gerade nicht um Kosten, die für die Wohnung aufgewendet wurden.[395]
> Auch gehören die sog. **Kapitalbeschaffungskosten** – das sind die bei der Finanzierung der Maßnahme angefallenen Grundbuch-/Notarkosten, Beleihungsprüfungsgebühren oder Zwischenfinanzierungskosten – **nicht** zu den ansatzfähigen Kosten.[396]

6.2   Berücksichtigung von Drittmitteln

Werden die Kosten für Modernisierungen ganz oder teilweise durch zinsverbilligte oder zinslose Darlehen aus öffentlichen Haushalten gedeckt, vermindert sich der Erhöhungsbetrag um den Jahresbetrag der Zinsermäßigung, der sich für den Ursprungsbetrag des Darlehens aus dem Unterschied im Zinssatz gegenüber dem marktüblichen Zinssatz für erststellige Hypotheken zum Zeitpunkt der Beendigung der Maßnahme ergibt (§ 559a BGB).

> BEISPIEL
>
> Modernisierung von vier gleich großen Wohnungen:
> Die Kosten betragen 12.000 Euro. Der Vermieter erhält ein zinsverbilligtes Darlehen von 6.000 Euro zu einem Zinssatz von 2 %, der Jahreszins liegt somit bei 120 Euro. Der marktübliche Zinssatz beträgt 4 %, der Jahreszins somit 240 Euro. Er spart sich somit Zinsen in Höhe von: 240 Euro – 120 Euro = 120 Euro. 8 % aus 12.000 Euro ergeben 960 Euro, hiervon ist die Ersparnis in Höhe von 120 Euro abzuziehen, sodass 840 Euro als jährliche Mieterhöhung für vier Wohnungen verbleiben. Der Erhöhungsbetrag je Wohnung liegt daher jährlich bei 210 Euro bzw. 17,50 Euro monatlich statt 20 Euro.[397]

6.3   Geltendmachung der Mieterhöhung (§ 559b BGB)

Die Mieterhöhung kann erst **nach Abschluss** der Modernisierungsarbeiten geltend gemacht werden.[398] Anders als bei einer Mieterhöhung bis zur ortsüblichen Vergleichsmiete (§ 558 BGB) bedarf es bei einer Mieterhöhung gemäß § 559 BGB keiner Zustimmung des Mieters. Zahlt der Mieter die Mieterhöhung nicht, kann der Vermieter auf Zahlung klagen. Die Mieterhöhung nach § 559 BGB führt zu einer dauerhaften Anpassung

---

395 Eisenschmid in Schmidt-Futterer, § 559 Rn. 65
396 OLG Hamburg RE v. 14.5.1981; 4 U 203/80; WuM 1981, 152 f.
397 Stürzer/Koch, S. 744
398 BGH v. 17.12.2014, VIII ZR 88/13, WuM 2015, 165

der Miete. Diese gilt auch dann noch, wenn sich die Investitionen des Vermieters schon amortisiert haben. Auch wenn der Vermieter die Rechnungen der Handwerker noch nicht gezahlt hat, kann er die Mieterhöhung schon geltend machen.

Die Mieterhöhung beträgt 8 % der für die Wohnung aufgewendeten Modernisierungs-kosten.

> **BEISPIEL**
>
> Die Kosten für die Fassadendämmung betrugen 12.000 Euro.
> Für die insgesamt zehn Wohneinheiten im Anwesen ergeben sich pro Woh-nung Kosten von 12.000 Euro : 10 = 1.200 Euro. Die Erhöhung pro Jahr beträgt 8 % hieraus = 96 Euro. Dies ergibt eine monatliche Mieterhöhung in Höhe von 96 Euro : 12 Monate = 8 Euro pro Wohnung.

6.3.1   Zwingende Inhalte der Modernisierungsmieterhöhung

*   Mitteilung des Gesamtaufwands
*   Erläuterung der Modernisierungsmaßnahme
*   bei energetischer Modernisierung Bezugnahme auf tatsächliche Werte, Gutachten bzw. Pauschalwerte
*   Erläuterung des Verteilerschlüssels
*   nachvollziehbare Berechnung des Erhöhungsbetrags

Im Rahmen der Mitteilung der insgesamt aufgewendeten Kosten ist u. U. der ersparte Erhaltungsaufwand sowie der Einsatz von Drittmitteln darzustellen (siehe oben).

Das Erhöhungsverlangen ist unwirksam, wenn es keine nachvollziehbare Zuordnung der Gesamtkosten zu einzelnen Arbeiten enthält sowie zu den in Abzug gebrachten Kostenanteilen für Instandhaltungsmaßnahmen.[399] Bei der Erläuterung der konkreten Maßnahme i. S. d. § 559b Abs. 1 BGB ist in der Erhöhungserklärung darzulegen, welche Maßnahme durchgeführt wurde und inwieweit dadurch konkret nachhaltig Endener-gie oder Wasserverbrauch eingespart wird.

Für den Nachweis der Nachhaltigkeit der Einsparung von Endenergie bedarf es entge-gen alter Rechtsprechung nicht mehr der Beifügung einer Wärmebedarfsberechnung. Es genügt nun, wenn der Vermieter Tatsachen darlegt, aus denen sich ergibt, dass dauerhaft Energie eingespart wird. Die Mitteilung, in welchem Maß die Einsparung erfolgt, ist nicht notwendig.[400]

---

399 LG Bremen v. 22.3.2018, 2 S 124/17,WuM 2018 S. 365
400 BGH v. 10.4.2002, VIII ARZ 3/01 NZM 2002, 519

Wird eine Wärmedämmung angebracht, so genügt es, wenn in der Mieterhöhung der alte und der neue Wärmedurchgangskoeffizient mitgeteilt wird.

Nach Ansicht des BGH ist für die Erläuterung der Energieersparnis bei Anbringung einer Thermoisolierung an der Fassade die Angabe des Wärmedurchgangskoeffizienten des Mauerwerks vor und nach der Maßnahme ebenfalls nicht erforderlich; vielmehr genügen Angaben der Art und Dicke des Isoliermaterials.[401] Gleichwohl wird empfohlen, diese Werte zu benennen, da zum einen nicht vorhergesehen werden kann, ob die Instanzgerichte dieser Rechtsauffassung ebenfalls folgen, und zum anderen diese Mehrinformation den Mieter durchaus überzeugen kann.

> **Achtung**
>
> Auch im Rahmen der Mieterhöhungserklärung kann sich der Vermieter nunmehr auf Pauschalwerte (siehe Teil 2, Kap 5.3.2: Tabellen aus »Bekanntmachung der Regeln zur Datenaufnahme und Datenverwendung im Wohngebäudebestand«) beziehen. Dies ergibt sich aus § 559b Abs. 1 Satz 3 BGB, der auf § 555c Abs. 3 BGB verweist.

Die Mieterhöhung ist nur wirksam, wenn in ihr die Erhöhung durch Erläuterung des **Verteilerschlüssels** konkret berechnet wird (§ 559 b Abs. 1 BGB). Wichtig ist es, hierbei einen Verteilerschlüssel zu wählen, der angemessen und gerecht ist. Sind mehrere Wohnungen betroffen, sind die Kosten angemessen auf die einzelnen Wohnungen zu verteilen (§ 559 Abs. 3 BGB).

In der Regel wird als Verteilerschlüssel die Wohnfläche zugrunde gelegt. Darüber hinaus kann es im Einzelfall angemessen sein, einen anderen Verteilermaßstab anzuwenden, so z.B., wenn ein Lifteinbau erfolgt und die Verteilung nach Stockwerken erfolgt.[402] Bei Fassadendämmungen kann es angemessen sein, die Kosten nach Wohneinheiten zu verteilen. Werden Fenster ausgetauscht, so ist eine direkte Zuordnung der jeweiligen Kosten für die Wohnungen angemessen und nicht eine Verteilung nach Wohnfläche. Der vom Vermieter gewählte Verteilerschlüssel ist zu erläutern, damit dessen Angemessenheit überprüft werden kann. Dies gilt insbesondere dann, wenn mehrere Maßstäbe denkbar sind.[403]

6.3.2 Form und Frist

Gemäß § 555b BGB ist die Mieterhöhung in Textform (§ 555b Abs. 1) zu erklären. Der Mieter schuldet danach die Mieterhöhung mit Beginn des dritten Monats, der auf den

---

401 BGH v. 12.6.2018, v. 25.9.2018, VIII ZR 121/17, WuM 2018, 723
402 Eisenschmid in Schmidt-Futterer, § 559 Rn. 79
403 LG Berlin v. 18.1.2018, 67 S 268/17, MM 2018, Nr. 5, 27f

Zugang der Erklärung folgt. Diese Frist verlängert sich um sechs Monate, wenn der Vermieter dem Mieter die Modernisierungsmaßnahme nicht form- und fristgerecht nach den Bestimmungen des § 555c Abs. 1, 3, 4, 5 BGB angekündigt hat oder wenn die tatsächliche Mieterhöhung die angekündigte um mehr als 10 % übersteigt (§ 559b Abs. 2 BGB).

> **BEISPIEL**
>
> Die Mieterhöhung geht dem Mieter im August zu. Die Mieterhöhung gilt zum
> 1. November (Beginn des dritten Monats nach Zugang).

Hat der Vermieter keine form- und fristgerechte Ankündigung gemacht, bzw. übersteigt die tatsächliche Mieterhöhung die angekündigte Erhöhung um 10 %, verlängert sich die Frist um sechs Monate; im Beispiel wirkt die Mieterhöhung dann zum 1. Mai des nächsten Jahres (Beginn des neunten Monats nach Zustellung).

Modernisierungsmieterhöhung – Fristen

Einer Mieterhöhung wegen Modernisierung steht nicht entgegen, dass der Vermieter den Beginn der Modernisierungsarbeiten weniger als drei Monate vorher angekündigt und der Mieter der Maßnahme widersprochen hat.[404] Von der Verlängerung des Wirkungszeitpunkts der Mieterhöhung wird auch der Fall erfasst, wenn der Vermieter die Modernisierung überhaupt nicht angekündigt hat.[405]

Hat der Vermieter eine Ankündigung unter Beachtung der Vorgaben des § 555c BGB durchgeführt und lediglich die Belehrung über Form und Frist des Härteeinwands

---

404 BGH, Urteil v. 19.9.2007, VIII ZR 6/07, WuM 07/630
405 Eisenschmid in Schmidt-Futterer, § 559b Rn 54; BGH v. 2.3.2011, VIII ZR 164/10, WuM 2011, 225

nach § 555d Abs. 3 BGB unterlassen, wirkt die Mieterhöhung zu Beginn des dritten Monats nach Zugang. Eine Verschiebung des Wirkungszeitpunkts tritt hier nicht ein, denn die Belehrung über den Härteeinwand ist nicht zwingende Voraussetzung der Ankündigungserklärung.

6.3.3   Härteeinwand

Eine Mieterhöhung ist jedoch ausgeschlossen, soweit sie – auch unter Berücksichtigung der voraussichtlich künftigen Betriebskosten – für den Mieter eine Härte bedeuten würde, die auch unter Würdigung der berechtigten Interessen des Vermieters nicht zu rechtfertigen ist (§ 559 Abs. 4 BGB).

Achtung !

Bei der im Rahmen des § 559 Abs. 4 BGB vorzunehmenden Abwägung sind nur die Interessen des Mieters, nicht diejenigen von weiteren Bewohnern zu berücksichtigen – anders als bei der Interessenabwägung im Rahmen der Duldung (§ 555 d Abs. 2 BGB).

Des Weiteren sind Gegenstand der Abwägung nur die Mieterhöhung und eventuelle künftige Betriebskosten. Es werden daher nur **wirtschaftliche Interessen** des Mieters berücksichtigt. Die Zumutbarkeit der Maßnahme als solche, d.h. ob eine Duldungspflicht gegenüber der Modernisierungsmaßnahme wegen eventueller Härtegründe gemäß § 555d BGB für den Mieter besteht, ist im Rahmen der Mieterhöhung grundsätzlich nicht zu prüfen.

Der Härteeinwand des Mieters ist dann nicht möglich, wenn die Mietsache lediglich in einen Zustand versetzt wurde, der allgemein üblich ist oder die Modernisierung aufgrund von Umständen durchgeführt wurde, die der Vermieter nicht zu vertreten hatte (§ 559 Abs. 4 BGB). Im Rahmen des vereinfachten Verfahrens ist der Härteeinwand des Mieters wegen finanzieller Härte unbeachtlich (§ 559c Abs. 1 Satz 3 BGB).

Der Härteeinwand des Mieters muss darüber hinaus rechtzeitig, d.h. bis zum Beginn der Arbeiten erfolgt sein (§ 555d Abs. 5 Satz 2 BGB).

6.3.4   Besonderheiten für das vereinfachte Verfahren (§ 559c BGB)

Das vereinfachte Verfahren bei der Modernisierungsmieterhöhung kann nur dann in Anspruch genommen werden, wenn die geltend gemachten Kosten für die einzelne Wohnung 10.000 Euro nicht übersteigen. In der Mieterhöhungserklärung ist anzugeben, dass die Mieterhöhung im vereinfachten Verfahren berechnet wird.

Berechnung der Mieterhöhung

Bei der Berechnung der Mieterhöhung für Modernisierungsmaßnahmen muss der Vermieter keine Erläuterung für fiktive Kosten, die für Erhaltungsmaßnahmen erforderlich gewesen wären, vornehmen. Vielmehr sieht § 559c Abs. 1 Satz 2 BGB vor, dass als Kosten für erforderlich gewesene Erhaltungsmaßnahmen pauschal 30 % der für die Wohnung geltend gemachten Kosten in Abzug zu bringen sind.

BEISPIEL

Modernisierungskosten in Höhe von 10.000 Euro für eine Wohnung:

10.000 Euro abzüglich 30 % (3.000 Euro) =	EUR 7.000
8 % aus 7.000 Euro =	EUR 560/Jahr
monatliche Mieterhöhung beträgt somit 560 Euro : 12 =	EUR 46,67

Berücksichtigung von Drittmitteln

Wie in Teil 2 Kap. 6.2 ausgeführt, sind nach § 559a BGB Drittmittel bei einer Modernisierungsmieterhöhung grundsätzlich in Abzug zu bringen. Im vereinfachten Verfahren dagegen sind gemäß § 559c Abs. 1 Satz 3 BGB Vorteile aus zinsvergünstigten oder zinslosen Darlehen nicht zu berücksichtigen.

Härteeinwand

Der Mieter kann sich im vereinfachten Verfahren nicht auf das Vorliegen finanzieller Härte berufen. Gemäß § 559c Abs. 1 Satz 3 BGB findet § 559 Abs. 4 BGB keine Anwendung.

Sperrfrist

Es gilt eine Sperrfrist **von fünf Jahren.** Der Vermieter darf innerhalb von fünf Jahren nach Zugang der Mieterhöhungserklärung beim Mieter keine Mieterhöhungen wegen Modernisierungsmaßnahmen gemäß § 559 BGB geltend machen, wenn der Höchstbetrag von 10.000 Euro ausgeschöpft ist (§ 559c Abs. 4 Satz 1 BGB).

Diese Sperrfrist gilt nicht, wenn

* der Vermieter in diesem Zeitraum Modernisierungsmaßnahmen aufgrund **gesetzlicher Verpflichtungen** durchzuführen hat und er diese Verpflichtung bei Geltendmachung der Mieterhöhung im vereinfachten Verfahren nicht kannte oder kennen musste (§ 559 c Abs. 4 Satz 2 Nr. 1 BGB) (zum Beispiel Vorgaben nach EnEV);
* eine Modernisierungsmaßnahme aufgrund eines Beschlusses der Wohnungseigentümer durchgeführt wird, der **frühestens zwei Jahre** nach Zugang der **Mieterhöhungserklärung** beim Mieter gefasst wurde (§ 559c Abs. 4 Satz 2 Nr. 2 BGB).

> **BEISPIEL**
>
> Die Wärmedämmung der Fassade wurde im September 2019 abgeschlossen. Die Mieterhöhung wegen dieser Modernisierung ist am **10. Oktober 2019 zugegangen** und ist zum 1. Januar 2020 wirksam. Beschlüsse über Modernisierungsmaßnahmen der WEG, die nach dem 10.10.2021 (zwei Jahre nach Zugang der Mieterhöhung!) gefasst werden, unterliegen nicht mehr der Sperrfrist.

Anrechnung früherer Modernisierungsmieterhöhungen

Um zu vermeiden, dass ein Vermieter nach einer Modernisierungsmieterhöhung im »normalen« Verfahren zusätzlich eine Erhöhung nach dem vereinfachten Verfahren geltend macht, werden alle Mieterhöhungen wegen Modernisierungsmaßnahmen der letzten fünf Jahre angerechnet (§ 559c Abs. 2 BGB). Die Kosten, die für eine weitere Modernisierungsmaßnahme geltend gemacht werden, reduzieren sich um die Kosten, die in einem früheren Verfahren für Modernisierungsmaßnahmen geltend gemacht wurden.

> **BEISPIEL**
>
> Am Anwesen wird eine Dachdämmung angebracht. Die für die Wohnung geltend gemachten Kosten betragen 5.000 Euro. Die Mieterhöhung wegen dieser Maßnahme beträgt zum 1.8.2019: 33,33 Euro monatlich (8 % aus 5.000 Euro = 400 Euro : 12).
>
> Der Vermieter beabsichtigt, 2020 eine Mieterhöhung gemäß § 559c BGB (vereinfachtes Verfahren) wegen Fenstermodernisierung durchzuführen. Gesamtkosten für die Wohnung: 6.000 Euro.
>
> 6.000 Euro zuzüglich 5.000 Euro (Kosten der Modernisierung für die Wohnung aus dem Jahre 2019) = 11.000 Euro Gesamtkosten der Modernisierungen für die Wohnung innerhalb von fünf Jahren. Da die Gesamtkosten den maximalen Betrag von 10.000 Euro übersteigen, ist eine **Mieterhöhung im vereinfachten Verfahren wegen Fenstermodernisierung nicht möglich!** Gegebenenfalls kann eine Mieterhöhung im »normalen« Verfahren durchgeführt werden.

6.3.5 Kappungsgrenzen für Modernisierungsmieterhöhungen

Den Begriff der Kappungsgrenze kannte man bisher nur im Zusammenhang mit der Mieterhöhung bis zur ortsüblichen Vergleichsmiete (§ 558 Abs. 3 BGB). Nunmehr hat der Gesetzgeber auch eine Kappungsgrenze für Mieterhöhungen aufgrund von Modernisierungsmaßnahmen eingeführt, die seit 1.1.2019 gilt. Danach darf bei Modernisierungsmieterhöhungen die monatliche Miete innerhalb von **sechs Jahren** nicht um mehr als **3 Euro/m²** Wohnfläche erhöht werden. Beträgt die monatliche Miete vor der

Mieterhöhung weniger als **7 Euro/m²** Wohnfläche, beträgt die Kappungsgrenze **2 Euro/m²**. Mieterhöhungen wegen Anpassung an die ortsübliche Vergleichsmiete gemäß § 558 BGB und Betriebskostenerhöhungen gemäß § 560 BGB werden hierbei nicht berücksichtigt (§ 559 Abs. 3a BGB).

BEISPIELE

1. Wohnung mit 50 m² Wohnfläche
   derzeitige Miete 500 Euro = 10 Euro/m²
   Kosten der Modernisierung für die Wohnung: 15.000 Euro,
   davon 8 % = 1.200 Euro : 12 = 100 Euro monatlich = 2,00 Euro/m²
   Mieterhöhung um 2,00 Euro/m² ist möglich.
2. Fall wie oben: Im Jahre 2020 wird eine weitere Mieterhöhung wegen Modernisierung durchgeführt. Diese beläuft sich auf 1,67 Euro/m².
   Es gilt: Innerhalb von sechs Jahren wurden zwei Modernisierungserhöhungen durchgeführt, die Summe der Erhöhungen beträgt: 2,00 Euro/m² + 1,67 Euro/m² = 3,67 Euro/m²
   Da maximal nur um 3 Euro/m² monatlich erhöht werden darf, kann jetzt nur noch eine Erhöhung um 1,00 Euro/m² erfolgen. Den Betrag von 0,67 Euro/m² hat der Vermieter zu tragen bzw. er kann ihn nicht als Mieterhöhung geltend machen.
3. Wohnung mit 50 m² Wohnfläche
   derzeitige Miete 325 Euro = 6,50 Euro/m²
   Kosten der Modernisierung für die Wohnung: 18.000 Euro,
   davon 8 % = 1.440 Euro : 12 = 120 Euro = 2,40 Euro/m²
   Es gilt: Innerhalb von sechs Jahren darf nur um 2 Euro/m² erhöht werden, wenn die monatliche Miete vor Erhöhung weniger als 7 Euro/m² betragen hat. Dies ist vorliegend der Fall, der Vermieter kann daher nur um 2 Euro/m² erhöhen.
   Die neue Miete beträgt somit: 2 Euro × 50 m²= 100 Euro + 325 Euro= 425 Euro

! **Wichtig**

Diese Kappungsgrenzen gelten auch für Mieterhöhungen im vereinfachten Verfahren (§ 559c BGB). Allerdings erlangen diese Grenzen nur wenig praktische Bedeutung, denn im vereinfachten Verfahren können als Mieterhöhung maximal 560 Euro/Jahr und somit 46,67 Euro monatlich geltend gemacht werden (10.000 Euro abzüglich 30 % = 7.000 Euro, davon 8 % = 560/Jahr). Bei einer 50 m² großen Wohnung beträgt die Mieterhöhung somit 0,93 Euro/m². Nur bei sehr kleinen Wohnungen bzw. Appartements könnte die Kappungsgrenze auch im einfachen Verfahren erreicht werden.

6.3.6   Sonderkündigungsrecht

Dem Mieter steht gemäß § 561 BGB ein Sonderkündigungsrecht nach Geltendmachung einer Mieterhöhung gemäß § 559 BGB zu. Danach kann er das Mietverhältnis bis zum Ablauf des zweiten Monats nach dem Zugang der Erklärung des Vermieters außerordentlich zum Ablauf des übernächsten Monats kündigen. Kündigt der Mieter, tritt die Mieterhöhung nicht ein.

> **BEISPIEL**
>
> Zugang der Modernisierungserhöhung im April, Kündigung spätestens bis Ende Juni. Kündigt der Mieter im Juni, ist das Mietverhältnis Ende August beendet.

6.3.7   Modernisierungsmieterhöhung/Mieterhöhung bis zur ortsüblichen Vergleichsmiete

Die Möglichkeit des Vermieters, die Miete wegen Modernisierungen gemäß § 559 BGB zu erhöhen, schließt nicht aus, dass er stattdessen eine Erhöhung bis zur ortsüblichen Vergleichsmiete (§ 558 BGB) vornimmt. Der Vermieter hat somit das **Wahlrecht**, ob er die Kosten einer Modernisierung im Rahmen der §§ 559 ff. BGB als Mieterhöhung geltend macht oder den Weg über die Zustimmung zu einer Erhöhung auf die ortsübliche Vergleichsmiete (§§ 558 ff. BGB) wählt. Letztere ist jedoch nur dann sinnvoll, wenn sie höher ausfällt als die Mieterhöhung wegen Modernisierung.

> **Wichtig**   !
>
> Für die Ermittlung der künftigen neuen Miete darf die Modernisierungsmaßnahme nur einmal zugrunde gelegt werden: Entweder berücksichtigt der Vermieter die Modernisierungskosten dergestalt, dass er die Anhebung der Miete auf die Vergleichsmiete nach dem Standard der durch die Modernisierung verbesserten Wohnung verlangt, oder er verlangt eine Mieterhöhung gemäß §§ 559 ff. BGB.[406]

---

406 OLG Hamm, RE v. 30.12.1992, 30 REMiet 2/91, WuM 1993, 106 ff.

6.3.8   Muster für Mieterhöhungen

Muster Modernisierungsmieterhöhung

Karla Schwarz
Andreas Schwarz
Menzingerstr. 18/EG
82325 München

Angela Percher
Simon Percher
Kreillerstr. 171/2. Stock
81825 München

München, 10.8.2019

Mieterhöhung wegen Modernisierung, §§ 559, 559b BGB

Sehr geehrte Frau Percher, sehr geehrter Herr Percher,

die mit Schreiben vom 4.1.2019 angekündigten Modernisierungsmaßnahmen im Anwesen Kreillerstr. 171 sind zum 31.7.2019 abgeschlossen worden.

I. Im Einzelnen wurden folgende **Maßnahmen am Anwesen** durchgeführt:

(Beschreibung und Erläuterung der Maßnahmen …)

Die Mieterhöhung für Ihre Wohnung berechnet sich wie folgt:
1. Wärmedämmung der Fassaden: Kosten: 10.000,00 Euro
2. Errichtung eines Kinderspielplatzes: Kosten: 1.000,00 Euro

Die Modernisierungskosten betragen insgesamt 11.000,00 Euro.

Auf Ihre Wohnung entfällt ein Anteil von:

1. Alternative:
(Betrag von 1.) 10.000,00 Euro : 20 Wohneinheiten = 500,00 Euro
(Betrag von 2.) 1.000,00 Euro : 20 Wohneinheiten = 50,00 Euro
Gesamt: 550,00 Euro

2. Alternative
(Betrag von 1.) 10.000,00 Euro : 1.200 m² (Summe aller Wohn- und Nutzflächen des Anwesens) × 63 m² (Wohnfläche Ihrer Wohnung) = 525,00 Euro
(Betrag von 2.) 1.000,00 Euro : 1.200 m² (Summe aller Wohn- und Nutzflächen des Anwesens) × 63 m² (Wohnfläche Ihrer Wohnung) = 52,50 Euro

Gesamt: 577,50 Euro

II. Im Einzelnen wurden folgende **Maßnahmen in Ihrer Wohnung** durchgeführt:

(Beschreibung und Erläuterung der Maßnahmen …)

1. Einbau eines Bades – Kosten: 3.000,00 Euro
2. Anbringen von sechs Rollläden à 320,00 Euro, im Wohn-, Kinder- und Schlafzimmer – Kosten: 1.920,00 Euro

Die Modernisierungskosten für Ihre Wohnung betragen insgesamt **4.920,00 Euro**.

Erhaltungskosten sind nicht in Abzug zu bringen, da keine angefallen sind bzw. erforderlich gewesen wären.

III. Es ergibt sich folgende **monatliche Mieterhöhung**:

Alternative I.1
Die auf Ihre Wohnung aufgewendeten Modernisierungskosten betragen: 550,00 Euro
(I.1. Alternative) + 4.920,00 Euro (II) = 5.470,00 Euro
hiervon **8 %** = 437,60 Euro/Jahr
ergibt eine monatliche Erhöhung von **36,47 Euro** Ihrer Nettokaltmiete.

Alternative I.2
Die auf Ihre Wohnung aufgewendeten Modernisierungskosten betragen: 577,50 Euro (I.2) +
4.920,00 Euro (II) = 5.497,50 Euro
Hiervon 8 % = 439,80 Euro/Jahr
ergibt eine monatliche Erhöhung von **36,65 Euro** Ihrer Nettomiete.

Des Weiteren erhöhen sich Ihre **monatlichen Abschlagszahlungen auf die Betriebskosten**
gem. § 4 Abs. 2 Ihres Mietvertrages um … Euro, da künftig auch die Betriebskosten für …
(z. B. den neu eingebauten Lift, Kabelfernsehen, Spielplatz etc.) zu bezahlen sind.

Ihre **neue Miete ab 1. November 2019** beträgt:
………….…….. Euro Nettokaltmiete zzgl.
+ …………….. Euro Betriebskostenvorauszahlung
= ………….… **Euro insgesamt**

Die Rechnungsbelege können nach Terminvereinbarung eingesehen werden/liegen diesem Schreiben als Anlagen bei.

Mit freundlichen Grüßen

………………..………………….…..
Karla Schwarz Andreas Schwarz

! **Mieterhöhung wegen Modernisierung im vereinfachten Verfahren**

München, 10.8.2019

Mieterhöhung wegen Modernisierung im vereinfachten Verfahren (§ 559c BGB)

Sehr geehrte Frau Percher, sehr geehrter Herr Percher,

die mit Schreiben vom 4.1.2019 angekündigte Modernisierungsmaßnahme im Anwesen Kreillerstr. 171 wurde zum 31.7.2019 abgeschlossen. Im Einzelnen wurde folgende **Maßnahme in Ihrer Wohnung** durchgeführt:

Anbringen von sechs Rollläden à 320,00 Euro, im Wohn-, Kinder- und Schlafzimmer – Kosten gesamt für Ihre Wohnung: 1.920,00 Euro

Die Mieterhöhung berechnet sich wie folgt:
1.920,00 Euro abzüglich 30 % (Pauschale für Erhaltungsaufwand: 576 Euro) = 1.344,00 Euro
Hiervon 8 % = 107,52 Euro/Jahr = 8,96 Euro monatliche Mieterhöhung

Ihre **neue Miete ab 1. November 2019** beträgt:
.... Euro Nettokaltmiete zzgl.
+ .... Euro Betriebskostenvorauszahlung wie bisher
= .... **Euro insgesamt**

Die Rechnungsbelege können nach Terminvereinbarung eingesehen werden/liegen diesem Schreiben als Anlagen bei.

Mit freundlichen Grüßen

....
Karla Schwarz Andreas Schwarz

6.3.9   Pflichtverletzungen bei Ankündigung oder Durchführung einer baulichen Veränderung

Durch die Einführung des § 559d BGB will der Gesetzgeber das vorsätzliche »Herausmodernisieren« zum Zwecke der Neuvermietung unterbinden. Adressat dieser neuen Regelungen sind in erster Linie Finanzinvestoren, private Vermieter werden davon in der Regel nicht betroffen sein. Dem Mieter steht ein Schadensersatzanspruch gemäß § 280 Abs. 1, § 559d BGB zu, wenn der Vermieter eine Pflichtverletzung begangen hat. Das Vorliegen einer Pflichtverletzung des Vermieters wird vermutet, wenn

1. mit den angekündigten Baumaßnahmen nicht innerhalb von zwölf Monaten begonnen wird,
2. die Verdoppelung der Miete angekündigt wird,

3. die Baumaßnahmen in einer Art und Weise durchgeführt werden, die geeignet ist, zu objektiv nicht notwendigen Belastungen des Mieters zu führen, oder
4. die Arbeiten nach Beginn der Maßnahme mehr als zwölf Monate ruhen.

Diese Vermutung kann jedoch nach § 559d Satz 2 BGB widerlegt werden. Der Vermieter muss dann darlegen, dass für das Verhalten ein objektiver Grund vorliegt.

> **BEISPIEL**
>
> Die Verzögerung des Baubeginns ist durch Handwerkermangel oder langwierige Genehmigungsverfahren zu begründen. Auch kann die Veränderung der eigenen finanziellen Situation eine Verzögerung begründen.

Darüber hinaus gilt das »Herausmodernisieren **als Ordnungswidrigkeit** (§ 6 Wirtschaftsstrafgesetz): »Ordnungswidrig handelt, wer in der Absicht, einen Mieter von Wohnraum hierdurch zur Kündigung oder zur Mitwirkung an der Aufhebung des Mietverhältnisses zu veranlassen, eine bauliche Veränderung in einer Weise durchführt oder durchführen lässt, die geeignet ist, zu erheblichen, objektiv nicht notwendigen Belastungen des Mieters zu führen.«

In der Praxis wird es jedoch schwer sein, dem Vermieter die Tatsache, dass er **absichtlich** gehandelt hat, nachzuweisen. Das Ordnungsgeld kann bis zu 100.000 Euro betragen.

6.4   Prozessuales

Der Mieter ist lediglich zur Duldung von Modernisierungen verpflichtet. Eine ausdrückliche Zustimmung ist nicht erforderlich. Etwas anders kann gelten, wenn der Vermieter den Mieter unter Beifügung einer zu unterzeichnenden Duldungserklärung gebeten hat, innerhalb einer bestimmten Frist der Modernisierung zuzustimmen. Reagiert der Mieter nicht, obwohl der Vermieter angekündigt hatte, dass er **Klage** erheben werde, wenn er innerhalb der Frist vom Mieter keine bzw. eine negative Antwort erhält, gibt der Mieter Veranlassung zur Klageerhebung.[407]

Duldet der Mieter Modernisierungsmaßnahmen nicht, muss der Vermieter Klage erheben. Die Beschwer – welche auch Anträge auf Zutritt zu den Räumen umfasst– beträgt das Dreieinhalbfache des infolge der Modernisierung zu erwartenden Jahresbetrags der Mieterhöhung (§§ 3, 9 ZPO). Auf die Wertsteigerung infolge oder die voraussichtlichen Kosten der Modernisierung kommt es nicht an.[408]

---

407 LG Berlin v. 25.1.2018 67 T 9/18, WuM 2018, 207
408 BGH v. 20.11.2018, VIII ZR 112/18; WuM 2019, 44

7   Modernisierungsvereinbarung

Durch das Mietrechtsänderungsgesetz zum 1.5.2013 wurde § 555f BGB neu eingeführt. Danach können die Vertragsparteien nach Abschluss des Mietvertrags aus Anlass von Erhaltungs- oder Modernisierungsmaßnahmen Vereinbarungen treffen, insbesondere über

- die zeitliche und technische Durchführung der Maßnahmen,
- Gewährleistungsrechte und Aufwendungsersatzansprüche des Mieters sowie
- die künftige Höhe der Miete.

Daneben gelten aber die §§ 555a ff. BGB weiter. Diese enthalten die allgemeinen Anforderungen und Voraussetzungen für die Ankündigung und Duldung von Erhaltungs- bzw. Modernisierungsmaßnahmen. § 555f BGB soll es den Vertragsparteien darüber hinaus ermöglichen, für konkret geplante Maßnahmen eine dem Einzelfall angepasste und individuelle Lösung zu schaffen.

Während § 536 Abs. 4 BGB eine generelle Abbedingung des Minderungsrechts untersagt, bezieht sich § 555f BGB auf Regelungen für einen konkreten Einzelfall. Vor Einführung des § 555f BGB war es bereits anerkannt, dass Mietvertragsparteien für eine einzelne bauliche Maßnahme Vereinbarungen zur Höhe einer Mietminderung treffen können.[409] Dies stellt auch keinen Verstoß gegen § 536 Abs. 4 BGB dar, denn es liegt ja gerade keine mietvertragliche Regelung vor. Vielmehr haben die Parteien während der Vertragslaufzeit aus einem konkreten Anlass heraus eine individuelle Vereinbarung zu Maßnahme, Minderung und Miethöhe getroffen.

In diesem Sinne hat auch das LG München entschieden: Der Mieter kann sich trotz § 536 Abs. 4 BGB mit dem Vermieter auf eine bestimmte Minderung für die Zukunft einigen, vorausgesetzt, es handelt sich um einen befristeten Zeitraum.[410]

Die Anwendung des § 555f BGB setzt voraus, dass sich während des Mietverhältnisses, also nach Abschluss des Vertrags, aus einem konkreten Anlass heraus die Notwendigkeit einer Vereinbarung ergibt. Anlass kann nur die Durchführung von Erhaltungs- oder Modernisierungsmaßnahmen sein (§ 555a, b BGB). Zu beachten ist, dass die Modernisierungsvereinbarung nicht allgemein formuliert sein darf, sondern auf den speziellen Einzelfall abgestimmt sein muss.[411]

---

409   BGH v. 14.10.2009, VIII ZR 159/08, WuM 2009, 744
410   LG München v. 9.12.2011, 14 S 9823/11, GE 2012, 336
411   Eisenschmid in Schmidt-Futterer, § 555f Rn. 6

Muster: Münchner Modernisierungsvereinbarung zur energetischen Modernisierung

Nachtrag zum Mietvertrag vom ....

zwischen

Frau/Herrn ....
– Vermieter/in –

und

Frau/Herrn ....
– Mieter/in –

betreffend die Wohnung ....

Präambel

Der Vermieter beabsichtigt die Instandsetzung und Modernisierung des Anwesens *[Adresse]*.

Ziel ist es, die durch die Nutzung des Gebäudes verursachten Emissionen an Treibhausgasen durch Energieeinsparung zu vermindern, um die natürlichen Lebensgrundlagen auch für künftige Generationen zu sichern und um angesichts der zunehmenden Knappheit der energetischen Rohstoffe zur dauerhaften Sicherung einer für den Mieter bezahlbaren Energieversorgung beizutragen.

Voraussetzung für die Durchführung der Instandsetzung und Modernisierung des Anwesens ist eine Einigung mit dem hiervon betroffenen Mieter, aber vor allem ein gedeihliches Miteinander der Betroffenen und der am Bau Beteiligten während der Bauausführung. Die Bauausführung wird den Mieter nicht unbeträchtlich durch Lärm, Schmutz usw. beeinträchtigen.

Zum Ausgleich der mit der Instandsetzung und Modernisierung für Vermieter und Mieter verbundenen finanziellen Belastungen, zum Zwecke der Vermeidung von Streitigkeiten und Unklarheiten sowie zum Ausgleich der mit den Vorhaben für den Mieter verbundenen Beeinträchtigungen und sozialen Härten im Zusammenhang mit der Modernisierung und dem Umbau des Anwesens schließen die Parteien die folgende Vereinbarung:

§ 1 Duldung

Der Mieter verpflichtet sich, sämtliche Instandsetzungs- und Modernisierungsarbeiten einschließlich der Außenarbeiten gemäß der als Anlage 1 beigefügten Baubeschreibung zu dulden. Der Mieter gewährt dem Vermieter, von diesem beauftragten Bauunternehmen und sonstigen Projektbeteiligten nach vorheriger Ankündigung und Absprache während der allgemein üblichen Zeiten Zutritt zu seiner Wohnung, sofern dies für die Durchführung der Instandsetzungs- und Modernisierungsarbeiten einschließlich von Nebenarbeiten (z. B. Aufmaß der Wohnflächen, Bestandsaufnahme der Bausubstanz etc.) erforderlich ist.

Der Mieter erklärt, dass zum Zeitpunkt des Vertragsschlusses keine sozialen Härtegründe bei ihm vorliegen, weil weder die baulichen Folgen, vorausgegangene Aufwendungen des Mieters noch die in § 11 dieser Vereinbarung geregelte Mieterhöhung eine soziale Härte begründen.

Sollten nach Abschluss dieser Vereinbarung Härtegründe entstehen, ist der Mieter zur unverzüglichen Mitteilung an den Vermieter verpflichtet.

§ 2 Kündigung
Der Mieter ist berechtigt, bis zum Ablauf des Monats, der auf den Abschluss der Vereinbarung folgt, außergerichtlich zum Ablauf des nächsten Monats zu kündigen.

§ 3 Baubeginn
Die Instandsetzungs- und Modernisierungsarbeiten beginnen mit Einrichtung der Baustelle.

Als Datum des Baubeginns ist derzeit der .... geplant.

§ 4 Baufertigstellung
Die Instandsetzungs- und Modernisierungsarbeiten gelten als abgeschlossen, wenn sämtliche Arbeiten gemäß Anlage 1, mit Ausnahme unwesentlicher Nacharbeiten außerhalb der Wohnung des Mieters, vollständig ausgeführt wurden.

Als Datum der Baufertigstellung ist derzeit der .... geplant.

§ 5 Dauer und zeitliche Lage der Arbeiten in der Wohnung des Mieters
Die Dauer und zeitliche Lage der in der Wohnung des Mieters auszuführenden Arbeiten ergeben sich aus dem als Anlage 4 beigefügten Bauzeitenplan (dort rot markiert).

Der Vermieter wird den Mieter unverzüglich informieren, wenn sich Änderungen im Hinblick auf die Dauer und zeitliche Lage der in der Wohnung des Mieters auszuführenden Arbeiten ergeben und dem Mieter für seine Wohnung einen aktualisierten Bauzeitenplan (Auszug) übersenden.

§ 6 Gebot der Rücksichtnahme
Der Vermieter wird die Arbeiten möglichst schonend und zügig und unter Berücksichtigung der Tatsache, dass die Wohnung bewohnt ist, durchführen.

Der Mieter wird die Durchführung der Arbeiten nicht behindern oder erschweren.

§ 7 Bauvorbereitung bzw. Baureinigung
Der Vermieter wird für alle erforderlichen Aus- und Einräumarbeiten in der Wohnung, dem Keller oder dem Speicherabteil des Mieters sowie das Abdecken, zum Beispiel durch Folien, geeignete Hilfskräfte und Material zur Verfügung stellen. Der Vermieter stellt jeweils nach

Durchführung der einzelnen Maßnahmen in der Wohnung in Absprache mit dem Mieter Reinigungskräfte zur Verfügung.

Sofern Gegenstände oder Haustiere des Mieters nicht in dessen Wohnung untergebracht werden können, wird der Vermieter in Absprache mit dem Mieter auf seine Kosten für eine geeignete Unterbringung und den Transport sorgen.

Sofern der Mieter dies wünscht, kann er die vorgenannten Arbeiten auch selbst ausführen. In diesem Fall gilt § 8.

Wertgegenstände, zum Beispiel Schmuck oder Laptop, wird der Mieter selbst sicher verwahren.

§ 8 Aufwendungsersatz

Der Vermieter verpflichtet sich, für etwaige Aufwendungen, die der Mieter infolge der in Anlage 1 genannten Arbeiten zu bestreiten hat, angemessenen Aufwendungsersatz zu leisten. Der Vermieter verpflichtet sich, mit Beginn der Arbeiten hierzu einen Vorschuss in Höhe von .... Euro zu bezahlen.

Der Mieter ist verpflichtet, über den geleisteten Vorschuss nach Abschluss der Arbeiten abzurechnen. Er muss Art und Umfang der gemachten Aufwendungen darlegen und der Höhe nach aufschlüsseln. Hierbei sind sich die Parteien darüber einig, dass für Arbeiten, die vom Mieter in Eigenleistung erbracht werden, zum Beispiel Reinigung, Räumung oder Malerarbeiten, ein Stundensatz von 10,00 Euro vereinbart ist. In allen Fällen etwaiger Neuanschaffung ist ein Abzug »neu für alt« vorzunehmen.

Ergänzung, falls erforderlich

Der Mieter hat in der Vergangenheit auf eigene Kosten wohnwerterhöhende bauliche Maßnahmen vorgenommen (....................), die durch die unter § 1 geplanten Maßnahmen wertlos werden oder beseitigt werden müssen. Der Vermieter erklärt sich bereit, für die insoweit nutzlosen Investitionen des Mieters einen Erstattungsbetrag in Höhe von .... Euro zu zahlen, der den Zeitwert angemessen berücksichtigt. Der Betrag wird mit Beginn der baulichen Maßnahmen gemäß § 3 des Vertrags fällig.

§ 9 Baubüro/Mietersprechstunde

Der Vermieter wird im oder in der Nähe des Anwesens ein Baubüro für die Bauleitung einrichten. Die Bauleitung oder ein vom Vermieter bestimmter Vertreter werden dem Mieter während der Bauzeit einmal wöchentlich in der Zeit von 17:00 bis 19:00 Uhr für Fragen, Wünsche und Anregungen zur Verfügung stehen. Adresse und Wochentag wird der Vermieter durch Aushang bekannt machen.

Alternativ

Der Vermieter wird während der Bauzeit für den Mieter für alle Fragen oder Probleme im Zusammenhang mit den Baumaßnahmen ein Mietertelefon einrichten, das werktags in der Zeit von ... bis ... Uhr erreichbar ist.

Alternativ

Der Hausmeister/Hausverwalter wird dem Mieter während der Bauzeit einmal wöchentlich in der Zeit von … bis … Uhr für Fragen, Wünsche und Anregungen zur Verfügung stehen. Adresse und Wochentag wird der Vermieter durch Aushang bekannt machen.

Alternativ

Der Vermieter wird dem Mieterverein München e. V. auf dessen Wunsch einmal monatlich in der Zeit von 17:00 bis 19:00 Uhr das Baubüro für eine Mietersprechstunde zur Verfügung stellen.

§ 10 Bauausführung/Änderungen

Der Vermieter sichert zu, dass die geplanten Maßnahmen so durchgeführt werden, dass diese den Regeln der Baukunst entsprechen. Sollte sich unerwartet ergeben, dass aus technischen Gründen oder zur Erfüllung von Förderungsvoraussetzungen eine Änderung der Ausführung erfolgen muss, dann stimmt die Mietpartei zu, soweit das Ziel der energetischen Modernisierung gewahrt bleibt.

§ 11 Mieterhöhung

Wegen der Modernisierungsmaßnahmen erhöht sich die derzeit gezahlte Miete (netto/brutto/teilbrutto *[Nichtzutreffendes streichen]*) in Höhe von … Euro, statt der gesetzlich zulässigen 8 % der für die Wohnung aufgewendeten Kosten jährlich um … % aus … Euro gemäß Kostenaufstellung (Anlage 2) und Verteilerschlüssel (Anlage 3). Danach beträgt die Erhöhung … Euro monatlich. Die Miete wird daher zwischen den Parteien für die Zeit ab dem Ersten des auf die Baufertigstellung folgenden Monats einvernehmlich wie folgt neu festgelegt:

a) Miete (netto/brutto/teilbrutto *[Nichtzutreffendes streichen]*) … Euro/Monat

b) Betriebskostenvorauszahlung wie bisher bzw. … Euro/Monat

Alternativ

b) Betriebskostenpauschale wie bisher … Euro/Monat

c) Heiz- und Warmwasserkostenvorauszahlung wie bisher … Euro/Monat

Gesamtmiete neu: … Euro/Monat

§ 12 Nachträgliche Anpassung der Mieterhöhung/des Mietzuschlags

Der Vermieter wird die angefallenen Modernisierungskosten durch eine Schlussabrechnung entsprechend § 559 BGB belegen und den Nachweis beifügen, dass die Instandsetzungs- und Modernisierungsarbeiten gemäß Anlage 1 vollständig ausgeführt wurden.

Sollten die vom Vermieter tatsächlich aufgewendeten Modernisierungskosten unter den derzeit veranschlagten … Euro liegen, so vermindert sich die vereinbarte Erhöhung der Nettokaltmiete/der Mietzuschlag entsprechend, wobei jedoch nur neun Zehntel der Kostenreduzierung angerechnet werden. Kostenreduzierungen von 5 % oder weniger führen nicht zu einer Änderung (Bagatellgrenze).

*(Beispiel: geplante Kosten 100 Euro, tatsächliche Kosten 96 Euro = keine Änderung, da 4 %
Einsparung unterhalb Bagatellgrenze; geplante Kosten 100 Euro, tatsächliche Kosten 90 Euro =
10 % Einsparung, davon neun Zehntel Anrechnung, also 9 % Abzug vom Mietzuschlag.)*

§ 12a Änderung des Umlageschlüssels

(nur bei Heizungsmodernisierung)

Im Zuge der Modernisierungsmaßnahmen erfolgt die Heizungs- und die Warmwasserversorgung künftig zentral. Als Ansatz für die Umlegung der Heiz- und Warmwasserkosten vereinbaren die Parteien, dass diese künftig im Verhältnis 30 % Grundkosten zu 70 % Verbrauchskosten auf die Mieter umgelegt werden.

§ 13 Mietbindung

Die Parteien sind sich darüber einig, dass ab Unterzeichnung und für die Dauer von drei Jahren, gerechnet ab Baufertigstellung, keine weiteren Modernisierungsarbeiten in der Wohnung des Mieters durchgeführt werden, es sei denn, die Maßnahmen sind nur unerheblich beeinträchtigend und es ist damit keine Erhöhung der Miete aufgrund der Modernisierung verbunden.

Die Parteien sind sich weiter darüber einig, dass zur künftigen Berechnung der Vergleichsmiete jene Ausstattungsmerkmale unberücksichtigt bleiben, die im Zuge der Modernisierungsmaßnahmen neu geschaffen wurden.

§ 14 Mietminderung

Für Mietminderungsansprüche während der Bauzeit vereinbaren die Parteien Folgendes:

Für den Zeitraum zwischen Baubeginn und Baufertigstellung wird eine pauschale Mietminderung in Höhe von … % der monatlichen Miete gewährt.

Sollte die Dauer der in der Wohnung des Mieters auszuführenden Arbeiten gemäß dem als Anlage 4 beigefügten Bauzeitenplan überschritten werden, kann der Mieter für den Zeitraum der Überschreitung nach seiner Wahl statt der pauschalen Mietminderung die gesetzlichen Mietminderungsrechte geltend machen.

Sollten nach dem Datum der geplanten Baufertigstellung noch Mietminderungsgründe (wegen Arbeiten außerhalb der Wohnung) fortbestehen, berechtigen diese den Mieter zur Geltendmachung der gesetzlichen Mietminderungsrechte. Verzögerungen von zwei Wochen oder weniger bleiben dabei außer Betracht.

§ 15 Sonstiges

Die Mietvertragsparteien werden nach vollständiger Unterzeichnung durch alle Beteiligten die entsprechenden Nachträge zu ihrem ursprünglichen Mietvertrag hinzuheften, um hierdurch den Zusatzvertrag zum Bestandteil des ursprünglichen Mietvertrags zu machen.

Der Vermieter wird durch entsprechende Vereinbarungen sicherstellen, dass etwaige Erwerber/Rechtsnachfolger in diese Vereinbarung eintreten und diese Verpflichtung ihrerseits an deren Erwerber/Rechtsnachfolger weitergeben.

Mündliche Nebenabreden bestehen nicht. Änderungen und Ergänzungen dieses Vertrags bedürfen zu ihrer Rechtswirksamkeit der Schriftform. Dies gilt auch für jeden Verzicht auf das Schriftformerfordernis.

Sollten einzelne Bestimmungen dieses Vertrags rechtsunwirksam sein oder werden, so sind die übrigen Bestimmungen des Vertrags in ihrer Rechtswirksamkeit nicht berührt. Die Vertragspartner sind verpflichtet, anstelle der unwirksamen Bestimmungen oder zur Ausfüllung einer Lücke eine angemessene Regelung zu vereinbaren, die dem am nächsten kommt, was die Vertragsschließenden gewollt haben oder nach dem Sinn und Zweck des Vertrags gewollt haben würden, sofern sie diesen Punkt bedacht hätten.

Im Übrigen bleiben die Regelungen des Mietverhältnisses unverändert.

München, den ....

....

Vermieter/in

München, den ....

....

Mieter/in

Anlage 1 Baubeschreibung
Anlage 2 Kostenaufstellung
Anlage 3 Verteilerschlüssel
Anlage 4 Bauzeitenplan

(zum Anwendungsbereich und Einzelheiten des Widerrufsrechts s. Teil 1 Kap. 1)

(Der Wortlaut der nachfolgenden Widerrufsbelehrung ist dem BGBl 2013, Teil I Nr. 58, S. 3663 entnommen; der Inhalt der Widerrufsbelehrung ist gegebenenfalls anzupassen bzw. zu ändern, es ist außerdem die künftige Entwicklung der Rechtsprechung abzuwarten.)

Widerrufsrecht
Sie haben das Recht, binnen vierzehn Tagen ohne Angabe von Gründen diesen Vertrag zu widerrufen.

Die Widerrufsfrist beträgt vierzehn Tage ab dem Tag Ihrer Unterzeichnung der Modernisierungsvereinbarung.

Um Ihr Widerrufsrecht auszuüben, müssen Sie .... (Name und Anschrift des Vermieters) mittels einer eindeutigen Erklärung (z. B. ein mit Post versand-ter Brief, Telefax oder E-Mail) über Ihren Entschluss, diesen Vertrag zu widerrufen, informie-ren. Sie können dafür das beigefügte Muster-Widerrufsformular verwenden, das jedoch nicht vorgeschrieben ist. Zur Wahrung der Widerrufsfrist reicht es aus, dass Sie die Mitteilung über die Ausübung des Widerrufsrechts vor Ablauf der Widerrufsfrist absenden.

Folgen des Widerrufs

Wenn Sie diesen Vertrag widerrufen, haben wir Ihnen alle Zahlungen, die wir von Ihnen erhalten haben, einschließlich ... *(eventuell zu ersetzende Kosten angeben)*, unverzüglich und spätestens binnen vierzehn Tagen ab dem Tag zurückzahlen, an dem die Mitteilung über Ihren Widerruf dieses Vertrags bei .... (Name und Anschrift des Vermieters) eingegangen ist. Für diese Rückzahlung verwenden wir dasselbe Zahlungs-mittel, das Sie bei der ursprünglichen Transaktion eingesetzt haben, es sei denn, mit Ihnen wurde ausdrücklich etwas anderes vereinbart; in keinem Fall werden Ihnen wegen dieser Rückzahlung Entgelte berechnet.

Ort, Datum ....

....
Unterschrift des Mieters/der Mieter

Widerrufsformular (BGBl 2013, Teil I, Nr. 58, S. 3665)
(Wenn Sie den Vertrag widerrufen wollen, dann füllen Sie bitte dieses Formular aus und senden Sie es zurück.)

An (hier ist der Name, die Anschrift und gegebenenfalls die Telefaxnummer und E-Mail-Adresse des Unternehmers durch den Unternehmer einzufügen):

Hiermit wiederrufe(n) ich/wir (*) den von mir/uns (*) abgeschlossene *Modernisierungsverein-barung (ggf. entsprechend ändern)*
Bestellt am (*)/erhalten am (*):
Name des/der Verbraucher(s):
Anschrift des/der Verbrauchers(s):
Unterschrift des/der Verbraucher(s) (nur bei Mitteilung auf Papier):
Datum:
(*) Unzutreffendes streichen

Ort, Datum: ....

....
Unterschrift des Mieters/der Mieter

8 Anpassung der Betriebskosten

Der Gesetzgeber hat in den §§ 556, 556a und 560 BGB Rechtsgrundlagen für die Verein-barung, Abrechnung und Veränderung von Betriebskosten geschaffen. Vermieter kön-nen die Betriebskosten in unterschiedlicher Weise an die Mietpartei übertragen. Grundsätzlich unterscheidet man

- die Betriebskostenpauschale, über die nicht abgerechnet wird und
- die Betriebskostenvorauszahlung bzw. -abschlagszahlung mit der Verpflichtung der jährlichen Rechnungslegung.

Für die Anpassung von Betriebskosten kommt es daher darauf an, ob die Vertragspar-teien eine Vorauszahlung oder eine Pauschale vereinbart haben. Da nicht nur eine Erhöhung der Vorauszahlung bzw. der Pauschale möglich ist, sondern auch eine Redu-zierung infrage kommt, spricht man von »Anpassung« der Betriebskosten.

Achtung

Der Geltungsbereich von § 560 BGB betrifft nicht den sozialen Wohnungsbau. Für preisgebun-denen Wohnraum stellt § 20 Abs. 3, 4 NMV die Rechtsgrundlage für die Weitergabe erhöhter Betriebskosten dar. § 560 BGB gilt auch nicht für gewerbliche Mietverträge.

8.1 Anpassung von Vorauszahlungen

Für Vorauszahlungen auf Betriebskosten für nicht preisgebundenen Wohnraum stellt § 560 Abs. 4 BGB die einschlägige Rechtsgrundlage dar.

Der Gesetzeswortlaut des § 560 Abs. 4 BGB setzt voraus, dass eine Vorauszahlungen auch vertraglich geschuldet ist.

§ 560 Abs. 4 BGB gibt beiden Vertragsparteien das Recht, eine Anpassung durchzufüh-ren. Voraussetzung ist allerdings, dass eine Betriebskostenabrechnung über die vor-angegangene Abrechnungsperiode vorliegt, aus der sich ergibt, dass die Vorauszah-lungen entweder zu niedrig oder zu hoch angesetzt waren, d. h. der Vermieter einen Nachzahlungsanspruch hat oder dem Mieter ein Guthaben zusteht.

Achtung

Es genügt nicht, wenn dem Vermieter im Lauf des Jahres eine Mitteilung über eine Kosten-steigerung, z. B. ein Wirtschaftsplan, zugeht, die er dann zum Anlass nimmt, eine Erhöhung der Vorauszahlungen vorzunehmen. Für die Anpassung der Vorauszahlung ist allein auf die Abrechnung der Betriebskosten abzustellen.

Der Vermieter kann eine Erhöhung von Betriebskostenvorauszahlungen für die Zukunft jedoch nicht verlangen, wenn sich die Erhöhung aus einer formell unwirksamen Betriebskostenabrechnung ergibt.[412] Diese Auffassung hat der BGH bestätigt und verlangt für die Anpassung der Vorauszahlungen das Vorliegen einer formell und inhaltlich korrekten Abrechnung. Blieben nämlich inhaltliche Fehler bei der Anpassung unberücksichtigt, hätte das zur Folge, dass Vorauszahlungen nicht mehr anhand des zu erwartenden Abrechnungsergebnisses bemessen werden würden. Darüber hinaus stünde dem Vermieter aufgrund einer fehlerhaften Abrechnung eine Vorauszahlung zu, die er bei korrekter Abrechnung nicht verlangen könnte.[413]

Die Anpassung der Vorauszahlungen ist auch dann möglich, wenn bereits die folgende Abrechnungsperiode abgelaufen, aber noch nicht abgerechnet ist.[414]

> **BEISPIEL**
>
> Der Vermieter hat das Jahr 2017 form- und fristgerecht in 2018 abgerechnet und dem Mieter die Anpassung der Vorauszahlungen erst Mitte 2019 mitgeteilt. Der Mieter kann nicht einwenden, dass eine Abrechnung über die Betriebskosten für 2018 schon möglich und deshalb die Anpassung aufgrund der Abrechnung für 2017 nicht mehr zulässig sei.

Wenn Vorauszahlungen auf die Betriebskosten vertraglich vereinbart sind, trifft den Vermieter die Verpflichtung, innerhalb der Abrechnungsfrist (zwölf Monate) dem Mieter eine Betriebskostenabrechnung zukommen zu lassen. Hat der Vermieter verspätet abgerechnet, kann er dem Mieter gegenüber die sich aus der Abrechnung ergebende Nachforderung nicht mehr geltend machen (§ 556 Abs. 3 Satz 3 BGB). Der BGH hat einem Vermieter jedoch das Recht zuerkannt, aus einer verspäteten Abrechnung eine sich daraus ergebende Erhöhung der Vorauszahlungen für die Zukunft geltend zu machen. § 560 Abs. 4 BGB setzt lediglich das Vorliegen einer Abrechnung voraus.[415]

§ 560 Abs. 4 BGB gibt sowohl dem Vermieter als auch dem Mieter das Recht, eine Anpassung der Vorauszahlung vorzunehmen. So kann auch der Mieter die Vorauszahlung anpassen, wenn er inhaltliche Fehler der Abrechnung beanstandet und selbst das zutreffende Ergebnis ermittelt.[416]

---

412 LG Berlin v. 2.2.1999, 64 S 347/98, GE 1999, 907
413 BGH v. 15.5.2012, VIII ZR 246/11, WuM 2012, 321
414 BGH v. 18.5.2011, VIII ZR 271/10, WuM 2011, 424
415 BGH v. 16.6.2010, VIII ZR 258/09, WuM 2010, 490; LG Berlin v. 14.9.2009, 67 S 44/09, ZMR 2010, 115
416 BGH v. 6.2.2013, VIII ZR 1184/12, WuM 2013, 235

Das LG Duisburg hat in einem Urteil[417] klargestellt, dass bei getrennten Vorauszahlungen für Heizkosten und sonstige Betriebskosten für die jeweiligen Vorauszahlungen ein gesondertes Anpassungsrecht besteht.

BEISPIEL

Bei gestiegenen/reduzierten Heizkosten kann nur die Heizkostenvorauszahlung und bei gestiegenen/reduzierten sonstigen Betriebskosten nur die entsprechende Vorauszahlung angepasst werden.

Die Erklärung über die Anpassung der Vorauszahlungen ist dem Vertragspartner in Textform (§ 126b BGB) mitzuteilen. Da der Gesetzestext keine Erklärungsfrist vorsieht, wird die Anpassungserklärung grundsätzlich mit ihrem Zugang beim Erklärungsempfänger wirksam (§ 130 BGB). Gleichwohl wird auch die Ansicht vertreten, dass in Anlehnung an die frühere Regelung des § 4 Abs. 3 Satz 1 MHG die erhöhten Vorauszahlungen zum Beginn des Folgemonats geschuldet sind, wenn dem Mieter die Erklärung bis zum 15. eines Monats zugeht.[418]

Eine weitere Ansicht vertritt das AG Köln[419], wonach die Anhebung der Vorauszahlungen nach § 560 Abs. 4 BGB erst zum Beginn des auf die Erklärung folgenden übernächsten Monats fällig ist – in Anlehnung an § 560 Abs. 2 BGB. Aus Beweisgründen sollte der Vermieter darauf achten, die Anpassungserhöhung nachweislich zuzustellen (Einschreiben mit Rückschein oder per Boten). Die erhöhte Vorauszahlung ist grundsätzlich zusammen mit der Mietzahlung geschuldet. Eine Anpassung der Vorauszahlungen ist auch grundsätzlich nur für die Zukunft möglich.[420]

Die Höhe der Anpassung soll sich am Ergebnis der letzten Abrechnung orientieren. In der Regel wird ein Zwölftel des Abrechnungsergebnisses für die Anpassung (Erhöhung oder Reduzierung) anzusetzen sein. Gleichwohl kann der Vermieter andere bereits eingetretene oder noch einzutretende Umstände, von denen die im laufenden Jahr entstehenden Kosten voraussichtlich beeinflusst werden, berücksichtigen. Nach Auffassung des BGH ist aber ein »abstrakter Sicherheitszuschlag« in Höhe von 10 % auf die zuletzt abgerechneten Betriebskosten nicht gerechtfertigt.[421]

Anders als § 560 Abs. 2 BGB (Anpassung einer Betriebskostenpauschale) sieht § 560 Abs. 4 BGB keine rückwirkende Anpassung der Vorauszahlungen vor. Hat es daher eine Vertragspartei versäumt, die für sie günstige Anpassung dem Vertragspartner gegen-

---

417 LG Duisburg v. 22.2.2006, 13 T 9/06, WuM 2006, 199
418 Schmidt-Futterer, Mietrecht, 13. Aufl. § 560, Rn. 53
419 AG Köln v. 22.7.2004, 222 C 44/04, ZMR 2004, 920
420 BGH v. 18.5.2011, VIII ZR 271/10, WuM 2011, 424
421 BGH v. 28.9.2011, VIII ZR 294/10, WuM 2001, 686

über rechtzeitig zu erklären, kann sie dies nicht für die Vergangenheit nachholen. Erhöhte bzw. reduzierte Abschlagszahlungen sind nur für die Zukunft geschuldet.

Für **Gewerbemietverträge** empfiehlt es sich, eine entsprechende Anpassungsklausel im Mietvertrag zu vereinbaren, da § 560 Abs. 4 BGB nur für den Bereich des frei finanzierten Wohnraumrechts gilt. Eine Klausel in einem Gewerbemietvertrag, die den Vermieter berechtigt, die laufenden Vorauszahlungen nach »Kostenanfall des Vorjahres« anzupassen, ist wirksam; allerdings setzt die Anhebung der Vorauszahlungen eine prüffähige Abrechnung voraus.[422] Nach Auffassung des BGH kann in einem Geschäftsraummietvertrag in den Allgemeinen Geschäftsbedingungen auch wirksam vereinbart werden, dass der Vermieter nach einer Betriebskostenabrechnung die Vorauszahlungen durch einseitige Erklärung anpassen darf.[423]

Verlangt der Vermieter die Zahlung erhöhter Vorauszahlungen und leistet der Mieter diese nicht, kann der Vermieter den Mieter auf Zahlung verklagen. Einer vorherigen Klage auf Zustimmung zur Zahlung der erhöhten Vorauszahlungen bedarf es nicht.

Zahlt der Mieter die Erhöhung der Vorauszahlung nicht, kann der Vermieter, wenn die Voraussetzungen des § 543 BGB vorliegen, das Mietverhältnis fristlos kündigen. Er muss dazu nicht erst den Mieter auf Zahlung der Erhöhungsbeträge verklagt haben, und dieser muss nicht rechtskräftig zur Zahlung der Erhöhungsbeträge verurteilt worden sein.[424]

8.2 Anpassung der Betriebskostenpauschale

Die gesetzlichen Grundlagen für die Anpassung von Betriebskostenpauschalen für den Bereich des preisfreien Wohnraumrechts finden sich in § 560 Abs. 1, 2, 3 BGB.

§ 560 BGB regelt sowohl die Erhöhung von Betriebskostenpauschalen (§ 560 Abs. 1, 2 BGB) als auch deren Ermäßigung (§ 560 Abs. 3 BGB).

---

422 OLG Dresden v. 12.3.2002, 5/23 U 2557/01, ZMR 2002, 416
423 BGH v. 5.2.2014, XII ZR 65/13, GE 2014, 455
424 BGH v. 18.7.2012, VIII ZR 1/11, WuM 2012, 497

8.2.1   Erhöhung der Pauschale

Voraussetzung 1: Betriebskostenpauschale neben der Miete
Schuldet der Mieter die Zahlung einer Betriebskostenpauschale neben der Miete, ist der Vermieter berechtigt, Erhöhungen der Betriebskosten durch Erklärung in Textform anteilig auf den Mieter umzulegen, soweit dies mietvertraglich vereinbart ist.

Ist lediglich eine Inklusiv- bzw. Teilinklusivmiete (s. Teil 1 Kap. 2) ohne zusätzliche Zahlung einer Betriebskostenpauschale vereinbart, reicht dies nicht aus.

Ist in einer vereinbarten Pauschale nur ein Teil der Betriebskosten enthalten, z. B. Wasser und Müll, kann auch nur für diese Positionen eine Anpassung erfolgen. Alle anderen Betriebskosten – das sind diejenigen, die nicht extra aufgeführt sind – gelten bereits mit der Mietzahlung als abgegolten. Eine Anpassung dieser Positionen ist dann nicht möglich.

> **BEISPIEL**
>
> Die Miete beträgt 500,00 Euro zzgl. einer Pauschale in Höhe von 50,00 Euro für Wasser und Müll. Eine Anpassung bzw. Erhöhung kann nur für die Position Müll und Wasser erfolgen.

Voraussetzung 2: Vereinbarung eines Erhöhungsvorbehalts
Als weitere Voraussetzung fordert § 560 Abs. 1 BGB, dass die Erhöhungsmöglichkeit vertraglich vereinbart ist. Erhöhte Kosten können also nur dann an den Mieter weitergegeben werden, wenn der Mietvertrag einen Erhöhungsvorbehalt enthält. Allein die gesetzliche Grundlage des § 560 Abs. 1 BGB begründet für sich gesehen keinen Anspruch auf eine Erhöhung der Pauschale.

Folgende Formulierung im Mietvertrag könnte einen Anspruch auf Erhöhung der Pauschale sichern:

> **BEISPIELFORMULIERUNG**
>
> »Bei vereinbarter Betriebskostenpauschale ist der Vermieter berechtigt, Erhöhungen der Betriebskosten durch Erklärung in Textform anteilig auf den Mieter umzulegen. In der Erklärung muss der Grund für die Umlage bezeichnet und erläutert werden.«

Bei der Formulierung von Erhöhungsvorbehalten hat der Vermieter die Bestimmung des § 560 Abs. 6 BGB zu beachten, die zum Nachteil des Mieters abweichende Vereinbarungen für unwirksam erklärt. Dies ist z. B. dann der Fall, wenn eine Klausel eine rückwirkende Erhöhung vorsieht oder eine Anpassung erlaubt, ohne dass die Voraus-

setzung des § 560 Abs. 2 Satz 2 BGB vorliegen. Lediglich die Mitteilung des Erhöhungsbetrags ist auch nicht ausreichend, da die geforderte Erläuterung fehlt.

> BEISPIELE
>
> - Eine Erhöhungsvereinbarung, die es dem Vermieter gestattet, »soweit
>   zulässig bei Erhöhung oder Neueinführung von Betriebskosten den ent-
>   sprechenden Mehrbetrag vom Zeitpunkt der Entstehung an umzule-
>   gen«, ist jedenfalls unwirksam.[425]
> - Auch das OLG Celle hat eine Formularklausel für unwirksam erklärt, die
>   für die Zahlungsverpflichtung des Mieters den Zeitpunkt der Entstehung
>   der Mehrbelastung bestimmt.[426]
> - Enthält ein Mietvertrag einen Vorbehalt dergestalt, dass die Miete nach-
>   träglich in einen Kaltmietteil und einen abzurechnenden Betriebskos-
>   tenanteil aufgespalten werden kann, kann der Vermieter hieraus keinen
>   Anspruch auf Vertragsänderung herleiten.[427]

Wenn keine Betriebskostenpauschale ausgewiesen ist
Es stellt sich die Frage, wie die Fälle zu bewerten sind, in denen eine Betriebskostenpauschale nicht ausgewiesen ist, jedoch ein Erhöhungsvorbehalt vertraglich vereinbart wurde. Hier ist zu unterscheiden:

- **Verträge, die ab dem 1.9.2001 – dem Zeitpunkt des Inkrafttretens der Mietrechtsreform – neu vereinbart wurden, Neuverträge:**
  Für diese Verträge gilt ausnahmslos neues Recht mit der Folge, dass der Vermieter
  trotz eines Erhöhungsvorbehalts keine Anhebung der Betriebskosten vornehmen
  kann, da es an einer Pauschale fehlt.
- **Verträge, die vor dem 1.9.2001 vereinbart wurden, Altverträge:**
  Für die Zeit vor Inkrafttreten der Mietrechtsreform stellte § 4 Abs. 2 MHG a. F. die
  Rechtsgrundlage für die Weitergabe erhöhter Betriebskosten dar. Danach war es
  dem Vermieter grundsätzlich möglich, auch bei einer Inklusivmiete, d. h. wenn
  eine Pauschale für Betriebskosten neben der Miete nicht geschuldet ist, eine Erhöhung von Betriebskosten durch einseitige Willenserklärung an den Mieter weiter-
  zugeben.
  Würde man auf sog. Altverträge neues Recht unmittelbar anwenden, so wäre dies
  zum Nachteil der Vermieter, die bei Vertragsabschluss noch auf die alte Rechtslage
  vertrauen durften. Art. 229 § 3 Abs. 4 EGBGB bestimmt daher, dass auf Mietverhältnisse, die bereits am 1.9.2001 bestanden haben und bei denen die Betriebskosten
  ganz oder teilweise in der Miete enthalten sind, bezüglich einer Betriebskostenerhöhung § 560 Abs. 1, 2, 5 sowie 6 BGB in der ab 1.9.2001 geltenden Fassung anzu-

---

425 BGH v. 20.1.1993, VIII ZR 10/92, NJW 1993, 1061
426 OLG Celle v. 29.12.1989, 2 U 200/89, WM 1990, 103
427 LG München I v. 24.9.1997, 14 S 4962/97, WuM 1999, 46

wenden sind, soweit im Mietvertrag vereinbart ist, dass der Mieter Erhöhungen der Betriebskosten zu tragen hat.

Fehlt ein entsprechender Erhöhungsvorbehalt, ist eine Umlage auch bei Altverträgen nicht möglich.

Liegen die Voraussetzungen für die Weitergabe erhöhter Betriebskosten im Sinne des § 560 BGB **nicht** vor, kann der Vermieter nur durch den Ausspruch eines Mieterhöhungsverlangens gemäß § 558 BGB (Mieterhöhung bis zur ortsüblichen Vergleichsmiete) eine Steigerung der Miete erreichen.

Damit können dann unter Umständen die seit Vertragsabschluss gestiegenen Betriebskosten aufgefangen werden. Liegt die ortsübliche Vergleichsmiete jedoch über der maximal möglichen Mieterhöhung, trägt der Vermieter das Risiko dafür, dass die Miete hinter dem ortsüblichen Niveau zurückbleibt und in angemessener Zeit eine Angleichung nicht erreicht werden kann. Die Kappungsgrenze hindert den Vermieter nämlich daran, regelmäßige Anpassungen vorzunehmen, auch wenn die ortsübliche Miete noch nicht erreicht ist (§ 558 Abs. 3 BGB).

Eine Vereinbarung, wonach nur die Betriebskostenpauschale indexiert werden soll, das heißt, dem Verbraucherpreisindex angepasst werden kann, ist unwirksam. Für das Wohnraummietrecht sind die Erhöhungsmöglichkeiten für die Miete, die Betriebskostenvorauszahlung und die Betriebskostenpauschale abschließend geregelt. Für die Anpassung der Pauschale enthält § 560 BGB die entsprechenden Regelungen. Die Vereinbarung einer Indexerhöhung regelt § 557b BGB. Danach kann nur die Miete und nicht eine Vorauszahlung oder Pauschale nach einem bestimmten Index erhöht werden.

Voraussetzung 3: Erklärung unter Angabe und Erläuterung von Gründen

Weitere Wirksamkeitsvoraussetzung für die Umlage erhöhter Betriebskosten ist, dass der Vermieter in seiner Erhöhungserklärung den Grund für die Umlage bezeichnen und erläutern muss. Die Erklärung kann in Textform erfolgen, muss also nicht eigenhändig unterzeichnet werden (§ 126b BGB). Für den Nachweis der Zustellung trägt der Vermieter die Beweislast.

Vorgehensweise:

1. Für die Angabe des Grundes ist zunächst eine Gegenüberstellung der bisherigen und der neuen Betriebskosten vorzunehmen.
2. Dann ist für jede sich ändernde Kostenart der Unterschiedsbetrag darzustellen.
3. Ergibt sich eine Erhöhung des Gesamtbetrags, kann eine Weitergabe an den Mieter erfolgen.

Haben sich zwar einzelne Positionen erhöht, andere jedoch reduziert, sodass die Gesamtbelastung im Ergebnis zu keiner Mehrbelastung führt, kann die Pauschale nicht erhöht werden.[428]

1. Ergibt die Gegenüberstellung der bisherigen und der neuen Kosten eine Erhöhung, so ist in der Erklärung an den Mieter der Verteilerschlüssel mitzuteilen und ggf. zu erläutern. Sodann ist dem Mieter der Betrag zu benennen, um den sich die Pauschale erhöht.[429]

Darüber hinaus kann der Vermieter verpflichtet sein, nicht nur die sich ändernden Beträge zu benennen, sondern auch darzustellen, **warum** sich einzelne Positionen erhöht haben. Dies ist dann der Fall, wenn sich aus den Rechnungen, Bescheiden oder sonstigen Belegen der Grund für die Erhöhung nicht direkt ergibt.

*   Ist zum Beispiel die Einstellung eines zusätzlichen Hausmeisters oder der Wechsel einer Servicefirma nötig geworden?
*   Sind Verträge ausgelaufen, sodass an deren Stelle andere teurere Verträge geschlossen werden mussten?
*   Haben sich schlicht die Gebühren erhöht?

Zu beachten ist, dass nur dann eine Erhöhung vorgenommen werden kann, wenn Mehrkosten auch tatsächlich entstanden sind. Dem Mieter können nicht schon im Vorfeld erwartete Mehrbelastungen weitergereicht werden, beispielsweise wenn der Wirtschaftsplan der Wohnungseigentümergemeinschaft für das nächste Wirtschaftsjahr Kostensteigerungen vorsieht oder seitens der Leistungserbringer Kostensteigerungen angekündigt werden, ohne dass diese bereits geltend gemacht werden.

! Wichtig

Erhöhungen können grundsätzlich nur mit Wirkung für die Zukunft weitergegeben werden.

Der Mieter schuldet den auf ihn entfallenden Teil der Umlage mit Beginn des auf die Erklärung folgenden übernächsten Monats (§ 560 Abs. 2 Satz 1 BGB).

> **BEISPIEL**
>
> Unabhängig davon, ob die Erhöhungserklärung dem Mieter am 1. oder am 30. Juni eines Jahres zugeht, ist die erhöhte Zahlung zu Beginn August fällig. Da die erhöhte Pauschale Teil der vom Mieter geschuldeten Miete ist, richtet sich die Fälligkeit nach der vertraglichen Vereinbarung bzw. § 556b Abs. 1 BGB (dritter Werktag).

---

428 BGH v. 16.11.2011 VIII ZR106/11; WuM 2011, S. 688
429 s. a. AG Charlottenburg v. 2.8.2013, 220 C 32/13, juris-i

Wesentlich ist hier der Zeitpunkt, zu dem die Erklärung dem Mieter zugegangen ist. Weil hierdurch eine Frist, nämlich die Fälligkeit der erhöhten Zahlung, ausgelöst wird, sollte auf eine nachweisliche Zustellung des Schreibens geachtet werden, z. B. durch Einschreiben mit Rückschein oder Botenzustellung.

Anders als bei einer Mieterhöhung bis zur ortsüblichen Miete gemäß § 558 BGB bedarf es bei der Erhöhung der Betriebskosten gemäß § 560 BGB keiner Zustimmung des Mieters. Zahlt der Mieter dennoch nicht, kann der Vermieter den Mieter direkt auf Zahlung verklagen.

Ausnahme: rückwirkende Erhöhung
Liegt der Grund für die Erhöhung darin, dass sich Betriebskosten rückwirkend erhöht haben, kann diese Erhöhung ausnahmsweise auch für die Vergangenheit geltend gemacht werden – höchstens jedoch seit Beginn des der Erklärung vorausgehenden Kalenderjahres, sofern der Vermieter innerhalb von **drei Monaten** nach Kenntnis der Erhöhung die Erklärung abgibt (§ 560 Abs. 2 Satz 2 BGB).

Rückwirkende Mehrbelastungen können sich z. B. dadurch ergeben, dass es aufgrund geänderter Gesetze bei Steuer- und Abgabenbescheiden zu Nachbelastungen kommt oder auch Abrechnungen von Leistungsträgern verbrauchsabhängiger Positionen zu Nachforderungen führen.

> BEISPIEL
>
> Erhält der Vermieter am 1.6.2019 eine nachträgliche Grundsteuererhöhung für den Zeitraum seit 1.1.2017 und kommt er erst im Oktober 2019 dazu, dem Mieter die Erhöhung mitzuteilen, kann er diese nicht mehr rückwirkend verlangen, da er die Erklärung nicht innerhalb von drei Monaten nach Kenntnis der Grundsteuererhöhung weitergegeben hat.
> Der Vermieter müsste in diesem Fall – also bis spätestens 1.9.2019 – die Weitergabe der Grundsteuererhöhung mitteilen. Dann schuldet der Mieter die (rückwirkende) Zahlung der erhöhten Grundsteuer – allerdings erst ab 1.1.2018. Die Mehrbelastung für das Jahr 2017 ist vom Vermieter allein zu tragen.

Hat der Vermieter die Dreimonatsfrist versäumt, so kann er eine Erhöhung unter Berücksichtigung des § 560 Abs. 1 BGB nur noch für die Zukunft vornehmen.

Eine Erhöhung kann auch dann nicht rückwirkend weitergegeben werden, wenn der Vermieter es versäumt hat, bereits eingetretene Mehrbelastungen rechtzeitig geltend zu machen. Die rückwirkende Geltendmachung der Erhöhung setzt eine **echte** Rückwirkung voraus, das heißt, die entsprechenden Abgaben- oder Gebührenbescheide müssen aus Sicht des Vermieters diesen selbst rückwirkend belasten.

BEISPIEL

Der Vermieter erhielt im Juni 2018 einen Erhöhungsbescheid für die Grundsteuer mit (künftiger) Wirkung zum 1.1.2019. Wenn der Vermieter nun die Betriebskostenpauschale aufgrund erhöhter Grundsteuer anpassen will, so kann er das nur für die Zukunft. Der Bescheid des Grundsteueramtes setzt eine erhöhte Zahlung für die **Zukunft** und nicht für die Vergangenheit fest. Hat es der Vermieter versäumt, die aufgrund dieses Bescheids festgestellten erhöhten Kosten gemäß § 560 Abs. 1 BGB dem Mieter zeitnah weiterzubelasten – er tut dies erst im Juni 2019 – kann er nicht über § 560 Abs. 2 Satz 2 BGB die Erhöhung rückwirkend vom Zeitpunkt der tatsächlich eingetretenen Steigerung (1.1.2019) an verlangen.

Der Vermieter ist daher gut beraten, bei Kenntnis von Kostensteigerungen diese alsbald dem Mieter weiter zu berechnen und mit seiner Erklärung nicht allzu lange zu warten. Er kann ohnehin die Kostensteigerung nicht unmittelbar, sondern frühestens ab Beginn des übernächsten Monats geltend machen.

Dagegen kann der Vermieter von **Geschäftsräumen** auch rückwirkende Erhöhungen von Betriebskosten auf den Mieter umlegen, wenn der Mietvertrag eine sog. **Mehrbelastungsklausel** enthält, z. B. »Tritt durch Erhöhung oder Neueinführung von Betriebskosten eine Mehrbelastung des Vermieters ein, ist der Mieter verpflichtet, den entsprechenden Mehrbetrag vom Zeitpunkt der Entstehung an zu zahlen«.[430]

8.2.2   Ermäßigung der Pauschale

Die gesetzliche Regelung des § 560 Abs. 3 BGB hat nur für den Bereich des preisfreien Wohnraumrechts Geltung. Für Gewerbemietverhältnisse bedarf es für die Reduzierung einer Betriebskostenpauschale entweder einer vertraglichen Regelung oder einer gütlichen Einigung.

Ermäßigen sich die Betriebskosten, ist eine Betriebskostenpauschale vom Zeitpunkt der Ermäßigung an entsprechend herabzusetzen (§ 560 Abs. 3 Satz 1 BGB).

Anders als bei der Weitergabe von Mehrbelastungen ist ein sog. vertraglicher »Reduzierungsvorbehalt« nicht Voraussetzung für die Ermäßigung der Pauschale.

---

430   siehe auch OLG Düsseldorf v. 29.10.2007, I-24 U, 94/07, GuT 2008/34; OLG Frankfurt/Main v. 10.2.1999, 17 U 210/97, NZM 2000, 243

§ 560 Abs. 3 Satz 2 BGB bestimmt, dass die Ermäßigung dem Mieter unverzüglich mitzuteilen ist. Der Mieter hat somit einen direkten Anspruch aus dem Gesetz auf Reduzierung der Betriebskosten.

Eine Ermäßigung der Betriebskosten liegt aber nur dann vor, wenn wiederum das Gesamtergebnis der Gegenüberstellung von Steigerungen und Reduzierungen zu einer Verringerung der bisher gezahlten Pauschale führt (siehe oben, Teil 2 Kap. 8.2.1). Verlangt ein Mieter die Reduzierung der Pauschale, weil sich nach seinem Kenntnisstand z. B. die Müllgebühren verringert haben, so ist der Vermieter berechtigt, zugleich Erhöhungen von Kosten, die bisher nicht weitergegeben wurden, im Rahmen der Berechnung zu berücksichtigen.

Ein Auskunftsanspruch des Mieters gegen den Vermieter zur tatsächlichen Höhe der von einer Pauschale abgedeckten Betriebskosten gemäß § 242 BGB kommt nur dann in Betracht, wenn konkrete Anhaltspunkte für eine nachträgliche Ermäßigung der Betriebskosten bestehen.[431]

Wie bei der Weitergabe von Erhöhungen hat der Vermieter in seiner Erklärung die Grundlagen und den Verteilerschlüssel für die Reduzierung mitzuteilen. Damit der Mieter die Möglichkeit hat, die Richtigkeit der Angaben zu überprüfen, sollten darüber hinaus die entsprechenden Belege in Fotokopie ausgehändigt bzw. dem Mieter Einsichtsrecht gewährt werden.

Die Ermäßigung tritt ab dem Zeitpunkt der tatsächlichen Reduzierung der Betriebskostenpauschale ein. Anders als bei der Erhöhungserklärung ist hier nicht der Zeitpunkt des Zugangs der Erklärung beim Mieter maßgeblich. Die Reduzierung kann daher auch rückwirkend erfolgen.

Hat es der Vermieter versäumt, die Betriebskostenpauschale rechtzeitig herabzusetzen, steht dem Mieter lediglich ein Berichtigungsanspruch zu. Eine einseitige Reduzierung der Pauschale durch den Mieter ist nicht zulässig.[432]

Für die rückwirkende Erhöhung der Pauschale sieht § 560 Abs. 2 BGB eine Ausschlussfrist von drei Monaten vor, die Ermäßigung der Pauschale ist jedoch zeitlich unbegrenzt, denn eine entsprechende Regelung im Gesetz fehlt ausdrücklich.[433]

---

431 BGH v. 16.11.2011, VIII ZR 106/11, NZM 2012, 20
432 Schmitt-Futterer § 560 Rn. 43
433 LG Mannheim, 27.1.1999, 4 S 141/98, NZM 1999, 365

9 Mieterhöhung bei Geschäftsräumen

Der Begriff »Geschäftsraum« ist weder im Gesetz noch durch die Rechtsprechung eindeutig definiert. Nach herrschender Meinung sind darunter alle Räume zu verstehen, die nicht Wohnräume sind.

Bei der Vermietung von Geschäftsräumen kann die Miete frei vereinbart werden. Allerdings kann auch ein gewerblicher Mietvertrag wegen Sittenwidrigkeit oder Wucher (§ 138 BGB) unwirksam sein. Anders als bei Wohnraummietverhältnissen unterliegt eine Mieterhöhung von Gewerberaummietverhältnissen nicht den gesetzlichen Bestimmungen der §§ 557 ff. BGB.

9.1 Unbefristete Gewerberaummietverhältnisse

Bei unbefristeten Mietverhältnissen kann unter Einhaltung der vereinbarten Kündigungsfristen ohne Vorliegen eines berechtigten Interesses gekündigt werden, sodass es in diesem Fall unproblematisch ist, eine Änderungskündigung durchzusetzen. Das Gewerberaummietverhältnis wird gekündigt verbunden mit dem Angebot auf Abschluss eines neuen Vertrags mit höherer Miete. Falls keine vertragliche Kündigungsfrist vereinbart wurde, gelten die gesetzlichen Kündigungsfristen des § 580a Abs. 2 BGB (sechs Monate zum Quartalsende).

Musterbrief: Änderungskündigung für Geschäftsraum

Franz Huber
Sonnenstr. 13
80331 München

Herrn
Gustav Hermanson
Halbreiterstr. 48
81479 München

München, den 17. Juni 2019

Büroräume Halbreiterstr, 48, 81479 München | Änderungskündigung

Sehr geehrter Herr Hermanson,

hiermit kündige ich das zwischen uns bestehende Mietverhältnis gemäß schriftlichem Mietvertrag vom 20.05.2010 über die Büroräume Halbreiterstr. 48, 81479 München zum 31. Dezember 2019.

Ich biete Ihnen an, den Mietvertrag unter den bisherigen Konditionen fortzusetzen, wenn Sie mit einer ab 1. Januar 2020 erhöhten Grundmiete von 1.250,00 Euro zzgl. Vorauszahlung auf die Heiz- und Betriebskosten, wie bisher, einverstanden sind.

Bitte teilen Sie mir bis zum 30. Juli 2019 schriftlich mit, ob Sie mit dieser Vertragsänderung einverstanden sind.

Mit freundlichen Grüßen

....

Franz Huber

9.2 Befristete Gewerberaummietverhältnisse

Bei befristeten Geschäftsraummietverhältnissen gilt die Miete für die gesamte Dauer des Mietverhältnisses. Eine Erhöhung der Miete ist gegen den Willen des Vertragspartners nur möglich, wenn dies im Mietvertrag ausdrücklich vereinbart wurde, z. B. Staffelmiete oder Wertsicherungsklausel.

Soll die Miete während der gesamten Mietdauer nicht gleich bleiben, muss bei befristeten Gewerbemietverträgen eine entsprechende Vereinbarung getroffen werden. Denn nach dem BGH[434] bewirkt auch das Sinken der Kaufkraft des Geldes keinen Wegfall der Geschäftsgrundlage. Der Vermieter kann deshalb auch aus diesem Grund keine Mieterhöhung fordern. Der Vermieter trägt in diesem Fall das Risiko der Geldentwertung.

9.2.1 Wertsicherungsklausel

Die zuverlässigste und häufigste Art der Sicherung einer angemessenen Miete bei langfristigen Verträgen ist die Vereinbarung einer Wertsicherungsklausel. Hierunter versteht man Vereinbarungen, die die Höhe einer Miete von einem Preis oder der Menge anderer Güter oder Leistungen abhängig machen. Es ist zu unterscheiden zwischen genehmigungsbedürftigen Gleitklauseln und genehmigungsfreien Leistungsvorbehalten.[435] Der Unterschied zwischen den beiden Arten besteht darin, dass bei einer Gleitklausel die Höhe der geschuldeten Geldschuld (Miete) unmittelbar von der Änderung der Bezugsgröße abhängt und jede Änderung der Bezugsgröße zugleich automatisch zu einer entsprechenden Änderung der Miete führen muss. Bei einem

---

434 BGH v. 1.10.1975, VIII ZR 108/74, NJW 1974, 142
435 BGH v. 25.1.1967, VIII ZR 206/64, NJW 1967, 830

Leistungsvorbehalt dagegen ist die Änderung der Bezugsgröße nur Voraussetzung für die Änderung der Miete, die aber dann u. U. nach einem anderen Maßstab zu bestimmen ist (in der Regel durch ein Sachverständigengutachten). Für Wohnraummietverhältnisse gilt ausschließlich § 557b BGB.

Bisher mussten Wertsicherungsklauseln durch die jeweilige Landeszentralbank genehmigt werden. Das bisher vorgesehene Genehmigungsverfahren ist ersatzlos entfallen.

Eine Wertsicherungsklausel gilt nun als genehmigt, wenn sie gemäß § 3 Abs. 1 Nr. 1e PrKG folgende Voraussetzungen enthält:

- Der Vermieter muss für mindestens 10 Jahre auf das Recht zur ordentlichen Kündigung verzichten oder der Mieter muss das Recht haben (durch Option), die Vertragsdauer auf mindestens 10 Jahre zu verlängern.
- Der Mietvertrag muss wahlweise eine von drei zulässigen Bezugsgrößen verwenden:
    - vom Statistischen Bundesamt ermittelter Preisindex für die Gesamtlebenshaltungskosten oder
    - vom Statistischen Landesamt ermittelter Preisindex für die Gesamtlebenshaltungskosten oder
    - vom Statistischen Amt der Europäischen Gemeinschaft ermittelter Verbraucherindex.

Seit dem 1.1.2003 werden vom Statistischen Bundesamt die bisherigen Preisindizes nicht mehr weitergeführt. Seitdem ist nur doch der Preisindex für die Lebenshaltung aller privaten Haushalte in Deutschland (Verbraucherpreisindex = VPI) verfügbar. In älteren Gewerberaummietverhältnissen, in denen auf nicht mehr weitergeführte Indizes Bezug genommen wird, ist die unwirksame Klausel durch eine wirksame Klausel zu ersetzen.[436] Der Vermieter hat also gegenüber dem Mieter einen Anspruch auf Mitwirkung. Bei Wegfall des bisherigen Lebenshaltungsindex entsteht eine Regelungslücke, die im Wege der ergänzenden Vertragsauslegung zu schließen ist. Danach ist auf den allgemeinen Verbraucherpreisindex umzustellen. Nach dem Urteil des BGH[437] vom 4.3.2009 bedarf es einer ausdrücklichen Zustimmung des Mieters nicht. Ein Nachtrag zum Mietvertrag muss daher nicht geschlossen werden.

Der Verbraucherpreisindex wird alle fünf Jahre auf ein neues Basisjahr umgestellt. Die Angabe eines Basisjahres in der Indexvereinbarung ist nicht erforderlich. Der Verbraucherpreisindex wird vom Statistischen Bundesamt turnusmäßig überarbeitet und auf

---

436 BGH v. 6.12.1978, VIII ZR 282/77, NJW 1979, 2250; BGH v. 18.10.1985, V ZR 144/84, NJW 1986, 932
437 BGH v. 4.3.2009, XII ZR 141/07, ZMR 2009, 591

ein neues Basisjahr umgestellt. Seit dem 1.1.2013 galt das Basisjahr 2010 = 100. Mit Berichtsmonat Januar 2019 erfolgt die Umstellung von der Basis 2010 = 100 auf das Basisjahr 2015 = 100. Dabei werden die Verbraucherpreisindizes rückwirkend ab Januar 2015 neu berechnet. Am 21. Februar 2019 wird das endgültige Ergebnis für Januar 2019 sowie alle neu berechneten Verbraucherpreisindizes ab Januar 2015 auf neuer Basis 2015 = 100 veröffentlicht.

BEISPIEL FÜR EINE WERTSICHERUNGSKLAUSEL

»Falls und sobald der Verbraucherpreisindex für Deutschland ab Vertragsbeginn um mindestens 5 % steigt oder fällt, so steigt oder fällt die Miete im gleichen Verhältnis. Das Gleiche gilt, wenn, sobald und sooft nach einer Erhöhung oder Ermäßigung der Miete der Index wiederum um mindestens 5 % steigt oder fällt.«

ARBEITSHILFE ONLINE

Musterbrief: Mieterhöhung aufgrund einer Wertsicherungsklausel

Franz Huber
Sonnenstraße 13
80331 München

Herrn
Rechtsanwalt
Alexander Herbst
Ottilienstraße 1

München, den 27.02.2019

Mietobjekt Rechtsanwaltskanzlei Ottilienstraße 1, 81825 München

Sehr geehrter Herr Herbst,

in dem mit Ihnen auf 10 Jahre befristeten Mietvertrag über eine Rechtsanwaltskanzlei im Anwesen Ottilienstraße 1, 81825 München, wurde unter § 12 des Mietvertrags vom 21.12.2014 eine Wertsicherungsklausel vereinbart. Danach steigt oder fällt die Miete, sobald der Verbraucherpreisindex für Deutschland um mindestens 5 % ab Vertragsbeginn steigt oder fällt. Das Gleiche gilt, sooft und sobald der Index wiederum um mindestens 5 % steigt oder fällt.

Der vereinbarte Verbraucherpreisindex (VPI) mit dem Basisjahr 2015 = 100 hat sich seit Vertragsbeginn im erforderlichen Umfang geändert:

Vertragsbeginn 1.1.2015:   VPI 98,5 Punkte

Januar 2019:   VPI 103,4 Punkte

Die prozentuale Veränderung errechnet sich nach folgender Formel:

$$\frac{neuer\ Index - alter\ Index}{alter\ Index} \times 100 = prozentuale\ Veränderung$$

$$\frac{103,4\ Punkte - 98,5\ Punkte}{98,5\ Punkte} \times 100 = 5\%$$

Der Verbraucherpreisindex hat sich um 5 % erhöht. Somit wird die aktuelle Miete von 1.300,00 Euro um 5 % (65,00 Euro) auf 1.365,00 Euro ab 1. März 2019 angehoben. Die Betriebskostenvorauszahlung bleibt unverändert.

Mit freundlichen Grüßen

....
Franz Huber

9.2.2 Leistungsvorbehalt

Im Leistungsvorbehalt kann festgelegt werden, dass sich die Miete ändert, sobald sich der Lebenshaltungskostenindex um eine bestimmte Punkte- oder Prozentzahl ändert. Die Indexänderung ist die Voraussetzung für die Änderung der Miete: Die dann zu zahlende Miete darf sich jedoch nicht in gleicher Weise wie der genannte Index ändern, sondern muss auf andere Art gefunden werden.

10 Mieterhöhung bei Garagen

10.1 Einheitliches Wohnraummietverhältnis

Für die Mieterhöhung bei Garagen ist zunächst zu prüfen, ob ein einheitliches Mietverhältnis über Wohnraum und Garage besteht oder ob zwei getrennte Vertragsverhältnisse vorliegen. Wurde die Garage zusammen mit der Wohnung mit einem gemeinsamen Mietvertrag vermietet, so handelt es sich um ein einheitliches Wohnraummietverhältnis. Das hat zur Folge, dass eine Teilkündigung der Garage unzulässig ist und die Garage nur zusammen mit der Wohnung unter Einhaltung der Kündigungsschutzvorschriften kündbar ist.[438] Ein einheitliches Mietverhältnis liegt grundsätzlich auch dann vor, wenn der Vermieter einer Wohnung seinem Mieter nach Jahren auch eine auf seinem Hausgrundstück gelegene Garage vermietet und eine ausdrückliche Einbeziehung in den bisherigen Mietvertrag nicht erfolgt.[439]

Bei einem einheitlichen Wohnraummietverhältnis kann die Miete für die Garage auch nicht separat erhöht werden. Die Erhöhung der Garagenmiete ist nur zusammen mit der Erhöhung der Wohnungsmiete möglich. Die Begründung der Mieterhöhung muss sich daher auf die Wohnung und die Garage beziehen.[440] Das bedeutet: Wenn im Mietvertrag neben der Wohnraummiete die Miete für die Garage separat aufgeführt wird, müssen im Erhöhungsverlangen nicht nur drei Vergleichswohnungen aufgeführt werden, sondern auch drei Vergleichsgaragen. Außerdem darf die Garagenmiete nur bis zur Kappungsgrenze angehoben werden.

10.2 Selbstständiges Garagenmietverhältnis

Bei Abschluss eines schriftlichen Wohnraummietvertrags und eines separaten Mietvertrags für die Garage ist in der Regel von zwei selbstständigen Verträgen auszugehen.[441] Für die Widerlegung der Vermutung von selbstständigen Mietverträgen müssen vielmehr besondere Umstände vorliegen, welche die Annahme rechtfertigen, dass beide Mietverhältnisse nach dem Willen der Beteiligten eine rechtliche Einheit bilden sollen. Dies ist im Regelfall aber nur dann anzunehmen, wenn Wohnung und Garage auf demselben Grundstück liegen. Wenn die Verträge insbesondere unterschiedliche Laufzeiten und verschiedenen Kündigungsfristen[442] aufweisen, spricht der Parteiwille für selbstständige Verträge.[443]

---

438 BGH v. 12.10.2011, VIII ZR 254/10, GE 2012, 58
439 OLG Karlsruhe v. 30.3.1983, 3 RE-Miet 1/83, NJW 1083, 1499
440 AG Köln v. 4.12.2003, 210 C 397/03, WuM 2005, 254
441 BGH v. 11.3.2014, VIII ZR 374/13, AIZ 2015, Nr. 1–2, 64
442 BGH v. 8.10.2013, VIII ZR 254/13, GE 2013, 1650
443 BGH v. 9.4.2013, VIII ZR 245/13, WuM 2013, 421

Handelt es sich um einen separaten Garagenmietvertrag, finden die Wohnraumvorschriften keine Anwendung. Wurden keine abweichenden Vereinbarungen getroffen, kann das Mietverhältnis über die Garage spätestens am dritten Werktag eines Kalendermonats zum Ablauf des übernächsten Monats gekündigt werden (§580a Abs. 1 BGB = drei Monate). Die Angabe eines Kündigungsgrundes ist nicht erforderlich.

Eine Erhöhung der Garagenmiete kann im Wege der Änderungskündigung durchgeführt werden. Dabei wird der Vertrag fristgerecht gekündigt, verbunden mit dem Angebot auf Abschluss eines neuen Mietvertrags mit höherer Miete.

ARBEITSHILFE
ONLINE

Musterbrief für Änderungskündigung Garagenvertrag

Franz Huber
Sonnenstr. 13
80331 München

Herrn
Gustav Hermanson
Halbreiterstr. 48
81479 München

München, den 17. Juni 2019

Garage Halbreiterstr, 48, 81479 München | Änderungskündigung

Sehr geehrter Herr Hermanson,

hiermit kündige ich das zwischen uns bestehende Mietverhältnis gemäß schriftlichem Mietvertrag vom 20.5.2010 über die Einzelgarage (Nr. 7) im Anwesen Halbreiterstr. 48, 81479 München zum 30. September 2019.

Ich biete Ihnen an, den Garagenmietvertrag unter den bisherigen Konditionen fortzusetzen, wenn Sie mit einer ab 1. Oktober 2019 erhöhten Garagenmiete von 85,00 Euro einverstanden sind.

Bitte teilen Sie mir bis zum 30. Juli 2019 schriftlich mit, ob Sie mit dieser Vertragsänderung einverstanden sind.

Mit freundlichen Grüßen

....
Franz Huber

Literaturverzeichnis

Barthelmess, Zweites Wohnraumkündigungsschutzgesetz (Kommentar), 5. Auflage 1995

Bub/Treier, Handbuch der Geschäfts- und Wohnraummiete, 4. Auflage 2014

Emmerich/Sonnenschein, Miete, 11. Auflage 2014

Hopfensberger/Onischke, Renovieren und Modernisieren, 1. Auflage 2014

Palandt, Bürgerliches Gesetzbuch (Kommentar), 77. Auflage 2018

Schmidt-Futterer, Mietrecht (Kommentar), 13. Auflage 2017

Sternel, Mietrecht aktuell, 4. Auflage 2009

Stürzer/Koch, Das Vermieterlexikon, 15. Auflage 2017

Abkürzungsverzeichnis

a. A.	anderer Ansicht
a. a. O.	am angegebenen Ort
Abs.	Absatz
a. F.	alter Fassung
AG	Amtsgericht
AGB	allgemeine Geschäftsbedingungen
AGBG	Gesetz zur Regelung des Rechts der Allgemeinen Geschäftsbedingungen
Art.	Artikel
Aufl.	Auflage
Az.	Aktenzeichnen
BayObLG	Bayerisches Oberstes Landesgericht
BetrKV	Betriebskostenverordnung
BGB	Bürgerliches Gesetzbuch
BGH	Bundesgerichtshof
BT-Drucks.	Bundestags-Drucksache
BVerfG	Bundesverfassungsgericht
BVerwG	Bundesverwaltungsgericht
bzw.	beziehungsweise
d. h.	das heißt
DHH	Doppelhaushälfte
DWW	Deutsche Wohnungswirtschaft (Zeitschrift)
EFH	Einfamilienhaus
EGBGB	Einführungsgesetz zum Bürgerlichen Gesetzbuch
EnEV	Energieeinsparverordnung
f.	folgende
ff.	fortfolgende
GE	Grundeigentum (Zeitschrift)
GG	Grundgesetz

ggf.	gegebenenfalls
i.V.m.	in Verbindung mit
KG	Kammergericht
LG	Landgericht
m²	Quadratmeter
MDR	Monatszeitschrift für Deutsches Recht
MHG	Gesetz zur Regelung der Miethöhe
MietAnpG	Mietrechtsanpassungsgesetz
MietNovG	Mietrechtsnovellierungsgesetz
n.F.	neue Fassung
NJW	Neue Juristische Wochenzeitung
NJW-RR	Neue Juristische Wochenzeitung, Rechtsprechungsreport
NZM	Neue Zeitschrift für Miet- und Wohnungsrecht
OLG	Oberlandesgericht
PrKG	Preisklauselgesetz
PrKV	Preisklauselverordnung
RE	Rechtsentscheid
RE-Miet	Rechtsentscheid für Mietsachen
RH	Reihenhaus
Rn	Randnummer
s.	siehe
StGB	Strafgesetzbuch
u.a.	unter anderem
u.Ä.	und Ähnliches
usw.	und so weiter
u.U.	unter Umständen
v.	von, vom
vgl.	vergleiche
WEG	Wohnungseigentumsgesetz
WiStGB	Wirtschaftsstrafgesetz
WoBindG	Wohnungsbindungsgesetz

WoFG	Wohnraumförderungsgesetz
WuM	Wohnungswirtschaft und Mietrecht (Zeitschrift)
z. B.	zum Beispiel
ZMR	Zeitschrift für Miet- und Raumrecht
ZPO	Zivilprozessordnung

Stichwortverzeichnis

Exklusiv für Buchkäufer!

Ihre Arbeitshilfen zum Download:

▶ http://mybook.haufe.de/

▶ Buchcode: RGJ–7795